U0963581

麦读
MyRead

社科法学文丛

文丛主编：侯猛　王启梁　陈柏峰

出版策划：曾健＠麦读

陈柏峰／ 中南财经政法大学法学院教授

尤陈俊／ 中国人民大学法学院副教授

侯　猛／ 中国人民大学法学院教授

陈柏峰
尤陈俊
侯　猛
编

法学的 11 种可能

11 Possible Approaches to Legal Studies

中国
法学名家
对话录

中国民主法制出版社
全国百佳图书出版单位

目 录

对话者简介

苏　力　现任北京大学博雅讲席教授、长江学者。主要研究领域为法理学、法律经济学、法律社会学。出版有《大国宪制》（北京大学出版社，2018）、《法治及其本土资源》（北京大学出版社，2015）、《送法下乡——中国基层司法制度研究》（北京大学出版社，2010）、《制度是如何形成的》（北京大学出版社，2007）、《法律与文学：以中国传统戏剧为材料》（生活·读书·新知三联书店，2017）、《走不出的风景——大学里的致辞，以及修辞》（北京大学出版社，2011）等著作。

梁治平　现任中国艺术研究院中国文化研究所研究员。主要研究领域为法律史、法律文化、法律与社会。出版有《法辨：法律文化论集》（广西师范大学出版社，2015）、《寻求自然秩序中的和谐：中国传统法律文化研究》（商务印书馆，2013）、《清代习惯法：社会与国家》（中国政法大学出版社，1996）等著作，译有《法律与宗教》（［美］伯尔曼著，商务印书馆，2015）等。

朱晓阳　现任北京大学社会学系教授。主要研究领域为政治人类学、法律人类学、社会科学知识论、城乡社会、影视人类学。出版有《小村故事：罪过与惩罚（1931—1997）》（法律出版社，2011）、《小村故事：地志与家园（2003—2009）》（北京大学出版社，2011）、《地势与政治：社会文化人类学的视角》（社会科学文献出版社，2016）、《面向“法律的语言混乱”——从社会与文化人类学视角》（中央民族大学出版社，2008）等著作。

白建军 现任北京大学博雅特聘教授、北京大学实证法务研究所主任、北京大学刑事法理论研究所副主任、北京大学金融法研究中心副主任、国家法官学院兼职教授。主要研究领域为法律实证分析、犯罪学、刑法学、金融犯罪。在《中国社会科学》《法学研究》《中国法学》《中外法学》等学术期刊发表论文多篇。出版有《法律实证研究方法》（北京大学出版社，2014）、《关系犯罪学》（中国人民大学出版社，2014）、《罪·恶》（中国人民大学出版社，2015）等著作。

朱景文 现任中国人民大学法学院教授，国际社会哲学和法律哲学协会中国分会副会长、中国立法学会常务副会长，法律与全球化研究中心主任，英文刊物 *Frontiers of Law in China* 主编。主要研究领域为法理学、法律社会学、比较法学、法律与全球化、当代西方后现代法学。出版有《比较法社会学的框架和方法——法制化、本土化和全球化》（中国人民大学出版社，2001），主编《中国法律发展报告》（中国人民大学出版社，2007）系列。

刘思达 现任加拿大多伦多大学社会学系副教授、美国律师基金会研究员。主要研究领域为法律社会学、职业社会学和社会理论。出版有《失落的城邦：当代中国法律职业变迁》（北京大学出版社，2008)、《割据的逻辑：中国法律服务市场的生态分析》（译林出版社，2017)、*Criminal Defense in China*：*The Politics of Lawyers at Work*（Cambridge University Press，2016）等著作。

陈瑞华 现任北京大学法学院教授、长江学者。主要研究领域为刑事诉讼法、证据法学、司法制度、程序法理论、法学方法。出版有《刑事审判原理论》（北京大学出版社，1997)、《看得见的正义》（北京大学出版社，2013)、《刑事辩护的艺术》(北京大学出版社，2018)、《程序性制裁理论》(中国法制出版社，2017)、《司法体制改革导论》（法律出版社，2018）等著作。

王亚新 现任清华大学法学院教授。主要研究领域为民事诉讼法学、法社会学。出版有《中国民事裁判研究》(日本评论社，1995)、《法律程序运作的实证分析》（合著，法律出版社，2005)、《社会变革中的民事诉讼》（北京大学出版社，2014)、《对抗与判定——日本民事诉讼的基本结构》(清华大学出版社，2010)、《民事诉讼与法律服务》（法律出版社，2015）等著作，译有《纠纷的解决与审判制度》（［日］棚濑孝雄著，中国政法大学出版社，2004)、《明清时期的民事审判与民间契约》（［日］滋贺秀三等著，合译，法律出版社，1998)、《程序的正义与诉讼》（［日］谷口安平著，合译，中国政法大学出版社，2002）等。

张志铭 现任中国人民大学法学院教授、基础法学教研中心主任、学位委员会主任、长江学者。主要研究领域为法理学基本概念、法治与公共政策、司法原理和制度、法律解释学、法律职业。出版有《法律解释操作分析》（中国政法大学出版社，1998）、《法理思考的印迹》（中国政法大学出版社，2003）、《法律解释学》（中国人民大学出版社，2015）等著作。译有《转变中的法律与社会：迈向回应型法》（［美］诺内特等著，中国政法大学出版社，2004）等。

吴汉东 现任中南财经政法大学知识产权研究中心主任、文澜特聘教授，中南财经政法大学学术委员会主任、中南财经政法大学。兼任教育部社会科学委员会法学学部委员、中国知识产权法学研究会名誉会长、中国知识产权研究会副理事长等。主要研究领域为民商法、知识产权法。出版有《著作权合理使用制度研究》（中国人民大学出版社，2013）、《无形财产权基本问题研究》（中国人民大学出版社，2013）、《知识产权多维度学理解读》（中国人民大学出版社，2015）、《知识产权精要：制度创新与知识创新》（法律出版社，2017）等著作。

季卫东 现任上海交通大学文科资深教授、上海交通大学中国法与社会研究院院长、长江学者。主要研究领域为法律社会学和比较法学。出版有《超近代的法》（密涅瓦书房，1999）、《现代中国的法制变迁》（日本评论社，2001）、《中国审判的构图》（有斐阁，2004）、《法治秩序的建构》（商务印书馆，2014）、《法律程序的意义》（中国法制出版社，2012）、《法治构图》（法律出版社，2012）、《大变局下的中国法治》（北京大学出版社，2013）、《通往法治的道路——社会的多元化与权威体系》（法律出版社，2014）、《法治中国》（中信出版社，2015）等著作。

贺　欣 现任中国香港大学法律学院教授。主要研究领域为法律与社会、法律实证研究、比较法、中国法律制度。曾在《中国社会科学》《中外法学》《法学家》《北大法律评论》《法律和社会科学》以及 *American Journal of Sociology*、*Law & Society Review*、*China Quarterly*、*China Journal*、*American Journal of Comparative Law* 等中英文刊物发表论文多篇。出版有 *Embedded Courts: Judicial Decision Making in China*（Cambridge University Press，2017）。

张永健 美国纽约大学法学博士、硕士；曾在美国芝加哥大学、纽约大学、荷兰鹿特丹大学等大学任客座教授、访问学者。主要研究领域为民法物权、土地房屋管制、法律经济分析、法学实证研究。在《中外法学》《环球法律评论》《交大法学》《中国法律评论》《北大法律评论》《法律和社会科学》《中研院法学期刊》以及 *European Journal of Law and Economics*、*Southern California Law Review*、*Southern California Law Review* 等中英文刊物发表论文多篇。出版有《土地征收补偿：理论、实证、实务》（元照出版，2013）、《物权法之经济分析——所有权》（北京大学出版社，2019）。

陈柏峰 现任中南财经政法大学法学院教授、校人才办公室主任、基层法治研究所所长，青年长江学者，国家“万人计划”青年拔尖人才。主要研究领域为法理学、法律社会学、农村社会学。在《中国社会科学》《法学研究》《中国法学》《社会学研究》《政治学研究》《法律和社会科学》等学术期刊发表论文100余篇。出版有《乡村江湖：两湖平原“混混”研究》（中国政法大学出版社，2019、2011）、《半熟人社会——转型期乡村社会性质深描》（社会科学文献出版社，2019）、《传媒监督的法治》（法律出版社，2018）等著作。

尤陈俊 现任中国人民大学法学院副教授、基础法学教研中心副主任、《法学家》副主编，青年长江学者。主要研究领域为法律社会学、法律文化、中国法律史、法学学术史、法学研究方法论等。在《法学研究》《中外法学》《法学家》《法学》《法商研究》《现代法学》《法制与社会发展》《法律和社会科学》以及 *Modern China* 等国内外学术期刊发表中英文论文 40 余篇。出版有《法律知识的文字传播：明清日用类书与社会日常生活》（上海人民出版社，2013）、《历史社会法学：中国的实践法史与法理》（合编，法律出版社，2014）、《从诉讼档案出发：中国的法律、社会与文化》（合编，法律出版社，2009）等著作。

侯　猛　现任中国人民大学法学院教授、法律与社会跨学科研究中心主任，《法律和社会科学》（CSSCI 集刊）负责人。主要研究领域为法理学、法律社会学、法学的知识社会学。在《法学研究》《中国法学》《中外法学》《法学家》《法学》《法商研究》《中国法律评论》《北大法律评论》等学术期刊发表论文 40 余篇。出版有《中国最高人民法院研究：以司法的影响力切入》（法律出版社，2007）、《法学研究的格局流变》（主编，法律出版社，2017）、《法律与人类学：中国读本》（合编，北京大学出版社，2008）、《司法、政治与社会：中国大陆的经验研究》（合编，中国台北翰芦图书出版有限公司，2012）。

桑本谦　现任中国海洋大学“繁荣工程”特聘教授，法学院院长。主要研究领域为法理学、法律经济学、刑事法律制度。曾在《中国社会科学》《法学研究》《中国法学》《中外法学》《法律和社会科学》等学术期刊发表论文 40 余篇。著有《私人之间的监控与惩罚——一个经济学的进路》（山东人民出版社，2005）、《理论法学的迷雾：以轰动案例为素材》（法律出版社，2015）等著作。

成　凡　现任华中科技大学法学院教授。主要研究领域为法律和认知科学、法律经济学、法律社会学、博弈论。在《中国社会科学》《中外法学》《法商研究》《法律和社会科学》《北大法律评论》等学术期刊发表论文多篇。

徐涤宇　现任中南财经政法大学法学院教授、院长、《罗马法与共同法》主编。主要研究领域为民法学、私法史。在《中国社会科学》《法学研究》《中国法学》等学术期刊发表论文60余篇。出版有《原因理论研究：关于合同（法律行为）效力正当性的一种说明模式》（中国政法大学出版社，2005），译有《秘鲁共和国新民法典》（北京大学出版社，2017）、《智利共和国民法典（2000年修订本）》（北京大学出版社，2014），主编《拉美国家民法典编纂：历史与经验》（北京大学出版社，2018）等。

李学尧　现任上海交通大学凯原法学院教授、法律与认知科学研究中心主任、上海交通大学教育立法与咨询服务基地执行主任、上海市法学会法社会学研究会副会长。主要研究领域为法理学、法律社会学、法律与行为科学、司法改革、地方立法。在《中国社会科学》《法学研究》《中国法学》《中外法学》《法律和社会科学》以及 *Fordham Law Review*、*Journal of Legal Education* 等中英文刊物发表论文20余篇。出版有《法律职业主义》（中国政法大学出版社，2007）、《司法推理与法官思维》（合著，法律出版社，2009）等。

程金华　现任上海交通大学凯原法学院特聘教授、上海交通大学中国法与社会研究院副院长。主要研究领域为法律社会学、法律实证研究。在《中国社会科学》《法学研究》《中国法学》《社会学研究》以及 *The China Review* 等中英文刊物发表论文多篇。出版有《风险法学的探索——聚焦问责的互动关系》（合编，上海三联书店，2018）和 *States, Intergovernmental Relations, and Market Development: Comparing Capitalist Growth in Contemporary China and 19th - century Untied States* （Palgrave MacMillan, 2018）。

李斯特 现任华南师范大学法学院副教授。主要研究领域为法理学、法律社会学。在《学术月刊》《交大法学》《政法论坛》《中国法律评论》《北大法律评论》《法律和社会科学》《清华法律评论》等学术期刊发表论文多篇。

陈　虎 现任中南财经政法大学法学院副教授。主要研究领域为刑事诉讼法学、证据法学。在《中国法学》《中外法学》《政法论坛》《北大法律评论》《法制与社会发展》等学术期刊发表论文 30 余篇。出版有《死刑案件证明标准研究》（知识产权出版社，2015）、《刑事程序的深层结构》（中国政法大学出版社，2018）、《不激不随》（中国政法大学出版社，2018），译有《穷人能否获得公正审判：吉迪恩诉温赖特案实录》（［美］安东尼·刘易斯著，北京：北京大学出版社，2018）、《法律工具主义：对法治的危害》（［美］布赖恩·Z. 塔玛纳哈著，北京大学出版社，2016）等。

陈杭平 现任清华大学法学院副教授、院党委副书记。主要研究领域为民事诉讼法学、司法制度、证据法学。在《法学研究》《中国法学》《中外法学》《法学家》《法制与社会发展》《环球法律评论》等学术期刊发表论文多篇。出版有《统一的正义：美国联邦上诉审及其启示》（中国法制出版社，2016）、《中国民事诉讼法重点讲义》（合著，高等教育出版社，2017）等。

熊　琦 现任华中科技大学法学院教授、副院长。主要研究领域为知识产权法、网络法、民法。在《中国社会科学》《中国法学》《法学家》《环球法律评论》《比较法研究》《法制与社会发展》《法商研究》《法学》等学术期刊发表论文40余篇。出版有《著作权激励机制的法律构造》（中国人民大学出版社，2011）、《数字音乐之道：网络时代音乐著作权许可模式研究》（北京大学出版社，2015）等。

杨知文　现任华东政法大学法律方法研究院副教授。主要研究领域为法理学、司法理论、法律方法。在《法商研究》《法制与社会发展》《现代法学》《法律科学》《华东政法大学学报》等学术刊物发表论文多篇。出版有《中国审判制度的内部组织构造》（法律出版社，2014）、《法律论证具体方法的规范研究》（合著，中国社会科学出版社，2013）。

汪雄涛　现任同济大学法学院副教授。主要研究领域为明清社会的司法与秩序。在《中外法学》《环球法律评论》《法制与社会发展》《法学评论》《华东政法大学学报》《当代法学》《政法论坛》《开放时代》等学术期刊发表论文20余篇。

序

2013 年 12 月，我们几个年轻学者商议成立“社科法学连线”。其中一项重要的工作就是组织“对话”系列活动。通过对话了解学者的学术经历、学科的发展历程和跨学科法律研究的前景，从而给对跨学科法律研究感兴趣的人们（尤其是年轻的学生们）提供指引，并为记录中国法学留下历史印迹。

从 2013 年 12 月 22 日组织第一次对话开始，到 2018 年 7 月 1 日最后一次对话结束，这项活动前后持续近五年。我们集中对话了 11 位学者。他们各自的学术特色，在很大程度上代表了跨学科法律研究的不同旨趣。

苏力的研究极具争议性，并大大开拓了中国法学的话语空间。他的研究从早期集中于法律社会学，再到法律的社会科学研究，现在则侧重于法律、历史与人文的研究，反映出他在学术上不断自我挑战，始终追问“什么是你的贡献”。

梁治平一直倡导法律的文化解释，这不仅打破了法律史原有的研究范式，而且其学术影响也溢出了法学界。他是在倡导文化自觉的立场上研究中国法律史，亦即通过反思历史来认识我们自己，也因此使得研究有了“历时性”的学术深度。

朱晓阳是一位人类学者，他的《小村故事》系列著作是国内公认的法律人类学代表性作品。法律人类学强调长期进行田野调查、参与观察和深刻描述，完全不同于对法律的规范研究，甚至会对在地生活予以同情式理解，从而对法治的宏大叙事保持了警惕和怀疑。

白建军的学科专业为刑法学，也是国内做法律实证研究最具代表性的学者之一。他长期专注于发现事实的真相，强调“我发现”而非“我认为”，假设验证、数据统计成为他基本的分析工具。也因此，他实际上大大拓展了国内学术界法律定量研究的传统。

朱景文的研究横跨法律社会学和比较法学，并将这两个领域加以融合，形成比较法社会学的研究特色。他关注法律全球化，但更为注重解释中国问题。最近十多年来，他牵头组织撰写中国法律发展报告系列，建立了对中国法治进行量化评估的指标体系。

刘思达在国内法学院就读本科，后来在美国获得社会学博士学位。他主要研究职业社会学和法律社会学，尤其集中于对中国律师制度的经验研究。以他的经历来谈社科法学的国际化与本土化，再合适不过。

陈瑞华的学科专业为刑事诉讼法学，同时专注于对中国司法制度的研究。他反对所谓的对策法学，注重从经验到理论的分析，欣赏从经验到理论的“惊险一跃”，注重概念的提炼和解释力。这也就是他所倡导的法学研究的“第三条道路”。

王亚新的学科专业为民事诉讼法学，也是最早在法院进行法律实证研究的中国学者之一。与此同时，随着中国民事诉讼实践的极大丰富，他的研究又转向法律解释学。他是国内为数不多的同时在上述两个领域皆很有建树的学者。

吴汉东既是知识产权法学者，又曾任中南财经政法大学的校长。他认为，未来的知识产权是一种多元制度的融合，因此需要跨学科和多学科的合作研究。在法学教育问题上，则需要处理好普及化与精英化、本土化与国际化的关系。

张志铭长于法律的规范分析，但也高度肯定注重经验分析的社科法学。实际上，他不仅在学术上有专攻，而且还善于组织各类学术活动，搭建平台。他是最早参与讨论当代中国司法改革的专家之一，同时还大力推动了中国法学研究的规范化进程。

季卫东是改革开放后最早从事法律社会学研究的学者之一，特别是对程序论的研究，在学界影响巨大。他关注中国社会，并且身体力行，实践法学家的使命和担当。此外，他在担任上海交通大学凯原法学院院长期间，大大提升了该法学院的学术声誉。

上述 11 位学者，每个人的学术道路虽然不同，研究进路亦有差异，但在各自领域中都卓有成就。在一定意义上可以说，他们代表着 11 种从事跨学科法律研究的方式。也因此，我们将本书的书名定为《法学的 11 种可能——中国法学名家对话录》。

此外，这本书还有两篇比较重要、也颇有意思的对话：一篇是《社科法学与政法传统》，另一篇是《法社会学与法经济学的对话》。前一篇记录了我们整个对话系列的第一场活动，几位年轻学者介绍了社科法学研究的缘起和现状；后一篇则是记录在 2018 年法律和社会科学年会期间，法社会学和法经济学界的两位中坚学者贺欣、张永健所做的对话。贺欣是法社会学学者，尤其注重对中国法院的经验研究；张永健是法经济学学者，特别擅长法律量化分析。他们分享了各自的学术历程，对这两个领域的关系与未来提出了自己的看法。他们的对话对于后学来说很有启发意义。

如此多的学者参与对话，组织起来实属不易，但意义非凡。不论采取何种对话形式，我们都得到了各位学者的积极响应和相关主办方的大力支持。每次活动结束后，还有不少同学帮忙仔细整理现场录音稿。在此，我们表示深深的谢意。

编者三人都曾在中南财经政法大学（原中南政法学院）就读，谨以这本对话集的编辑出版，向母校致敬。

编者

2019 年 12 月 9 日

对话苏力：什么是你的贡献

一、学术渊源

侯猛：您在研究中受谁的影响比较大？根据我的初步了解，是不是有费孝通、毛泽东、尼采（Friedrich Wilhelm Nietzsche）、福柯（Michel Foucault）、波斯纳（Richard A. Posner）？

苏力：你概括得挺准。

首先，我觉得毛泽东写的是有关整个中国的全局，有关20世纪的中国，以及在近代中国崛起过程中从中国本土产生的力量。他对中国的问题很关切，并且最重要的关切是对中国的农民，而不是所谓的中产阶级、小资或白领这个阶层。为什么要关心中国农民呢？因为中国农民占绝大多数。关心，并不是说农民都是好人，其他阶级或阶层比较差，而是说整个中国社会的文化都是从农民当中生发出来的。最基本的制度也都是从农民中产生的，我写《送法下乡》也是出于这个原因。①

① 参见苏力：《送法下乡》，北京大学出版社，2011，第5—10页。

因此，在这个意义上，我会喜欢费孝通。第一，费孝通也关心中国的农村。其实我没在农村生活过，一直在城市长大。我家是干部家庭，我是当兵以后才接触到农村，接触到一些出来当兵的农民家的孩子。那时我才真正理解农村。但我觉得作为一个中国人，我是有责任关心农民的，所以才喜欢费孝通。第二，费孝通做经验调查。从毛泽东那里，我最早并没感觉到太多的经验调查。后来我重读《毛泽东文集》时，才发现原来毛泽东对经验调查那么重视。他曾经在有些地方调查一个鸡蛋多少钱，市镇上有多少商店，商店里的东西卖多少钱。① 这是在 20 世纪 20 年代，也是整个中国社会学研究初创的时代，他就是这么细致做调查的。第三，费孝通写的东西和毛泽东有很多相似之处。他们都以普通人可以感受的语言来写个人经验，文字都非常通俗易懂。我最近在看《毛泽东年谱》② 时发现，他有许多东西都做得非常细致。比如，在制定 1954 年宪法的过程中，他把“但”都改为“但是”，因为老百姓听不懂“但”；“土地改革”这个说法，人人都懂，但不太准确，他就把它改成“土地制度改革”；苏力“与”某某，他都改为“和”。他一定要让老百姓都看得懂宪法。这么高层的领袖去修改这么细小的东西，就是为了在文化转型时代让中国文字更加贴近老百姓。但今天我们已经不太注意了，许多法学论文，特别是那些学我国台湾地区写作风格的论文，就是有意写得让老百姓看不懂。

其他学者，我还喜欢过福柯和尼采。我喜欢尼采的那种犀利，用格言式的文字来精炼地表达一个思想。比如“没有任何

① 毛泽东所做过的经验调查，比较突出地体现在其早期的诸多调查报告之中，如《中国佃农生活举例》(1926)、《寻乌调查》(1930) 等。

② 中共中央文献研究室著：《毛泽东年谱（1893—1949）》，中央文献出版社，2013。

一种制度建立在爱之上”,[①] 这话说得太明白了。再比如“真理的最大敌人不是谎言，是信念”，这话说得很好，谎言可以揭穿，但信念没办法揭穿。这种像诗一样、像格言一样的表达是非常出色的。

另一个比较系统影响我的学者就是波斯纳。我之所以翻译波斯纳的著作，是因为通过翻译他的作品，可以帮助自己全面了解他是如何写作、选词和表达的。早年我不太会写作，都是从抄书开始的。大家如果想学写作，可以找一本自己认为非常好的书从头到尾抄一遍，就会知道怎么写作了，包括写诗。最早没人教我写诗，我完全是自己写，看见写得好的就一本一本抄。我至少抄过七八本（诗集），渐渐就明白怎么写诗了。学习写文章也是通过翻译的方式慢慢学会的。波斯纳给我的影响是比较全面的。他是美国法学界的一个天才，甚至是美国思想界的一个天才。许多人认为，在美国智库当中，他一个人就是一个智库。到现在他大概出了 60 本书，这 60 本书都是不同领域的，跨度特别大，包括情报工作、小行星撞地球、地球可能毁灭等。[②] 有一本书写完之后，书评是由麻省理工学院物理系教授约翰·多伊奇（John M. Deutch）给他写的。波斯纳让我对自己的知识结构获得了很多自信。我以前读书比较杂，看了他的书以后，我才发现读书杂是有道理的。原来读的那些书，我觉得与法律有关，但别人从来都不用，所以有点怀疑这些与法律无关。直到看了他写的东西用到了这些知识，我才发现自己原来的直觉是对的。

---

① Friedrich Nietzsche, *The Will to Power*, trans. By Walter Kaufmann and R. J. Hollingdale, ed. , Vintage Books, 1967, n. 732, p. 387. 转引自苏力：《制度是如何形成的》，北京大学出版社，2007，第 3 页。

② Richard A. Posner, *Catastrophe: Risk and Response*, Oxford University Press, 2004.

我们每个人都有不自信的时候，重要的是，谁是对你影响最深刻的学者，就在那个你不自信的关键时刻，他让你自信了，原来你之前独自走的那条你以为是错误的路，他告诉你（这条路）是正确的。这对你的影响就会很大。波斯纳是一个不断学习的人，他今年已经 75 岁了，但基本上每年还出两本书。他不仅做法官，每年还在法学院教课，写七八篇论文，而且他的引证率还是全美最高的。不仅是学术引证率，他的判决书引证率也是最高的。他给我树立了一个学者的榜样。这也促使我去做很多研究，不敢停步，尽管我的智力和能力比他差远了，但他是对我影响很大的一位学者。我讲这些并不是推荐你们去学他，对每个学生而言，如果想做学者，就要去寻找自己最喜欢的学者。当然，（你们）并不一定都要做学者，也并不一定都要去当官，也可以去做法官或律师。但不管做什么，一定要找到适合你做，并且自己还比较喜欢的职业。

桑本谦：苏力老师说他每逢没有自信的时候，读波斯纳的作品就会获得自信。我恰好相反，每当我有自信的时候，读到苏力的作品就没自信了。确实是这样。如果恰好和苏力老师思考同一个问题，就会“撞车”，但每次“撞车”，我都会发现，苏力的思考总是覆盖我的思考，这个结果很让我受挫。

刚才苏力老师提到尼采的一句话：“真理最大的敌人是信念。”我深有同感。苏力写作有一个特点，就是他从来不受任何教条的束缚，时刻对教条保持警惕。他从来不认为我们已经确信的教条是对的。我不是说教条不是个好东西。教条是个好东西，因为根据教条去思考能节省成本。但无论从生物多样性还是从社会分工的角度考虑，这个世界上应当至少有一部分人的思考不跟着教条走，否则这个世界上还需要学者吗？但信念就是一种隐蔽的教条，根植于心灵深处而不易被察觉。按理说，一个优秀学者应当把信念稀释到最低的程度，越没有信念，就越可能揭示真相。尽管苏力的学术思想似乎经历了两次转折，但我在读他的作品时，感觉他始终有一种信念。我说不清楚是什么，但我觉得好像是有，您说呢？

苏力：是有信念的，每个人做事情都要有信念。我觉得自己好不容易活这辈子，总要做点什么事情，并不是说一定要“雁过留声，人过留名”，而是当你发现自己还可能做点什么事情时，你就要去做。中国处在文化和社会转型的时期，在中国这么长的历史当中，它不可能对社会的规范和法律没有创造性，只不过没有人能够表达它，或者说没有人能够把里面的道理说清楚。古代人不需要去说，只要懂怎么做就可以了，而现代人不但需要懂得怎么做，还需要知道如何去表达，如何向别人说清楚。而处在这个转型时代，我能够去表达它，这是非常幸运和幸福的事情。我记得有句话是说：“当一个人想说什么话，而且他能够把这个话说出来的时候，那是非常幸福的。”当你感觉到什么东西你想表达但没办法表达，或者找不到对象表达。比如，你爱上一个女孩子，但没办法对她说，这时候是非常痛苦的，说实话，对一个事业也是如此。

早在二十年前，我在写《法治及其本土资源》时，所有人都觉得我是痴人说梦，写什么中国的本土资源。但现在大家可以看到，几乎所有人在研究法律时都不再简单套用外国理论，而都在关心中国问题。无论是以公共知识，还是以其他某种方式。二十年前，大家认为我主张法律多元化不合适，但在今天可以看到，所有人都处在关心中国法治问题的过程当中。

后来我开始试图把这些问题以学术的语言表达出来，只不过我是最早把自己不太自信的东西以某种方式讲出来。随着中国经济的发展，整个学界智识和能力上的提高，我们开始有越来越多的自信。当然，中国这方面的学术研究仍然处于起步阶段。至于遇到“覆盖”或“撞车”的问题，我从来没觉得特别沮丧，因为我一直是不自信的人。很多人觉得，苏力你怎么会不自信呢？你明明很骄傲，遇到人都从来不打招呼。确实如此，但后来我看了冯小刚的书，才知道这毛病不是骄傲，别人都误解了。冯小刚讲过：“文艺界有两个人，一个是王朔，一个是王菲，也是从来不和人打招呼，别人都以为他们骄傲，其实是因为他们自卑，他们都不敢和人打招呼。”我想我就是这种人。一旦遇到“撞车”，我会觉得我的想法原来并不是异端（邪说），原来很多人有和我一样的想法，这会给我一个鼓励。所以我希望大家也要自信。

我为什么要讲这一点呢？因为我们的教育一方面鼓励大家学习，另一方面又限制大家的思想，这是一个非常麻烦的问题。教育既要激发思考，因为知识多了，要敢于挑战；但教育多了，这么多有名的人又会使你不敢去独自想象。所以如何在学习的过程中不断把握好这个分寸，这是我们必须注意的。而且，中国是一个大国，已经走到这一步了，不可能完全借鉴别人，更多需要的是创造。因此，大家以后不管是做律师、法官，还是学者，都有可能遇到这个问题。这些并不一定都要写出来，但起码要知道你的一些东西不一定是错的，要培养这种自信。

二、研究现状

陈柏峰：苏力老师刚才说他不是骄傲，是自卑，我给大家举一个他骄傲的例子。他的第一本著作《法治及其本土资源》在 1994 年出版。2004 年，苏力老师来做讲座，我请范忠信老师帮我引见一下。当时我和尤陈俊两人去拜访他，朱老师当时对我们说的话，我至今记忆深刻。他很骄傲地说："《法治及其本土资源》是十年前出版的，当时写这本书时我就说，十年之内中国肯定没有人能写出这样的书。前不久这本书修订了，十年已经过去，确实没有人超过。我可以再放胆预言，再过十年，依然没有人能写出比这更好的书。"这句话是不是比较骄傲？

苏力：其实这不能算骄傲，只能算自豪。居然一不小心就写出一个自己内心非常满意的东西，每个人做事情的时候一定要做好。比如，很多学生写的硕士论文，也许是他一辈子写的唯一一篇论文，但这论文要对得起自己。很多学生入学时说自己一定要写个好东西，等到毕业时要找工作，（论文）就马马虎虎过去了。当然，我们现在还是有可能去写一些让自己内心比较满意的东西。我写《送法下乡》时，最后写完那个序言是1999年12月31号早晨6点半。我从哈佛燕京学社一路走回家，边走边想：这本书至少十年之内没人能超过，外国人一辈子都写不了。自己必须要有这个自信，学术应该朝这个方向发展。我不是说每个人都应做到，但要成为一位优秀的学者，就要朝这个方向去努力，这样中国才能发展起来。

当我看到波斯纳每年写两本书，并且都相当有水平，会感觉到中国法学的差距。尽管美国像波斯纳这样的学者也很少，但还是有很多优秀的学者。中国要想成为一个思想学术的文化大国，是需要很多人的。当然，瞻望前景，说得不好听一点，学术也可能会慢慢消亡。因为今后的学术可能会以电影、电视、纪录片、实地摄影等形式来表现。在这个意义上，书籍（这类）文字作品也可能会慢慢消亡。但是，始终要保持这种信念：这么大的一个国家，必须要在文化上保持一些东西。所以，这并不完全是一个自我骄傲的感觉。

过去十多年来，中国的法律社会科学研究取得了很多进步，尽管和我想象的还有一些差距。原来我想的是，很多有很强知识兴趣的人会很快加入这个有学术兴趣的行业当中，会使这方面的学术更快推进。后来我发现自己比较天真，因为作为法律人来说，很多人并不一定追求知识。他首先要找一个职业谋生，因此他并不一定会喜欢这种“法律与社会科学”或“社科法学”的东西。我以前在毕业致辞中也讲过：“首先你要能养活自己，不能让父母操心，不能让丈夫、妻子或孩子替你担心。”首先要找到一个职业，因此学好民法、刑法、知识产权等任何一门法律都很重要。在这个意义上，很多人会首先追求事业上的发达，那么（搞）社科法学就会受到一点阻力。相对来说，这不是我想象的那种纯粹追求知识的偏好。坦白来说，按照知识偏好去追求，既是一种幸福，也是一种幸运。大家想象一下，如果我出生在农民家庭，可能就不会有这么多兴趣爱好。恰恰是因为我生活在城市，尽管也有不幸的东西，但或多或少都可以比较从容地去做一些选择。因此，知识的兴趣并不完全是（基于）我们所讲的热爱，实际上会有种种力量的影响。

在学科发展过程中，社科法学相对来说比较“异端”。**我们现在躲在“法理学”这个架子下面，其实已经和法理学差距很大了**。因为法理学不强调经验，而是强调逻辑推理，甚至不讲逻辑，有的还讲意识形态。从整体来说，这不利于社科法学的发展。另一个是关系到整个社会的学术竞争和学术需求。相对来说，中国的法律还比较简单。尽管遇到很多很难解决的问题，但更多是向部门法学求助，还不大向理论法学求助。尽管我认为这是出路问题，但他们觉得：你那些东西和我的环境保护、知识产权等没什么关系，不需要向你求助。从这个方面来说，社科法学还不像我想象的发展得那么好。但我也不太担心，我经常是退步的，觉得能这样已经很不错了。当然，我们还可以做得更好一点。

从另一个角度来看，也应当说做得很不错，特别是很多学者都是独立发展起来的。比如，桑本谦老师研究法经济学，他在山东，和很多经济学者交往并不多。基本上是读一些书，加上自己的聪明和想象，独立发展起来的。这种学习方式（所得到的东西）是不会忘记的。因为凡是自己（从别处）学来的，一定会忘记，但如果是自己独立发现的，一定不会忘记。我最初写诗的时候不知道押韵，后来突然发现原来写诗是有韵的，然后我就会了。我从来没读过什么诗韵，但逐渐就知道哪些韵与哪些韵怎么念起来合适，这些东西完全靠自己摸索。有导师好，没有导师也挺好，处在一个转型时代，我们有更大的空间去创造。

桑本谦：我可以举个例子来证明苏力老师其实不是那么骄傲。我读过他的一本书的前言，记得其中有句话："我这个人其实是不很自信的，我写过的东西一般不愿意回头再看，因为我很担心，我很恐惧。"不知道别人看到他这么说是不是觉得矫情，我自己却认为他这么说是很诚恳的。

成凡：我问点比较刁钻的。第一个问题是您刚才提到社科法学的发展，提到社科法学和法理学很不一样。我记得有老师曾说："学术也是江湖。"社科法学缺乏这样一个独立的江湖，是不是对这个学科不利？第二个问题是您刚才两次提到写诗的经历，前一次是抄书，后一次用韵。您在一篇文章中也专门提到"社会科学需要人文底蕴吗？"是不是因为您原来是诗人，才会有这样的感受？是不是觉得诗人的思维对于社会科学的研究是不利的？

苏力：这两个问题都不太刁钻。关于是否需要有一个江湖的问题，我觉得不太需要。要有一个江湖，其实是不太自信才需要的。我还是比较倾向于个人或者一些同气相求的学者在一起聊聊天，不要有太多这种有意无意的竞争。一旦把它当成事来做的时候，就会失去很多乐趣。学术是一个（做起来）比较从容不迫的东西，不是像现在搞工程的那些，那种情况是让学术变成了负担。其实在人年轻时，应该有一些经常聊得来的同学。大家要注意，不是讲这个学科，而是讲学习。每个人真正能学到东西是从同学那里，而不是从老师那里。因为老师总会说这是对的，那是错的。所以我不会对学生扮演太多老师的角色，我会试图跟他们做朋友，尽管常常会失败，就像王朔在《我是你爸爸》[①] 里讲的马某某和马小军的那个麻烦。但我会试图这样做，因为当你面对同学时，你会调动全部的精力和他辩论。但面对老师则很难。而且老师的知识相对陈旧，而从同学那里获得的知识很可能是比较前沿的，包括新闻事件和社会感受等。我觉得自己还比较跟得上社会，但很多老师不太跟得上社会，他们觉得那都是年轻人玩的东西。所以我不觉得江湖特别重要。可能在江湖之中，有些人比较能生存，学科能够发展，但在某种意义上，这也是一个不利的东西。它可能使一些不善于竞争的人在江湖上生存（比较艰难），而且到最后很可能就变成你被江湖推着走。这也就是我为什么不太愿意去形成或者努力组织一个什么派别或其他什么东西。在座的都是一些和我关系比较好的学友，但我从来没有试图去想建立一个什么。甚至有人让我牵头组织一个什么学会时，我都谢绝了。这不是真正做学术，因为这会被烦琐的事务所纠缠而忘记做学术。千万不能捡芝麻而丢了西瓜，我们要知道学术上的轻重。在这个意义

① 王朔：《我是你爸爸》，北京十月文艺出版社，2012。

上，我也不太喜欢做官，我喜欢做学术。

关于人文底蕴是否有利于社会科学研究的问题，我仍然认为并不必须，但多一点（人文底蕴）并不坏。它本身不能带给你思想，但可以带给你文采和说服力。你可以用隐喻和简练的语言把同一个道理讲（得更）清楚。这也就是我为什么喜欢尼采和波斯纳的表达的原因。比如，波斯纳曾说："不忠实的配偶，就是不忠实的，就是——不忠实的。"这句话说得特别好，前面讲"不忠实"，指的是丈夫或妻子在行为上的不忠诚。一般来说，后一句都会换一个词，但波斯纳没有。后面"不忠实的"是个形容词，是带有褒贬意义的行为表达，这样的表达让你看一眼就会记住。这种视角并不是通过人文获得的，而是通过理性思考获得的。所以对我来说人文并不是必需的，（原因）就在这里。我不懂历史，并不代表我不能去研究。懂点历史可能对研究有好处，我可能会用历史的东西做例子。但如果这件事情只能用历史上的某件事情做例子，那么这个事情便是没有意义的，（这件事情）今天不会发生，明天也不会发生。许多觉得自己文字不错的人往往是装腔作势，特别是有些人为了显示自己文字写得好，就写点"假古文"，以为这就像古文了。但这是"假"古文，是因为他写不出完整的（古文），就用这个东西来装。写诗和编字都非常挑战语言掌握的能力。哲学也是如此，没有哲学思考，并不代表你不能发现生活的事实，有点哲学思考也不错。无论是人文，还是文史哲，都是一个 plus（附加）的东西，更多属于个人修养和情趣的层面。但如果我这个人没有情趣，一见面只会和你谈科斯定理、帕累托最优，哪一个事情可以用科斯定理解释，哪一个事情可以用帕累托最优解释等，这也没什么问题，这也会有非常大的乐趣。

在写作时，我会关注一些小小的修辞，有时候也会洋洋得意，有些骄傲。比如，我写过戴安娜之死的故事，[①] 原来写的时候，不知道怎么写题目。结果写到最后一句"我和你都深深地嵌在这个世界中"时，我一拍大腿，什么叫才华，这就是才华，我就把它变成了这篇文章的题目。不仅仅因为这个句子本身，而是因为它写出了一个人生的困境——我们每个人都深深地嵌在这个世界中。有时就像"我是一只小小小小鸟，想要飞呀飞，却飞也飞不高"这种歌曲，我们永远都有这个问题。这句话超越了文章本身，当它具有一般性时，它就变成了诗歌，几乎像诗一样的东西。它时时刻刻提醒我自己，也可以提醒一些敏感的读者。这时我就会感觉到写得太好了，因为超出了自己本身定的意，是神来之笔，这一点太骄傲了。

陈柏峰：成凡刚才提的问题还是挺尖锐的，我把它进一步尖锐化。我觉得您有一点个人英雄主义。您的研究做得很好，并且在社科法学方面的确比一般的法理学研究要做得好。但我不觉得我们是边缘的，我们应当成为主流。法理学就应该像这个样子，这才是正宗的法理学，那些不叫法理学。可是当社科法学在江湖中没有位置时，您难道不会痛心吗？

苏力：这确实是个问题，包括我为什么没写法理学教材也是这个问题。我这个人虽说有些幼稚，但有时也会注意这个问题。有许多东西不是靠个人可以改变的，必须靠一个群体来慢慢改变，使大家慢慢悟到，意识到。同时，我还会有其他的想法。比如，国家统一司法考试会考一些法理学的内容，如果你写的和它不一样，学生来读你的书，最后他考不过怎么办？（作为）一个学者，不是说自己搞个人英雄主义就可以。如果（你的）个人英雄主义可以改变这个世界，那是可以做的。但如果

---

① 苏力：《制度是如何形成的》，北京大学出版社，2007，第 24—35 页。

你发现这个结果会使别人的状况更糟，那就必须要振作。做学者必须要有这个认知。**作为学者要有社会责任感，但社会责任感并不是说在一些重大事件发生时你站出来，而是说要注意自己的言行可能对别人产生的影响**。现在的国家统一司法考试就是考法律本质、法律阶级性等内容，如果你写了书，别人看了你的书（导致）最后考不上，那些不看你书的人都考上了，这就是逆淘汰，那你就需要妥协。这种妥协并不是为自己谋什么利益，而是对别人利益的关注。有时候这也是非常痛苦的事情。说痛苦可能有点矫情，稍微有点夸大，就是心里至少会有点不安。

桑本谦：苏力老师刚才说的这种现象，恰恰是过分蔑视了学术规矩的结果。在这里，我更赞同柏峰的说法。如果学术市场的竞争是完美的，那么按苏力老师说的这样去做就很好，我们也希望这样。但现在的问题是“市场失灵”，市场失灵导致了苏力老师说的这种状况。写一本法理学教科书是苏力老师该做的事情，他没写是他的失职，但他却用这种不正当的现象把他的失职正当化了。

读朱老师的很多作品，我印象非常深的一篇是《窦娥的悲剧——传统司法中的证据问题》。[①] 这篇文章我从头读到中间，到快结尾都没有太多惊奇，直到最后一部分“超自然证据”这个问题提出来，才让我真正感觉到什么叫才华。他说：真正的悲剧不是人物的不幸，而是这种不幸的无可逃避，这是一种古希腊意义上的悲剧。把这套关于悲剧的理论用在《窦娥冤》上，不仅使文章一下子升华了，而且还强化了它原来的论证，真是太巧妙了！

---

① 苏力：《窦娥的悲剧——传统司法中的证据问题》，《中国社会科学》2005 年第 2 期。

朱老师的写作有个特点，他的文风基本上是“手段-目的理性”。他的目的是要把道理讲清楚，然后选择最合适的手段，他很少使用排比、对仗这些句式。他还有额外的追求，那就是他不仅要讲清楚道理，还要让我们记住。所以他喜欢尼采格言式的表达，非要那股狠劲，那样才好。比如，他不大喜欢用成语，更喜欢用俗语。他宁愿用“活人不能让尿憋死”，也不会用一个现成的成语——“削足适履”。您对您的这种语言风格有什么想法？

苏力：我确实不喜欢用成语。当每一代人都在用成语时，尽管用起来会很顺手，但读者不能产生那个感觉。我喜欢追求尼采式表达所带来的那种语言上的感觉，就会有意避开成语。偶尔还会用一些其他的（网络流行）词。最近在翻译波斯纳的一本书时，我把其中的一句话翻译成一个词——“不明觉厉”。这个词的本义是说“给人印象很深刻，很了不起，但因为我看不明白，很难懂，不过我觉得再好不过”。波斯纳的原文是指印象特别深刻，但你找不到特别合适的词来翻译。成语最大的一个问题就是不容易让人感受到其真正的意思。我在阅读很多书时，作者会用到成语，但我的眼光直接跳过去了，这时我就感觉不到一种力量。而且，成语往往是一个单独的词，不能串成一个长句，这使得整个句子不容易逻辑化。我比较喜欢那种更有紧凑感的西方式的逻辑表达方式。或许是我个人素质比较差，小时候没背过成语词典。那时真有很多同学背成语词典，往往多背几个成语，老师就会加分。但我不太喜欢背，因为我不太愿意用这种语言去写作，包括写诗。这可能都是影响我后来写作特点的因素。但现在偶尔在特别合适的场合，也会用一些成语。

三、方法与问题

侯猛：您的诸多专著横跨了法律社会学、法律与文学、法律经济学。这几个领域虽然被统称为“法律和社会科学”或“社科法学”，但这些不同的研究进路差别很大。您以前说过方法不重要，方法取决于问题，要根据问题来选择运用方法。但我怎么知道这个问题用法律社会学合适，那个问题用法律经济学合适？在您的跨学科研究中，有没有一以贯之的研究思路？

苏力：好像我自己是有意地稍微跨一些领域。为什么？因为现在法学涵盖的领域太窄了。我试图通过这么做，让大家看到原来法学界也可以往外做一点。我们可以看到，经济学经常“侵犯”法学。我并不反对经济学，同样也不反对社会学的侵入，只是说，你能侵犯我，我也能侵犯你。这个过程是学术竞争，并没有说那里是谁的领地。侯猛老师讲的这个问题比较难回答。一般来说，我遇到一个问题，如果感觉它比较有意思，能够说出一番道理，我就会去研究。而且我很关心这个问题对于我的“意思”，而不一定是对于整个社会的“意思”。

许多人会批评我不写一些重大问题。但什么是重大问题？对你重大的（问题），对别人可能就不重大。比如，对于你重大的问题可能是找个女朋友，而对另外一个人，重大的问题可能是如何把女朋友甩掉。因此，对于什么是重大的（问题），并没有统一标准。我们只能选择对于我们来说比较重大的问题。在我来看，学术研究有社会关怀，这一点对中国问题来说是有“意思”的。我甚至会写一些比较小的问题。比如，我写过关于西藏地区一妻多夫制的问题，[1] 在写作过程中，我会努力把所有的学术可能性都展开，让大家感到这个问题可能与我有关。确实有学生说过："你讨论的问题跟我们没什么关系。"但我们讨论问题时，并不是为某个学者写的，在很大程度上是既为读者写，也为自己写。写作的过程既是锻炼自己的视角，也是锻炼别人的。

关于选题，一般我在写某个问题时会有个想法——这是一个还没开掘的领域，我去写，希望我写了以后，可能会引出一批这样的著作。比如，写《法律与文学》时，我会围绕一系列文学作品来写；写《送法下乡》时，我会围绕中国基层的司法制度来写。另外，每个人的写作方式其实是有一定之规，一个比较成熟的学者，就算写不同的题目，但他大致的行文风格、表达方式和切入角度还是会始终保持（一致）。我写作切入的角度会比较小，从小事情切入，慢慢去剖开，不会因为我换了一个问题，写作风格就完全变了。如果一个人的风格变化太大，那证明他的风格还没形成。**对我来说有意思的事就是：一定要把这个问题的可能性，在所能想象的范围内全部想出来**。大家不要以为写作是个非常轻松的活，写作是个力气活和体力活，非常耗费体力。特别是有时候还需要想象，需要设想有一个变量加入进来会引起哪些变量之间的变化。写作需要一个好身体。你可以看到，中国学者一般到 50 岁左右，体力都比较衰弱，就不大写文章了，我们这批 20 世纪 60 年代左右出生的人，从小营养就不好。美国学者为什么六七十岁还能写？很大原因是吃牛肉的关系。

---

① 参见苏力：《藏区的一妻多夫制》，载《法律和社会科学》第 13 卷第 2 辑，法律出版社 2014。

成凡：我记得在《法治及其本土资源》的扉页写着："面对这一地斑驳，我看到了根本中的根本。"① 时间差不多过去 20 年了，"根本的根本"是不是改变了？

苏力：说实话，我引用那个诗以后，把那个诗救活了。袁可嘉的诗写得非常好，他是一个非常现代派的诗人，但很多人不太容易注意到他。我觉得，只有讲关于中国本土的问题、现实的问题、必须解决的问题，才是"根本中的根本"，这是没什么改变的。

关于改革，我是抱这种态度：支持改革，允许它犯错误，但在我不太明白时，不会轻易发言。千万不要以为写了几篇文章，就觉得万事都能（解决）了。千万不要以为学者是特别神圣的，学者也有很多偏见。当然，如果要我提意见，我肯定也会提。比如，前几年河南省高院就判决书上网的问题征求我的意见。我写了一篇文章，表达并不太赞同判决书上网。② 这并不代表我反对这个改革，可能判决书上网对于中国社会是非常重要的。我只是说我自己认为好像不是那么重要，因为好像没什么人看。

我其实是一个不自信的人，也可以在这方面体现出来。但这不是不自信，而是作为一个知识分子、学者或者一个人应该有的想法。我其实不愿意说自己是知识分子或学者，（这个说法）看起来很谦虚，其实已经是高傲地表达了。如果我发现了一些对整个社会比较重大的问题，我就会写出来。比如，之前

---

① 迎上门来堆一脸感激/仿佛我的到来是太多的赐予/探问旅途如顽童探问奇迹/一双老花眼总充满疑惧/从不提自己，五十年谦虚/超越恩怨，你建立绝对的良心/多少次我担心你在这人世寂寞/紧挨你的却是全人类的母亲/面对你我觉得下坠的空虚/像狂士在佛像前失去自信/书名人名如残叶掠空而去/见了你才恍然于根本的根本。——袁可嘉《母亲》

② 苏力：《谨慎，但不是拒绝——对于判决书全部上网的一个显然保守的分析》，《法律适用》2010 年第 1 期。

我写了关于奸淫幼女的司法解释的文章，[①] 因为我认为这个一定会出错，结果引起刑法学界普遍的批评，说苏力还搞起刑法来了？我没吱声。实际上当时我准备再回应的，为什么我不能谈这个问题？我觉得做这个事情会对整个社会有意义。即使写这样的文章，我也努力使它超越具体的事件，而不是仅仅局限于这个事件。即使这个事情过去就过去了，但这个问题还是具有一般意义，这是我的一个追求。

陈柏峰：苏力老师的书有很多，但其中有两本，我的评价是非常高的，比别的书更高。一是《送法下乡》这本书。我做农村调研比较多，其实在我看来，《送法下乡》里面有很多缺点，但我非常喜欢这本书，因为它的话语平台很高，它把“送法下乡”这个现象与国家政权建设联系在一起。这样它的境界一下子就上去了，这是一个在中国非常具有现代性的问题。二是我在看《纲常、礼仪、称呼与秩序构建——追求对儒家的制度性理解》[②] 这篇文章时，就意识到您可能有了研究转向，转向了新的领域。我跟本谦也聊到，苏力老师是不断超越自己，别人超越不了他。这一系列关于中国古代宪制的研究应该说已经比较成体系了。结合我和您的聊天感受，我觉得您比较低看或者不大看得起新儒家。您的这个研究倾向，往前数的话，可能就数到费孝通那里去了，再往前，可能就是儒家了。这样一直下来，您自己怎么看待您的研究在这个谱系里的位置？会不会过了 50 年之后，别人会认为苏力是新儒家的代表人物之一？

苏力：从学术谱系来说，我承认这个评价。我会把很小的

① 苏力：《司法解释、公共政策和最高法院——从最高法院有关‘奸淫幼女’的司法解释切入》，《法学》2003 年第 8 期。

② 苏力：《纲常、礼仪、称呼与秩序构建——追求对儒家的制度性理解》，《中国法学》2007 年第 5 期。

问题放在比较大的社会问题当中来看。为什么会去研究这个问题？基层司法制度为什么对中国很重要？为什么不研究中级法院或最高人民法院？因为中国的老百姓 90% 甚至 95% 以上的纠纷都在基层法院。这个太重要了，**基层老百姓所能感觉到的法治就是一个特别辛苦的基层法院的法官**。我想通过这些事情让大家意识到，在一个宏大的历史变迁中，基层制度对中国社会的重要性。

我写的关于中国古代社会的宪制问题，① 试图探讨中国作为一个大国是如何形成的。具体而言，中国是农耕社会，农耕社会注定不大可能成为一个大国，但它居然慢慢成了大国。这是由哪些因素促成的？在这个意义上，这个问题很重要。但这个书当中，只有一两章认为儒家非常重要。儒家最重要的地方在于解决了中国农村村落这一层面的建设问题，也就是“齐家”的问题。

我当初写这个问题，只是说明在没有国家政权介入的情况下，儒家是如何处理乡村问题的。我并没有把它写得特别神话，只是说儒家大致解决了这个问题。并且，通过它们的训练，为大国的建立提供了一种意识形态的框架，包括在家为孝子、在国为忠臣、四海之内皆兄弟等。但这只是一个想象，而不是真正的架构。其实我现在写的基本上是法家的东西，这或许是真正的架构。我之所以要把这些东西写出来，就是为了揭示中国古代制度的合理性。历史上没有哪个国家像中国这样能一直是一个大国，你需要找到一系列制度去促成它，这就是我所谓的“宪制”。

---

① 参见苏力：《何谓宪制问题——西方历史与古代中国》，《华东政法大学学报》2013 年第 5 期；《作为制度的皇帝》，《法律和社会科学》第 12 卷，法律出版社，2013。该系列研究的成果结集为苏力：《大国宪制：历史中国的制度构成》，北京大学出版社，2018。

在这个过程中，我并不想把自己说成是新儒家。我也不想做“兴灭国，继绝世，举逸民”的事情，这是孔子讲的话。[①]这没有意思，因为对我来说，重要的只是能把这个东西解释好，给后代学者做更好的研究提个醒。我一定要（把它）做好，做好既是超越自己，也是超越别人的预期，这是我自己的一个追求。我不太赞成新儒家，因为新儒家表面上坚持国粹，但其实不是，而是把儒家的思想变成哲学、文化、思想。那还是儒家吗？孔子的思想里面又有多少哲学呢？你说它是哲学就是哲学，说它是文学就是文学，说它是美学就是美学，说它是教育学就是教育学。儒家是想要解决当时那个时代需要解决的问题。并且，后代中国农村社会的人们会发现，这些东西尽管没多少学问，但它就是管用。我就是想说它为什么管用。我会将它还原成制度，尽管这个制度已经过去，已经进入博物馆了，但这个制度的原理仍然是有用的，就像希腊的阿基米德原理到今天还是有用一样。我就是要把这些原理提炼出来，哪怕提炼出来以后可能犯了很多错误。

我这个人有点尼采主义，觉得犯错没有什么，每个人来到世上都难免犯错，没有错误，我们就不会活在这个世界上。但错误其实是告诉别人这个地方走不通，而且在所有的文明中，我们在很大程度上都是中继者，特别是在历史的转折过程中，因为在历史转折过程中，我们失去了很多东西，这时候文化就会出现断裂。我自己想做的，就是既要在现代社会科学传统中将其接受过来，又要尽量减少可能断裂的地方。至于这是不是新儒家，不太重要。

一旦中国特别强大，许多外国人都来学你的时候，一定会

---

① 参见《论语·尧曰》。

有很多优秀的中国学者发现，我们自己有太多太多有价值的东西。比如，我曾经有一段时间认为中国没有地缘政治学，但后来发现中国古代的地缘政治学著作太多太多了，只是没有人去查，都是把20世纪瑞典人写的地缘政治学著作翻译过来，然后就提地缘政治学。仔细想一想，中国古代的合纵连横不就是地缘政治学吗？诸葛亮的三分天下不也是地缘政治学吗？都是有的，只不过没有系统掌握而已，而且确实有很多著作都在写中国历代的山川、地势，只是因为知识上的断裂，没有人去做研究。而我自己试图在大国如何形成的意义上做一点研究。尽管可能做不了那么细致，但我相信，因为它是第一本，所以很可能获得一种殊荣。在这个意义上，我比较狡猾和偷懒，做别人没有做过的事情，有一点出人头地和想出名的想法，但这也不坏，如果每个人都有这种想法，学术就会发展起来。

陈柏峰：我补充一点。我在说新儒家时，其实说了两个不同的新儒家：一个是被哲学化甚至是被玄学化的新儒家；另一个是阐释古典，回应现实问题的新儒家。一般不认为费孝通属于新儒家，但我认为费孝通是。比如，《乡土中国》是用现代社会科学的方法阐释了中国古代人的活法。在这一点上，您现在干的这个活可能和费孝通类似。在这个意义上，也许费孝通是真正的新儒家，您会不会也是这样？

苏力：我写过一篇文章《费孝通与文化自觉》[1]，认为费孝通更像儒家。他对儒家全是制度性的、功用性的解释，而不是上升到哲学、美学、教育学、人类思想、人类大同等这些东西。他非常务实，注重制度的功用，而且儒家本身也非常讲究名和利。在这个意义上，我试图在追寻费孝通的学术传统，但我没

① 苏力：《费孝通与中国文化自觉》，《文学报》2003年3月16日第4版。

想到也不想一定要沿着某个传统，否则这会变成一个负担。因为如果我坚守一个传统，就会拒绝其他东西，而我希望保持开放。因此，不是因为我很喜欢中国古代，就会拒绝外国的。其实我非常喜欢西方学术，喜欢福柯、尼采、帕斯卡尔（Blaise Pascal）、马克思、波斯纳、霍姆斯（Oliver W. Holmes）、蒙田（Michel de Montaigne）等学者。但我不会因为喜欢他们，就把中国的忘掉；也不会因为喜欢中国的，就把他们忘掉。同样，我也不会因为喜欢儒家，就把法家忘掉。

我认为要保持一个开放的态度，所以不太想坚持哪一个学派或传统。即使你加入的那一派是对的，也并不代表你赶上了那辆列车，你就通向了真理。万一要是赶错了呢？本来是上北京，结果开到广州去了，所以这跟是否搭上那辆列车没什么关系。有时候，人要想得通透一些，不必跟着什么历史潮流。**我从来不大相信历史潮流，即使逆着历史潮流活一辈子，又有什么关系呢？**没什么关系，这也是尼采的态度。这个时代已经可以允许我们这么做了。这是前一代人或前两代人做不到的，因为当时中华民族面临危亡，他们没有办法，那时候必须放弃自己的一些东西，去投身救亡。但在中国现代社会，相比较而言，逆着历史潮流最多也就是大家不读你的书，不理你，但自己做一个小众，也没关系。

四、想象力、修辞与经验研究

桑本谦：苏力老师近期发表的系列论文涉及中国古代的宪制。有一点我敢肯定，这些文章发表出来，很多老一辈史学家肯定不太喜欢，因为这个路子和他们不一样。比如，他们不允许在一定素材的基础上做过多推测，甚至是猜测。尽管猜测也是有意义的，因为至少作者能提醒我们注意一个概率很高的可能性。这是非常有意思的。我想问您的是，这种所谓的严谨和学术想象力之间是否有一种紧张关系？过度的严谨有没有可能会折断想象力的翅膀？

苏力：学术需要想象力。比如，我们都知道伽利略的那个两个铁球同时落地的伟大实验，但这个实验并没有发生过，它其实是想象力的产物。按照亚里士多德的观点，一个10磅的铁球是以10磅的速度落地，一个1磅的铁球是以1磅的速度着地。但伽利略是怎么去解决这个问题的呢？他不是做实验，而是靠想象。他认为把10磅和1磅的铁球绑在一起，就变成11磅，从道理上来说，就应当是以11磅的速度向下降。但如果把这两个绑在一起的铁球分开，一个是1磅速度，另一个是10磅速度，那么这个1磅的铁球速度落得慢，就会带着这个10磅的铁球速度也要放慢。粗略算下最多9磅的速度，但从逻辑上来看，不可能既是9磅，又是11磅。因此，他认为这两个铁球必定是同时着地，这样才能解释亚里士多德是错的。可以看到，这完全是想象力的产物。

再比如，古希腊人是怎么发现地球是圆的呢？他们并不是像麦哲伦一样走了一圈才发现的。他们发现月球绕地球转，而月球有时候会出现月食，这是因为地球在当中，如果地球是平的，那么在月球上就可能是一条线或者像一个小小的枣核，但所有的月食都是把整个月亮遮起来或者是月环食，那就说明整个地球一定是圆的。这需要非常大的想象力。爱因斯坦也曾想象：假如人以光的速度行走，将会看到什么？这种想象力非常可怕，你怎么能想象一个人按照光的速度去行走？所以社会科学同样需要想象力，但这与严谨并不矛盾。

现在有些人认为史学的严谨就一定要有材料，“有一分材料说一分话，有十分材料说十分话。”关键是什么叫“一分材料说一分话”？比如，美国学校有早读，但不是大声朗读，而中国学校早上一定要大声朗读。中国的朗读不可能没有意义。那到底是什么原因呢？这是因为学校为了校正学生的读音而创造出这个制度。在没有拼音而是有各地方言时，必须要通过这种方式朗读，老师才能听出来哪个人的读音不对，然后来校正他。这是通过一个微观制度来保证全国学生的读音一致。这个想象有可能是错的，但提出一种想象，至少比从来没有人想过这个问题要好一点吧！比如，在一个村子里，如果一个母亲曾经听到她的弟弟读过“有朋自远方来，不亦乐（yuè）乎”，之后在她的儿子读书时，听到“有朋自远方来，不亦乐（lè）乎”，她就会直接说：“你读错了，我弟弟当年读的是‘乐（yuè）乎’。”你可以看到一个没有读过书的人都可能变成一个校正者。尽管这种想象可能并不会真实发生，但这种想象的推理和逻辑是成立的。这就是我想做的东西。中国的学者可以做这个东西，而不应当太过拘泥。我不是说我们可以编造历史，这是不行的，但可以想象历史。许多最著名或最经典的著作都有很多想象。比如，项羽看到秦始皇来了以后，曾说：“彼可取而代之。”陈胜和吴广也说：“帝王将相，宁有种乎？”但当时有谁见过？又还有谁记录下来呢？这可能就是司马迁想象出来的。我们觉得古人可以想象，并且假定古人的这种想象不会错，但偏偏苛求今人。

事实上，问题的关键在于想象是否有道理。**想象并不是真理，而是探求真理的一个步骤**。这是我的一个追求。别人批评我，我根本不怕，因为“死猪不怕开水烫”，骂过我和批评我的人太多了。我在这本书[1]中也会用外国和后来发生的例子来印证古代的事件。因为这本书不是历史书，而是一本理论书，是讨论逻辑上和理论上的可能性。这种可能性不仅发生在过去的某一时刻，而且在以后都有可能发生。这本书写得是很怪，但我觉得这没什么。既然活在当下，那就让自己和别人开心也挺好。稍微把自己放开些，就会获得更多的想象力和从容不迫的应对能力。

侯猛：对于法律的经验研究者来说，做田野是非常重要的。一流研究可能特别需要想象力，但大部分研究者达不到一流，或至少目前还不是一流。而要先达到二流水平，至少还得做扎扎实实的田野工作。当您过于强调想象力时，我就会怀疑这也许是为您现在不再去做田野找一个托词。当然，做田野与想象力在逻辑上不矛盾，但在经验上需要平衡两者之间的关系。特别是对于初级研究者来说，如何处理好两者的关系非常重要。而且，这或许也是研究思路和写作思路的区别。即是您过去经常讲的，在写作过程中会特别强调想象力和修辞。虽然在总体上您是法律社会科学的研究进路，但如果过于强调修辞和想象力，岂不是变成了法律与人文的研究？

陈柏峰：苏力老师在《送法下乡》里讲的一个事，证明他的想象是错的。他谈到早上八九点钟乡镇政府里面就没人了，所以乡镇是国家权力薄弱的地方。这个想象是没有道理的。为什么八九点钟没人了呢？那是因为大家早上八点钟集合，分配工作，九点钟全部下乡去了，镇政府里就只有一个人在“看家”。这是由乡镇政府的工作方式决定的。我觉得这一处就是想象的。

---

① 苏力：《大国宪制：历史中国的制度构成》，北京大学出版社，2018。

苏力：这不能算想象，如果说是概括的话，可能是概括不当。在湖北可能是下乡，但在其他地方可能是另一种情况，比如，有的地方（这时）反正没什么事情，大家就各自回家。做实证研究同样需要想象力。换言之，同样的实证研究能否抽象出一个有意义的问题来，这其实还是（需要）想象的。

做实证研究一定要严谨和踏实。比如，我们在做关于审判委员会的调查时，一共访问了 100 多个法官，一个一个访谈，而且避免诱导他们朝着某一个方向去回答。我曾经到湖北省恩施市咸丰县看那里的法庭审理案件。当时我突然意识到，这里有个问题。我会去想这个问题，但能把这个问题提升到什么程度是需要想象的。一个庭长的妻子在破棚子里养了七头猪，她没有工作，我就会想象这个庭长的家庭非常艰苦。他的电话是用盒子锁起来的，可以接电话，但不允许打电话，因为电话费太贵，我就会想象到他们经费的紧张。再比如，我写过一篇关于家族的文章①，发现在江汉平原上家族对司法的影响力非常强大，但在咸丰一带就没有。我就想这会不会是因为经济落后或者是少数民族地区的缘故？后来发现都不是。那个地方虽然人口众多，但分布特别分散，因为那里的土地非常贫瘠，许多土地上都有很多巨石，只有两三户人家住在一起，不太容易形成家族。如果要组个家族到法庭上闹的话，交易费用和组织成本都太高，这就是我的一个想象。大家都去那里看了，但我看到这个东西，他没看到，为什么？这就是想象力。这也是费孝通的长处。费孝通曾经带着学生一路走，学生回来什么都没写，费孝通到一个地方就写一篇，为什么？因为虽然费孝通和他的学生都看到了，但学生没有想象力。所以，这并不是说只需要

---

① 参见苏力：《家族的地理构成》，《山西大学学报（哲学社会科学版）》，2007 年 5 月第 30 卷，第 3 期。

经验调查，不需要想象力。将问题提升到什么程度，其实与想象力有关。

关于修辞和社会科学的关系。修辞并不会影响社会科学。社会科学的基本思想和基本逻辑结构是以经验研究为基础。修辞只是强调怎么表达，只是让人们更加强烈地感受到，你通过运用这些修辞才能把一些结论提炼出来，甚至颠覆一些既定的结论和想象的东西。比如，大家都认为77、78级的学生是（法学界的）"黄埔一期"，是一个神话。我写文章也谈到这是一个法律的神话，但随后转移到下一节，说这"也仅仅是个神话"。[1] 前面一句大家都听过，会觉得敬意油然而生。神话这个概念本身是个褒义词，但我通过"也仅仅是个神话"这一句转折就把这个神话颠覆了。读者就会接着进入到我的经验材料里去看、去想是不是这样。这时候，你通过一种很简单的方式就把人们带入到经验研究当中，而不是顺着这个竿子往上爬，爬到云里雾里去了。我写过很多诸如此类的句子，这样的句子我是非常得意的，这也是骄傲的一部分。

因此，我不认为这种修辞不利于经验研究，恰恰相反，它有利于经验研究。修辞并不在于修饰。比如，有些人说："废除死刑是人类潮流。"我说："谁看到这个人类潮流了？凭什么你看见了，我们就没看见？难道法学家都变成巫婆神汉，可以看到鬼神，而你没看到？"对于这样一种说法，没有几个人去质疑它，似乎都觉得我们确实已经站在历史潮流之上，已经坐上了这列火车，已经走进了历史。我在毕业致辞里曾经说过："在这个时代，所有人都愿意同真理站在一起，总有一天会把真理挤掉下去，自己站在那里。"其实是让大家用经验去思考，而不是

① 参见苏力：《80学人与30年人文社科发展》，《开放时代》2009年第1期。

用修辞来掩饰一些东西。

有时候并不一定是社科研究，在另外一些必要的场合也需要一些修辞。比如，作为律师或法官，在必要的时候也需要修辞。这不是虚张声势，而是使他的语言更能打动人，但这种语言并不是像“公平正义比太阳更光辉”之类的大词，这其实不太有修辞。有时候，修辞恰恰非常平和，娓娓动听。修辞是一种策略，甚至在最没有修辞的地方，也可能有修辞。比如，“无可奉告，NO comment”，经济发展“又快又好”改为“又好又快”（这表明国家经济政策发展的重点改变了）等都是修辞，只不过用了很简单的方式。不要以我们通常所理解的修辞来概括所有修辞，不要简单地把华丽、煽情理解为修辞。修辞在于准确表达思想，能够影响受众，让受众准确感受到你想传达的思想和观点，传达了你想传达的，这就是修辞。

成凡：在您的论文当中，有一句话让我特别震撼，记得是形容人和人之间的关系是一种利益争夺，好像是“嘴角流着血，牙缝里有肉”。当时我看着感受很深。这是一种修辞，还是您确实有切身的经历？

苏力：实际上，当没有国家权力来治理社会时，社会就很容易变成一切人对一切人的战争，这就是霍布斯（Thomas Hobbes）所讲的状况。生物进化也是如此。比如，现在考古学发现山顶洞人的头盖骨上是有洞的，这说明山顶洞人是吃人脑的。再比如，在五胡十六国的时代，胡人进入中原地区是不带粮食的，他们如果饿了，就去抓汉人杀了吃。一些地方的汉人几乎灭绝，而活下来的就迁移到南方去了。这就是人类历史，“马前挂人头，马后斩妇女”。正因为人类曾经有过这样的情况，所以我不认为这种时代已经一去不复返。一旦资源极其稀缺，这种情况就有可能再次发生。因而我对人性并没有太高的期望。我知道人在有资源时都会善良，但在没有资源的情况下就会变。1990年，我从美国回来，也是出国很多年以后第一次回来。那时候中国（遭遇）大洪水，很多人会拿家里破旧的衣服捐出去。18年以后，到了2008年汶川大地震，很多人捐款上千上万，甚至打出租车到汶川救灾。这究竟是什么带来的改变？是因为我们变得富裕了，才使我们有能力向世人展示我们的善良。当一个人贫穷时，是没有机会展示善良的。我家里孩子都没有饭吃的时候，我怎么可能把唯一的窝窝头给一个非洲难民吃？这不是我们不善良，而是说我没办法善良。这就是我对人性的一个基本判断。我在写许多文章时，也始终关注这个问题。

我曾经在非常艰苦的条件中生活过，当过兵，也当过工人。我知道在各种各样的环境中，生存竞争是非常残酷的。千万不要觉得我们现在富裕了，人就变得善良起来了，其实也可以看到人心的不善良。大家一定要对人性有这样的基本认识。我曾经写过一篇文章①，指出孔子对儒家的人性并没有太高的评价，不是我们想象的那样。孔子认为人可以为善，也可以为恶，取决于环境。这也是我的一个社会观吧！

桑本谦：对人性我也深有感触。黑格尔曾经说过："当人们提出人性善论的时候，他提出了一种伟大的思想；当提出性恶论的时候，他就提出了更为伟大的思想。"性恶论符合社会科学的基本假设。

我发现苏力老师的研究方法有一个特点是，他更加注重自己的观察、访谈和洞察力，但很少做问卷，也很少搜集数据。我想到多年前深蓝和卡斯帕罗夫（Garry Kasparov）对弈的国际

---

① 苏力：《早期儒家的人性观》，《法制与社会发展》2010年第5期。

象棋比赛，这是人工智能领域的一个里程碑事件。卡斯帕罗夫是俄罗斯的国际象棋冠军，深蓝是一个计算机。卡斯帕罗夫赢了两场之后，第三场输给了深蓝，总体上两者算是势均力敌。整体来看，深蓝的计算能力更为强大，因为它会计算每一步棋的所有结果，从中选择最优，而卡斯帕罗夫做不到。但他为什么能和深蓝抗衡呢？是因为他的计算更有效。如果深蓝和聂卫平下围棋，结果未必是稳赢，因为围棋比国际象棋复杂得多。从这个事件，我就想到，哪怕是实证研究，您也更加强调洞察力，而不是通过数据分析来获得结论。这是不是有点像人机对弈中的卡斯帕罗夫，而不是深蓝？

苏力：虽然黑格尔的这句话说得很好，但刘慈欣的《三体》讲得比他更好。[①] 他曾经讲过："失去人性，失去很多；失去兽性，失去一切。"这句话让我感受最深刻，迟早有一天我会把它写到我的某本书的题记上。没有人性固然很糟糕，但没有兽性则不能在这个世界上生活下去。这就是一个非常有洞察力的人写的。我并不是说洞察力就一定比数据好，数据同样可以发现洞察力没办法发现的东西。虽然我学过统计，也可以做得像模像样，但我无法做到特别出色，因为我更擅长的可能是洞察力。这也就是说，一个人不可能在所有地方都非常优秀，在学术研究的过程中，要注意扬长避短。现在中国已经有了很多数据库，可以利用这些数据库做这方面的研究，也有一些学者开始去做了。作为老师，我更愿意告诉学生，现在有些新的资源可以去用。别人会问："你为什么做了一个就不做了？"我就讲："像这种东西，只要告诉别人，别人做这个可以马上超过你，那我就

---

① 指刘慈欣科幻三部曲，分别为：《三体》，重庆出版社，2008；《三体 II：黑暗森林》，重庆出版社，2008；《三体 III：死神永生》，重庆出版社，2010。

没必要做。”这也是我为什么更加依靠和发挥自己的洞察力。这一点我受费孝通的影响特别大。

对话梁治平：法律文化论再审视

一、学术范式

尤陈俊：如果要了解梁老师的学术思路，他 1985 年在《读书》上发表的《比较法与比较文化》① 非常重要。在这篇文章的结尾部分，梁老师提出了一个他自己后来称为“中国式的比较法学的原则”——**用法律去阐明文化，用文化去阐明法律**。这样一种原则也可以被称为一种研究的范式。我想请梁老师具体说明一下，您所讲的“用法律去阐明文化，用文化去阐明法律”到底是什么意思？它的具体含义是什么？

梁治平：我写“用法律去阐明文化，用文化去阐明法律”，是借用了孟德斯鸠“用文化去说明历史，用历史去说明文化”的表述，移过来时把“历史”换成了“法律”。其实文化里面也有历史、有传统、有社会。对我来讲，进入这样一种研究，并不是因为存在一个叫作“法律文化研究”的学科或理论，而

① 梁治平：《比较法与比较文化》，《读书》1985 年第 9 期。

是因为我对所学的东西不满意，对当时流行的法律研究不满意。法律不应该只是枯燥的条文或法典之类的东西，而应该是一种活生生的经验，属于社会生活和文化的一部分。我欣赏的是孟德斯鸠《论法的精神》那种类型的研究。那种研究就法律而言，就是“用文化去说明法律，用法律去说明文化”，这也是我的兴趣所在。这个立场当然很宽泛，但对我来说也很合适，那时需要的就是这样一种视野或立场，而不是一个界定清楚的学科。

陈柏峰：“范式”这个中文词，好像也是梁老师比较早谈到的，我们确实会觉得您当年提到的“用法律去阐明文化，用文化去阐明法律”构成了新的范式。当年您在讲这个的时候，是否已经对之前的那些研究有了比较清晰的看法？您对自己的这种研究在学术界有怎样的贡献，或者说有怎样的推动，在当时有比较明确的自我意识吗？

梁治平：范式这个词出现比较晚，我自己用这个词更晚。要说我一开始就有意要创立一种研究范式，那是不对的。就像上面说的，我之所以要“用法律去阐明文化，用文化去阐明法律”，正是对当时流行的法律研究不满意。我给大家讲一个例子。我当年读书时，像样的学术书籍和学术刊物极少。在那种情况下，我的“购买力”很强，只要是“好书”，几乎是出一本我就买一本。1979 年，《法学研究》创刊，我立即订了一年。每期都读，读的结果就是从此不再读《法学研究》，后来我还劝其他研究法律的人不要读法学刊物，免得（把自己）读坏了。这样说好像有点狂，但我当时就是这样想的。现在我已经不记得自己当时都读了什么文章，但是很明显，那些文章对我毫无吸引力。如果说当时的法律研究有范式的话，那种范式就是我不满意、不喜欢的。我后来报考外国法制史专业，除了是受当时讲这门课的林向荣老师的吸引外，也是因为我想找一个跟法律有关但又离法律最远，同时能满足我在知识上的兴趣的学科。再往后，书读得多了一些，知识慢慢积累，也开始写文章，很自然要跳出当时流行的“范式”，不管是研究主题，还是表达方式。这样就有了自己的风格。虽然不是有意要创造新的研究范式，但也确实是有意为之，因为我对自己喜欢什么、不喜欢什么，想要什么、不想要什么还是很清楚的。所以可以说，最后我走到法律文化的研究上来，既是一种自觉努力的结果，也是一个很自然的过程。

汪雄涛：我之前有看到费孝通先生 20 世纪 80 年代初出版的一个集子，叫《美国与美国人》，是他在“文革”之后去美国访问回来之后所谈的在美国的见闻。① 其中谈到美国的社会科学研究出现了一个新词，叫作“范式”。不知道他跟梁老师哪一个讲得更早一点？

另外，虽然《寻求自然秩序中的和谐》为您带来了无数的行内荣誉，以及一个“法律文化论者”的标签，但是我观察到大概是从 1996 年到 1997 年左右，从《清代习惯法：社会与国家》开始，您好像越来越少甚至几乎不再用法律文化论的这种视角，反而有些转向社会与国家的视角，包括您主编的那套“法律文化研究文丛”的主题，很多都是社会与国家的视角，而没有法律与文化的这种视角。不知道这种现象是否存在？

梁治平：我自己用“范式”这个词是很晚的，我是在写《法律史的视界》② 那篇文章的时候用了“范式”这个词，当时

---

① 费孝通：《美国与美国人》，生活·读书·新知三联书店，1985。

② 梁治平：《法律史的视界：方法、旨趣与范式》，《中国文化》第 19/20 期合刊（2002 年）。

还专门在注释里说明，我是在什么意义上使用这个概念，这样用这个概念是不是妥当。

说到我个人的研究，如果看研究主题，应该说前后变化不小。特别是2000年前后，研究和写作的心态都有改变。以前的研究以法律史为主，后来更偏重在当代；以前的研究计划性较强，后来的研究更多是随缘的，讨论的问题也更多样。比如我讨论《劳动合同法》的问题，① 对"宣科案"的分析，② 都跟我过去的研究距离很远。我涉入这些问题也不是因为对它们有长期的关注，而是由于一些偶然的机缘。前两年广西师大出版社要我编自选集，我把过去二十多年的文章梳理了一下，发现按时间先后来分，大体可以分成历史研究和当代研究两卷。但这种变化并不是出于计划，甚至也不是有意为之，而是自然而然。这也意味着，这些研究是有某种连续性的，这种连续性是和我过去在知识、方法、思想上的积累有关系的，但这种联系不一定是狭义上专业的、学科的。我不认为"社会与国家"是一个与法律文化无关的题目或范畴。如果说之前关于法律文化的意义阐释比较着力的话，我想更多是与我当时研究的对象、当时所要解决的问题和当时的特殊的心得有很大关系。那之后，不是说这个视角或方法被放弃了，而是在研究不同对象的时候，为了更好地说明它们，我可能会做一些调整，更注重另外一些因素。但在变换的主题和场景后面，还是有些东西延续下来，比如在当代的场域里面讨论和观察某些现象时，我依然可能运用文化论的方法和视角。

---

① 梁治平：《立法何为？——对〈劳动合同法〉的几点观察》，《书屋》2008年第6期。

② 梁治平：《名誉权与言论自由：宣科案中的是非与轻重》，《中国法学》2006年第2期。

二、何谓文化

尤陈俊：您曾谈到您的这种研究与 20 世纪 80 年代的那种“文化热”有密切的关系。在当时那个氛围中，相对而言，法学是一个后知后觉的学科，“文化热”在社会学、哲学方面会表现得更多。您的《比较法与比较文化》在开头部分就引用了社会学和人类学论述的“文化”概念，您主张用那种广义的“文化”概念作为自己研究的基础。而“文化”这个概念，属于“我不问，大家都明白，我一问，谁都说不清楚”的一个概念。在您早期的著作里，似乎没有一个对“文化”的大致定义。可是在后来的《法律的文化解释》里，您采用了格尔茨（Clifford Geertz）对“文化”的界定。您当初最早采用对“文化”的广义理解，是出于怎样的想法？您这样一种对“文化”的广义理解，跟 80 年代的“文化热”中其他人对文化的理解有哪些不一样的地方？

梁治平：在 80 年代，如果说我的研究兴趣跟时代有什么关系，我觉得有这么两点。

一是所谓“文化热”。那时大家都在谈文化，这是一个非常直接的关联。并不是我对文化这个主题本来没有兴趣，只是因为“文化热”的吸引才去谈文化。我虽然是在法学专业，但是在读书过程中却与法律渐行渐远。**我觉得法律应该放在更大的背景下去理解，这个背景可以是社会，可以是文化，也可以是历史，看你取什么内容**。实际上，这几个概念我都很看重，最后落在文化上，除了和当时的“文化热”有关，也是因为这个概念最能够满足我的兴趣和需要。法律可以被看成是文化，宗教、哲学、艺术、道德、观念、行为也都是文化现象。所有精神层面的东西都可以放在文化的概念下讨论。所以那个时候我是在一个很宽泛的意义上使用文化这个概念。

二是“文化热”带给我个人的影响就是它对传统的批判性。这个批判性是对“五四”以来的那种批判精神的延续。当然，到了80年代，它有自己的问题和特点。它其实是把对现状的许多不满借批判传统表达出来，结果是将当代人的责任转嫁到古人身上。在当时的思想氛围里，我也是从现实出发，对传统采取了一种先行批判的立场。只不过我又觉得，学术讲求公正，立论要有依据，即使是批判，也要先尽可能完整理解批判的对象。写《法辨》的时候就是这样，我一方面有很强烈的批判意识，但同时还是希望保持它的学术品格，我觉得这很重要。

按照我们现在的想法，要讨论“文化”这个问题，就应该先把这个概念界定清楚，先了解有关文化的各种定义和理论。但当时不是这样，因为当时能接触到的学术资源非常有限。我最初接触到的泰勒（Edward Burnett Tylor）的文化理论，就是一些支离破碎的知识。当然，后来情况不一样，我们有机会接触到更多更完整的文化理论。最后我用格尔茨的理论来定义文化，是觉得他的定义和方法比较有说服力，而且更合我自己的研究心得。顺便说明一下，我不是在读了格尔茨之后才写比如《寻求自然秩序中的和谐》的，而是相反，我是在写完了这些东西之后才知道格尔茨，才发现这套理论跟我自己在之前的研究中的感受是非常契合的，这时我很自然就会把它拿过来，用来说明和支持自己的研究。这样一个过程很有意思。你发现自己的研究适合用一种理论来说明，而这种理论本身又是很精细、很精妙的，这个时候你可以重新审视自己的研究，并得到一个新的起点。这可以说是理论与实践的一个互动过程。总之，我的研究经历了一个比较自然的过程，对文化概念的了解和运用，由浅而深，从简单到复杂，读书、思考、写作同时进行，互相促进，而不是从现成的理论出发，先把理论都弄清楚了再去做研究。

陈柏峰：您用“文化”这个概念的早期可能是从实体意义上的中国文化与西方文化的角度去讲的，是我们通常意义上的“文化”，而后又引入了格尔茨的理论。邓正来教授在《中国法学向何处去》里系统性地批评了张文显教授、您和苏力教授。其中的一点就是说您在讲《法律的文化解释》时，前后用的“文化”的意思是很不一样的，前面是带有实体性的，后来到格尔茨时，因为格尔茨的人类学是比较强调主观阐释的，所以他认为这是断裂的。您是怎么看待他的这种批评？

梁治平：我只能在你转述的基础上来做回应。我这部分的研究前后有发展，但没有什么“断裂”。开始做的法律文化研究虽然比较宽泛，但跟我后来看到的一些英语文献讲的法律文化差不多。它关注的主要是一些精神性的东西，比如行为模式、价值观念、规范性的判断指引、思想和行为当中具有较强的符号性的东西等。从这里走到对“意义”的强调，不是必然，但很自然。实际上，我在写《寻求自然秩序中的和谐》时，最重视的就是制度后面的“依据”，用格尔茨的话，那就是“意义”了，而要找出“意义”，或者制度后面的“依据”，就要像解释人类学倡导的那样去理解行动者，走进他们的主观世界。从《法辨》到《寻求自然秩序中的和谐》，我一直注重辨异，尤其是观念的辨异。我强调文化，重点也是辨异，包括字词的辨异、观念的辨异、制度的辨异、意义的辨异等，这本来就是我的法律文化研究的核心，我只是在格尔茨那里看到一种更好的理论表述而已，并不存在“断裂”。

三、辨异与求同

陈柏峰：除了“辨异”，法律文化研究还有另外一种路径。我们学校法律文化研究院的创始人范忠信教授过去也是做法律文化研究，他有一本书叫《中西法文化的暗合与差异》①，他把“暗合”放在前面，就是说中国与西方有很多一致的地方。其实他的路向比较倾向于“求同”的一面，当然他也谈“异”的一面。所以他经常在文章中谈到西方古代有的东西，我们中国古代也有。您怎么看待像范老师的这样一类研究？

梁治平：“辨异”也好，“求同”也好，都有价值。因为人类的生活既有共同的东西，也有不同的东西。我们有无数的题目可以选择，有些题目是有价值的，而有些题目是无价值的。哪些问题有价值，这就需要很具体地去看。我当时为什么要“辨异”呢？是因为我看到讲“同”的东西太多了，而那些讲“同”的东西很差。差到何种程度呢？它不但扭曲了中国的历史、文化和社会，而且禁锢了学人的思想，消灭了学术的精神。这类讲“同”的理论是很粗暴的，比如历史发展的“五阶段论”在整个历史领域（当然也包括法律史领域）是有一套完整叙述的。我当年写书的时候面对的就是一个很庞大的、非常教条化的、机械的、没有生命力的知识体系。所以我强调“辨异”是很自然的。当然，强调“辨异”不等于就做得好。这要看具体的研究，也要看你怎么评价做得“好”或者“不好”。“辨异”和“求同”本身并无好坏之分，好与不好要看具体的研究。每个学者都会给自己设定研究的具体题目，有自己的研究策略

① 范忠信：《中西法文化的暗合与差异》，中国政法大学出版社，2001。

和研究方法。这些东西本身都可以进行很具体的评判，脱离了具体的语境和策略，抽象地去讲好坏优劣是没有意义的。如果一个人说“辨异”比“求同”更重要，那我们就需要讨论这个问题，为什么说“辨异”比“求同”更重要，你在什么意义上讲“辨异”比“求同”重要。反过来，一个人持完全相反的观点，我们也可以这样来讨论。我们需要针对具体的结论和论据展开分析。

我这个“辨异”的取向，确实和人类学的理论关注有点像。人类学经常关注不同文化之间的差异性和特殊性。例如格尔茨就比较强调“辨异”，特别是通过两个极端的比较去突出研究对象的差异性。当然他有他的背景和问题意识，但是对我来说，在理论上就会有一些支援，因为我使用的类型分析方法也是这样，虽然我跟他面对的问题有很多是不一样的。

尤陈俊：您刚才强调“辨异”与“求同”在抽象的情况下无所谓谁优谁劣。但现在在法律文化研究这样一个大的研究框架之下，存在许多机械化的所谓中西法律文化的类型化比较，常常总结说中国的文化有几个特点，西方的文化也有几个相对应的特点，往往是相反的。这样一种所谓“辨异”的工作，如果推而广之，就容易把二者对极化或对立化，您对此如何评价？比如现在许多学者认为中国传统法律文化是一种厌讼的文化，而西方则是好讼的。您当年在写作《寻求自然秩序中的和谐》时，有没有朝着这种对极化或对立化去发展，或者您当时是否就已经意识到这里面会有问题？

梁治平：一个好的理论、方法或概念，如果被滥用，就会变得僵化机械而毫无生命，这是完全有可能的。历史上很多很有生命力的学说，比如阳明学和之前的朱子学，它们都很伟大。

然而朱子学之后，出现很多伪道学，阳明学之后出了很多狂人。这些东西就把世风给败坏了。但是我们不能说朱子学和阳明学就不好，虽然他们的学说里也可能存在某些漏洞，存在某些值得警惕的东西。这些可以再讨论。当然我的意思不是把自己比作圣贤，而是说这么伟大的学说都难以避免这样的命运，一般的等闲思想和观念被误用或滥用也就没什么好奇怪的。

有关中西法律和文化的比较，是存在你说的那类问题。其实“中西”这种说法本身就值得警惕。“中”是什么？要追究起来其实很复杂，几千年的历史，好多的文明融合在一起，最后人们讲到“中”的时候，心里可能是以汉族为“中”，以儒家为“中”，这是一种文化霸权，对其他文化是不公正的，而且实际上是对历史的另一种利用和曲解。同样，“西”的概念也难免过于笼统。我们知道西方有不同的法系，法系内部又有区别，文化上的差异性也是非常大的。所以，涉及中西法律文化的比较研究，是要比较小心的。《寻求自然秩序中的和谐》这本书处理的是中西法律文化的问题，重点是通过同西方法律历史文化的比较，认识中国传统法律的精神特质。这种策略是不是可行，结论是不是有说服力，自然都有讨论的余地。

如果现在让我重新回过头去写同样的主题，肯定跟以前不一样。首先，掌握的资料会比以前多，对一些问题的看法会不一样，思想上也会更成熟一些。当然，是不是因此就一定比以前写得好，那也不一定。有一个朋友，认识我以后跟我说，他当年读这本书的时候很激动，在书上划满了线，心想这个人写这本书时还不到30岁，以后可怎么办啊。这本书真的有这么好吗？也不一定，但其中应该有些东西让人印象深刻，也许是片面的深刻，幼稚的深刻，但会有一些打动人的东西在那里。所以我只能说，现在让我重新写这本书，不一定写得更好，但我一定会重新写。

陈柏峰：凭我的印象来说，在您的著作当中，对文化的表达不是那么直接，有一些隐晦，但我能模糊感觉到，在《法辨》和《寻求自然秩序中的和谐》这两本书里，对中国文化的态度可能批判性多一些，到《法律的文化解释》的时候，这种同情式的理解要更多一些。有没有这样一种区别，或者说什么促使您会有一点点转变？

梁治平：细心的读者可能会发现这方面的变化。我自己当然更能感受到这种变化。最开始的那种讨论批判性是很强的。那个时代的风格就是这样的，作为个人，而且是一个年轻人，很容易受时代的一些影响。但是我觉得要以公允的心情和心态去对待古人和传统。要批判传统，你要先了解传统是什么，这是我当时一个基本的心态，写《法辨》时就是抱着这种心态。我经常区分《法辨》里的两个东西，一个是研究的方法，一个是具体的结论。

结论也许不是那么重要，方法的部分、思考的部分，那个过程可能更重要。写《寻求自然秩序中的和谐》用了将近一年的时间，如果从写《法辨》和《说“治”》算起，前后有三年时间，我自己就能感觉到内心的变化。当我试图去理解研究对象的时候，就意识到要放下一些流行的定见，而随着理解的深入，又发现可能需要调整自己的立场和态度。你必须诚实地面对自己，面对古人。**我们过去学的历史充斥着教条，我们的历史观念和知识其实都充满了偏见，不仅是现代人的偏见，还有特定意识形态的偏见**。一定要打破这些偏见，才可能进入到古人的世界中去。比如管子的重农思想，仔细观察，在他的那个时代是有它的道理的。再比如历来地方官对“讼师”的打压，也不是不可理喻的偏执做法。用阶级分析的方法，或其他一些现成的看法去套，并不能很好地解释当时人的行为。今天的研究者需要进入当时的历史情境，要试着从当时人的角度去理解他们的思想和行为。毕竟，他们对那个社会有他们自己的理解，而当时社会的形态和我们今天所处的社会形态也相去甚远。

回到《寻求自然秩序中的和谐》，上面说到的变化在这本书里就可以看到，而且由于写作和出版的过程都很仓促，也没有机会把这些变化很好地处理一下。所以书一出来我就想到要做一些修订，除了补充一些资料，主要是要改掉一些比较情绪化也比较轻率的表达。因为那不是一种严肃的学术态度，也不是一种对待历史的适当态度。至于《法律的文化解释》，它写得比较晚，应该是1992—1993年完成的，当时是想总结和回顾自己前面的研究，特别是在方法论方面的心得。跟《寻求自然秩序中的和谐》不一样，这篇文章不是那种实体性的研究，而是理论性的，只不过在对方法论的讨论中接续了基于理解而产生的对历史的一些新看法。

汪雄涛：大概是自1840年开始，中国一直自觉或不自觉地面对西方的一个参照系。老一辈的学者，像费孝通先生、梁漱溟先生、瞿同祖先生，一直就在阐明一个异于西方的中国。我们看到这种“辨异”会强调一些跟西方很不一样的特质，从而去提炼出一些概念。比如说瞿同祖老先生，他认为他一生最大的贡献在于提出了法律儒家化，但当我们去考察中国法的实际运作时，可能会发现儒家化的内部结构会更复杂一些。比如我曾经考察过亲属之间的争讼，[①] 通过亲属争讼的比例来看当时家族中司法的权威，在社会控制中，这种权威在多大程度上是存

① 汪雄涛：《明清判牍中的亲属争讼》，《环球法律评论》2009年第5期。

在的。后来我发现法律儒家化可能在某种程度上是被夸大了的。家族中的这种利益争斗，包括像柏峰去做的很多这种社会调查，使我们发现中华文化实际的内部结构要比我们过去提出的法律儒家化、家族社会要复杂得多。所以我想问的是，我们如何克服作为一种方法的类型论或文化论？或者说在“辨异”的时候，对“求同”的一种无意的忽略？或者说在定义的同时，可能对“异”是否有夸大了？

梁治平：你提到的例子，比如瞿同祖先生的法律儒家化，与其说是“辨异”，不如说是对某种历史现象的概括。概括总是需要的，但也会有种种问题。法律儒家化的说法不能说没有根据，但可能有照顾不到的地方，也可能遮蔽某些问题，看到这里面的复杂性，是我们对历史观察越来越成熟的一个标志。但抛开这些不论的话，我们在某个抽象的层次上，可不可以做出一些概括，比如说中国法律的传统有某些特征，有的人举出三个，有的人举出五个。如果我们持一个比较开放、比较有弹性的立场，又言之有据，那么这些认识对于我们可能还是有帮助的。

就西方而言（当然我刚才说了“西方”也是一个很复杂的概念，暂且还是用这个简单的概念吧），一般都认为，西方是基督教文明，早先有古希腊的影响，然后经过文艺复兴、启蒙运动发展起来。其中有很多不同的国家和民族，有不同的风俗、习惯和制度，但总的来说还是有着很多共同的特征，包括语言（语系）。那么，针对某些特定问题，或者作为某种研究策略，我们有没有可能基于那些共同特征进行文明之间的比较研究呢？客观地说，当我们讲到世界文明的时候，比如说轴心文明，我们其实是假定这些文明各有其特征，各有其统一性，而且它们之间的关系也不相同，有些文明距离较近，有些相距较远，有些可能是在两极上。

当然，任何研究都可能会夸大和简单化。我们以语言为例。语言学家、人类学家研究印欧语系，发现其中有很多差异和变化，但里面还是有某种关联性和规律。然后他们去研究汉语，就发现“连头上的天都变了”【这是语言学家萨丕尔（Edward Sapir）的说法】，差别太大了。比如法国汉学家谢和耐（Jacques Gernet），他研究宗教，发现想让中国人理解西方的神学观念有特别大的困难，而这种困难和语言结构有很大的关系。在中国的语言结构里面，经常没有主语，这跟西方语言很不一样。西方语言以及很多其他语言里，有很强的施动者的观念，而中国没有。这会影响到思维，产生不同的精神表达或精神创造物。

再举一个法律方面的例子，昂格尔写《现代社会中的法律》，他想要说明他所谓“法律秩序”是如何（在西方）产生的。这是一个韦伯（Max Weber）式的问题。他这样做的时候就发现，四大文明中，伊斯兰文明、印度文明相对于中国文明比较居中，西方文明和中国文明各据一端。因此，要说明近代法治秩序为什么能在西方出现，中国就成了一个反例。他不是汉学家，他也不懂中文。顺便说一下，韦伯的研究也是把中国当作一个反例，中国宗教，或说儒教与道教，是作为清教的反面来研究的。这种研究本身很有意思，但也有很多问题。林端教授在他的新书《韦伯论中国传统法律》[①] 中有对韦伯的批判，指出了韦伯方法论上的一些问题，主要是他混淆了文化内比较和文化间比较，把共时性问题变成了历时性问题，因此产生了一些有问题的结论。

① 林端：《韦伯论中国传统法律：韦伯比较社会学的批判》，中国政法大学出版社，2014。

四、文化类型学

尤陈俊：韦伯有一个很重要的研究方法叫“理想类型”。您早期的研究，包括《法辨》和《寻求自然秩序中的和谐》，总体上采取的仍是一种文化类型学的比较方法。在做研究时，这一比较方法在运用到中西文化的比较的时候，往往会得出两者之间是无法通约的即两者之间存在本质差别的结论。这有些类似于基因决定论，即后天无论再怎么努力，两者最后也不可能在一起。这种状况会有意无意地将西方的法律文化作为评价中国文化是好是坏、处于何种阶段的最后标准，而不仅仅是作为一种平等的参照。很多学者其实对这一点有很多批评，比如邓正来在他的书中专门就这一点批评了您的研究。您是如何看待这种文化类型学的方法，或者这样一种受韦伯影响很大的方法在法律文化研究当中的运用的？

梁治平：文化类型学作为一种方法，有助于凸显和说明某种东西，但另外一方面，它也会遮蔽某些东西，在不自觉的情况下，这种方法可能会流于僵化和封闭。这是第一点。

第二点，关于评判标准，我不认为文化类型学的研究必定导向用某一种类型去评判另一种类型，比如用西方文化来评判中国文化的优劣。恰恰相反，类型学方法是比较相对主义的。如果不可通约或者不相交，那你怎么去评判呢？只有在可通约、有公约数的情况下，才有共同的标准可以来评判差异。就像赛跑，同一个赛场，同一个终点，才能看谁跑得最快。如果向不同的方向跑，南辕北辙，目的地就不一样，你怎么去评价呢？类型学讲的是目的地不同，道路不同，涉及中西历史文化，它的意思是：中国社会并不是内在地要发展到西方社会后来发展出的那个方向上去。梁漱溟认为中国人不是同西方人走一条路线，不是因为走得慢，比人家慢了几十里路。如果没有和西方接触，再过几十年几百年，中国也不会有西方的民主科学。

当然，这种情况后来有所改变，但这种改变带来了评价上的问题，也让这个问题变得比较复杂。过去不同文明之间的交往，如果只限于郑和下西洋，或一些比较表面的、浅层的交往的时候，或者实力明显失衡的交往的时候，至少强势的一方可能会保持自己独立的发展轨迹。但是中国后来碰到的问题是全球化。大家都被裹挟到全球化的浪潮里面，没有任何一个民族和文明可以置身事外。从文化的角度看，这是一个文化融合和文化变迁的过程，也是文化发生改变的一个很常见的现象，只不过在近代这种现象不是很常见。因为这个过程很暴烈，而且规模非常大，像中国这么悠久的文明基本上瓦解了、破碎了。这样的事情是不常发生的，但是它确实给这个社会带来了文化改变的契机。这个时候评价的尺度就会发生变化。

说到评价，还有一个很重要的问题。现在很多人从现代民主和自由的立场出发来审视中国文化，或者认为中国过去就有这方面的资源，或者认为中国完全欠缺这方面的资源，进而得出肯定或者否定中国文化的结论。还有人正面评价中国文化，但认为还需要从中开拓出一些它没有的思想和制度。对于这类做法，有人不以为然，认为这样取舍其实是扭曲和阉割了中国文化。在方法论上，我同意这种批评，但我也不认为不一样的文化之间无法沟通。比如，我认为中国文化没有发展出权利（rights）这个观念，也没有发展出西方的个人自由的观念，而是另有一套与“权利”或者“个人自由”非常不同的观念，以及相应的制度安排和生活情态。

事实上，今天确实有很多人是把这种看法投射到中国古代社会里去了。这是不对的。中国文化发展出来的那套思想和观念以及传统社会的样态，的确和西方不同，因为它们不是一个路子发展起来的，思想的方法和使用的概念都非常不同。比较西方的概念和思想，中国文化有所短，也有所长，而且有相通的地方，虽然不是共同的，却是可以沟通的。这个问题很复杂，但不管怎样，文化类型的研究方法本身并不意味着把西方文化变成评判中国文化的标准，这是肯定的。

尤陈俊：您刚才的回答，让我想起林端老师在他的《韦伯论中国传统法律》里面对韦伯的方法论的批评。他认为韦伯在研究中国的法律文化时犯的一个最大的错误，是把文化间的比较处理成文化内的比较。就好像您刚才说的，中国和西方应该是两种不同类型的文明，但是在韦伯的笔下，他把二者处理成同一种类型文明的不同发展阶段，因此使得西方文明发展处在形式理性的阶段，而中国文明则停留在实质非理性的阶段。但按照您刚才所说，韦伯的这一套东西是有问题的，其实它们不是在一条轴心上去发展。

梁治平：对！韦伯把西方内部的发展变成文明间比较的框架。文明类型的差别成为历史阶段上的不同，中西之别成为古今之别。到底是中西还是古今，中国的学者在 20 世纪二三十年代争得很厉害。后来唯物史观占了上风，认为只有古和今的差别，没有中和西的差别。现在看来没那么简单，其实这两种都有，中西的差别（即类型的差别）与古今的差别（即传统社会与现代社会的差别）是交织在一起的。

汪雄涛：类型化并非必然，但很容易产生的一种倾向是化约。比如像中国法律传统，我们经常会说是儒家的，甚至会说是家族社会，等等。但在中国的底层社会，家族化的倾向首先是有南北之分的。其次，商鞅的政策“民有二男以上不分异者倍其赋”对中国家族化的巨大影响，到了宋代特别是到明清社会才变得更为明显。对中国法律传统做一些类型化的表述，很容易被化约。

有时一谈到中国文化或者说法律文化，就会说这是儒家的，一说儒家的就会局限于孔子。这种类型化的现象极为严重。这种化约的结果会导致对中国社会科学的研究和对中国社会的阐述变得非常粗糙。社会学和人类学的研究，大多是以费孝通先生的论述为逻辑起点，然后再开始进行逻辑推理，但这种家族化的论述很有可能是不够精致的。很多人其实并没有详细分析前辈学者的表达。有关家族化的问题，费孝通先生有一个很重要的表达是“差序格局”，这个表达里包含着“私”的观念，并不是一个简单的家族化结构。您是怎么看这种化约的危险的？

梁治平：这种化约在所有的学科、研究和方法里面都有可能存在，而且大家对化约的做法都是持否定的态度，不断有学者在批判这种做法。化约肯定是不可取的。类型化本身会产生化约的结果，但如果我们能够保持高度的反省和警惕，就可能会比较好地避免这种结果，也就可能会留有余地避免简单化，从而保持足够的开放性和弹性。如果有例外情形，我们选择存疑，如果例外很多，我们可能会做出调整，修正原来的结论。我觉得这是学者应该有的一种态度，尽管在方法论上，注重类型的研究可能容易产生化约的倾向。

但是，类型学研究不会因此而变得没有意义，它还是有助于我们了解和认识这个世界。当然，有好的类型研究，也有坏的类型研究，但是无论好坏，都需要运用归纳、综合、概括、抽象的方法。这些方法是必要的，但是运用不当，就可能变成化约。按负面的用法，化约就是简单化的、不恰当的概括，没有照顾到现实世界的复杂性。不过，有些对类型研究的批评也不是好的批评。比如，在微观层面上有效的批评，放在宏观层面上会显得很无力甚至不相干。有的批评指出了一些问题，但它提供给我们的东西并没有比它所批评的研究提供给我们的更多，或者它没有给我们提供一个对世界更好的认识。总之，涉及具体的研究，类型研究也好，对这种研究的批评也好，都有可能是很好的，也有可能是不好的，要做具体分析。其实化约的问题远不是类型研究独有的问题，化约在所有的地方都会产生。因此，对这个问题保持一种自觉和警惕是很重要的。

汪雄涛：当我们在谈到“辨异”时，发现您在《寻求自然秩序中的和谐》中有一个很有趣的方法就是“异中求同”。比如很多人讲到儒家和法家的时候，会讲到他们是如此不同，但我记得您说过，儒家和法家有一个共性就是“去私”。又比如，儒家一个很有意思的表达是“修身、齐家、治国、平天下”，“平”是一个最高的哲学概念。但“平”不是儒家独有的，而是当时先秦诸子共有的，法家、道家都在讲“平”，他们在很多论述中都有这个概念。所以我有时候觉得“异中求同”的风险要比纯粹“辨异”小得多。

梁治平：我不是从风险的角度去看待这个问题的。《寻求自然秩序中的和谐》的关注点有异也有同，这和讨论涉及的层次有关。中国文化从它的起源开始，经历先秦时期逐渐定型，形成了一些长期支配人们思想的东西，我称之为中国文化的“神圣传统”或者叫做恒久的传统。像你刚才说的“去私”的观念也很复杂，特别是到了明代以后，关于“私”的讨论，有一些跟以前不大一样的东西。这个时候，异和同的关系就更复杂。还有关于“法是什么”的问题，儒家和法家在先秦以后在这一问题上还是有共识的。

如果一个文化里那些在表面上争论得很厉害甚至水火不容的思想学说，背后存在共同的恒久的“神圣传统”，那是特别能说明问题的。这种东西应该是一种高度的共识，它不但长久地存在，而且不言自明，大家都习以为常，习焉不察，没有人去追问和质疑，它对人心的支配是隐蔽的、牢固的。古人有很多争论，正因为有这些隐蔽的、前提性的“共识”才可能发生。比如“任法”还是“任人”之争、“德刑”之争、“义利”之争等等。我对异和同的关注和处理，就是基于这样的认识和考虑，跟风险没有关系。你的结论是否成立，取决于你的论据和论证是否充分，求同还是辨异本身并没有风险更高或更低的问题，因为二者都可能出错。从这个意义上说，它们的风险是一样的。如果方法运用不当，思考不周，求同跟辨异都会有很大的问题。

陈柏峰：刚才谈到方法论的文化类型学，对这个话题我也简单谈一下我的看法。所有的研究其实都是一种化约，化约是不可避免的。事物如此复杂，你只要研究它，讲它，你就化约了，但问题在于你能不能把核心的问题化约出来。有可能化约的时候，你把核心的放过了，把不重要的化约出来了，那就是一个失败的研究。你把核心的特征化约出来了，大家一看你讲的就是这个东西，抓住核心就可以了。梁老师刚才也讲了，其实不只是文化类型学会有这个问题，所有的方法，甚至从广义上来说，只要是研究都会有这个问题。再广义来说，只要是“表达”就有这个问题。比如说梁老师在这里讲，过一会儿我给人转述梁老师所讲的，我就已经在化约了，因为我没有办法完全还原梁老师所讲的内容，甚至我都没有办法抓住他所要表达的所有的意思，还有他的表情和眼光等等。可以说，化约是无处不在的，人只有化约才能交流，才能理解。

梁治平：我相信各位在听我们讲的时候，都在做化约的工夫了，因为不化约就没有办法去掌握所听到的信息。所以信息的传播就很容易出错，刚才我说到的关于邓正来（对我）的批评，我只能以你（柏峰）的转述作为我回应的对象。

五、法律人类学

陈柏峰：在您早期的研究中，孟德斯鸠、梅因这些人的影响还是蛮大的。后来的研究受人类学的影响比较大，包括格尔茨和芮德菲尔德（Robert Redfield）的“大传统与小传统”① 的影响，那您怎么看待人类学的方法对法律史研究甚至是社科法学研究的影响？

梁治平：我不是人类学家，对人类学也没有深入的研究，但我个人从人类学中受益，刚才你也提到了。我欣赏人类学的最重要的一点在于，它是一门反思性很强的学科。它去研究“异文化”，然后把不同的文化经验带到自己的视野当中，给予它各种解释，有的是客观主义的，有的是主观主义的，但不管怎么样，都很有意思。这是人类学对我非常有吸引力的地方。至于说它对法律有什么样的益处，首先，它产生了法律人类学这样一门学科，即在法律研究里比较系统地运用人类学的方法。

除此之外，是否还有益处？我们可以各取所需，从它的传统里面找到很多的营养，比如作为方法的田野研究，它的整体

① 大传统与小传统是美国人类学家罗伯特·芮德菲尔德（Robert Redfield）在 1956 年出版的《农民社会与文化》（*Peasant Society and Culture: An Anthropological Appoach to Civilization*）中提出的一种二元分析的框架，用来说明在复杂社会中存在的两个不同文化层次的传统。该书中译本可参见［美］罗伯特·芮德菲尔德：《农民社会与文化——人类学对文明的一种诠释》，王莹译，中国社会科学出版社，2013。

观察方法、它的参与式观察、它对事物非常细致的“辨析”，特别是它那种很强的反思性格，这些对我们研究法律现象都是很有帮助的。但是，如果你说它对规范性的法律学习或实践有什么帮助，那也未必。我们四个人坐在这里，可能是“臭味相投”，大家都觉得法律应该放到这个位置上来认识，相信只在传统内部去解释法律是不够的，还应该从它的外部去观察它，或者把它作为一种社会现象去理解。如果持这种看法，那人类学当然就是一种很宝贵的传统。但对于没有这种兴趣的法律学子来说，人类学有什么益处呢？

我们学法律，成为法律人，做律师去为当事人的利益服务，或者做法官去适用法律，当然要在法律传统内部，按法律的要求做事。但不要忘记，那只是你的职业和你的社会角色。你首先是一个完整的人，还有精神上和知识上的各种需求，那是超出社会角色所要求于你的。这个时候，我觉得我们每个人都应该会有一种受教育的需求。我说的受教育不一定是受老师的教育，也不一定要受学校、机构和什么组织的教育，而是一个开启自我心智的过程，即学习如何去看待世界、如何去反省人生。这意味着你可以重新去看待法律、看待你自己的角色、看待你怎么适用法律、法律对你会发生什么样的作用、法律在这个社会当中起什么样的作用等。在这个时候，你应该是跳出法律之外去看的，就好像你完全超脱了。在这个意义上，我觉得我们每个人都可以不同程度地从人类学当中获益。

尤陈俊：是否可以这样理解，您刚才所讲的人类学的视角其实有助于我们反思自身的一些问题。您在《法辨》和《寻求自然秩序中的和谐》中除了汲取人类学的营养外，还运用了语词分析的方法。比如在《法辨》里面，我觉得您对中西法文化中“法”的概念，做了十分全面、深刻的分析和辨析。在《寻求自然秩序中的和谐》中，您对中国传统的“家”“刑”“法”“律”“公法”“礼法”这些概念也做了辨析。您觉得在法律研究中，使用语词分析的方法有哪些优点？有哪些需要注意的地方？

梁治平：语词涉及的是非常基本的问题。语词是我们的认识符号和表达符号，而且是一种浓缩的文化符号。语词构成了范畴，构成了概念，这里面蕴含的东西往往是文化长期积累下来的。当然，现在许多词可能是昙花一现，有些词大家用了几年，不流行了就不用了，每年又有很多新词出来。这种词可能没有那么深的文化意味。但是我们看很多传统词汇都非常厚重，传递了丰富的历史文化信息，是我们认识历史和现在的一个非常重要的入口或媒介，甚至有的时候它就是我们要认识的事物本身。

这里有个非常重要也非常微妙的问题，那就是现代汉语的性质。它与古代汉语的关系，其实也是古今两个世界和两种思想的关系。现代汉语不单纯是一种语言，而是一种经过改造的，融合了新的世界观和生命经验的语言，它的重要性怎么说都不为过。现代汉语和古汉语之间的关系非常微妙。一方面，现代汉语里很多字和词都是从古代流传下来的，而且也或多或少包含了过去的一些意思，但另一方面，它们同时又有了新的意思，里面进来了很多“异文化”的因素。结果，我们在用这套语言讲述历史的时候，不经意之间就做有了曲解和改变。我们都有这种经验：读一段古文，觉得很精彩，但是用白话文把它翻译出来，你会发现真的是淡如白开水，一点味道都没有，而且很有可能没有把原来的意思完全转达出来。尽管都是汉语，用的字和词也都是古已有之，但就是不一样。

广义上说，用现代汉语讲古代的故事就是在翻译，而且是文化间的翻译。文化间的翻译很难，想象一下用中文去翻译意大利的诗，或者用俄文去翻译中国的《红楼梦》。有的批评家就会说，翻译剩下来的东西是诗，翻译过去的都不是。那翻译是不是完全不可为呢？也不是，它毕竟把那个意思传递了，让用另外一些语言的读者领会了。但领会的是不是“原初”的意思，就存在疑问了。当然，“原初”是打了引号的，因为本来诗无达诂，理解是各种各样的。翻译其实就是文化之间甚至是人与人之间进行沟通的最微妙和最有趣的过程。它既是可能的，又是不可能的。中西之间、现代语言和古代语言之间都有这个问题，而后者的关系可能更加微妙和复杂。因为现代汉语和古汉语之间的传承关系很容易让研究者一开始就误入歧途却毫无知觉。但是反过来，在这个方面做深入和细微的辨析，对我们认识世界也会非常有益。

《法律的文化解释》对这个问题讨论较多。这是一个可以在学术上深入探究的话题，在学者当中有过很大的争论。人类学家在讲述另一个民族的故事的时候，用什么样的语言去讲述？如果用部族的语言，没有几个人能懂，研究部族的人和部族的人能懂，但你要把这个东西传递到世界的其他地方去，这是不够的。传递就是翻译，翻译会不会丢掉或曲解最重要的东西？到底使用什么样的语言好？这既是一个非常困难和严峻的问题，又是一个特别有趣和蕴含着创造性的领域。我个人很注重语词的研究，虽然我的研究还很粗浅，但方向是对的。问题是很多研究者没有这种意识，当然也就谈不上自觉，他们的工作是翻译和转换，但他们没有这种意识，还以为是在客观描述，这就很糟糕。这项工作要求很高的自觉性和技巧，这对研究者也是很高的要求。

尤陈俊：这也让我想起了人类学领域中格卢克曼（Max

Gluckman）和博安南（Paul Bohannan）之间的争论，他们去研究不同部落社会的时候，最后写出的著作是应该使用他们本部族固有的语词和概念，还是使用当时西方通用的语词和概念？[①] 这其实就是您刚才所讲的，概念在不同文化之间的转译有没有可能的问题。但是这个问题在我们今天有一种所谓的定论：我们做研究必须要对它做一些转译的工作，至少一些必要的工作是不能省略的。刚才您也谈到了人类学。人类学家芮德菲尔德将文化分成了大传统的文化和小传统的文化，但在您的研究里面，《法辨》和《寻求自然秩序中的和谐》主要关注大传统的法律文化，而后来《清代习惯法：社会与国家》关注的是小传统的文化。您是怎么看待这种大传统的文化和小传统的文化的区分？是什么样的因缘促使您从关注大传统到转向小传统？您这种学术关注中心点的转移有什么比较重要的意义？

梁治平：对我来说，这是一个很自然的过程。《寻求自然秩序中的和谐》里面有五章都是在讨论所谓“民法”的问题。一般都认为中国古代的民法不发达，这种看法其实也是假定现代法律（实际也是西方法律）的范畴和分类具有普适性。而我要说的是，中国古代法的精神是从它的文化里来的，在这种文化里，“民法”“私法”这类概念从一开始就不会有，它不符合这个文化的逻辑，这类概念本身就自相矛盾。在中国，法是君主垄断的东西，跟“公”相连，而且，现代民法里的一些基本内容，古人认为不重要，让“民”自己处理，而“民”的习惯只是“俗例”，不是法。这和西方的传统很不一样。我们知道，古罗马时代，外事裁判官依据习惯裁判案件，发展出万民法，法

① 关于这场争论，可参见王伟臣：《法律人类学的困境——格卢克曼与博安南之争》，商务印书馆，2015。

学家从中阐发学理，发展出私法学。这样的事情在中国没有发生，也不会发生。当然，这并不是说中国人的生活里没有西方或者现代民法要处理的事务或内容，比如各种各样的交易、合同、雇佣、租赁关系等等，更不用说婚姻、继承这些了。

如果只看制度的功能，你也可以说这就是中国的民法，事实上过去中国法制史就是这样做的。继而中国法制史自然可以放在一个现代的也是西方的法律概念架构里讨论和评估。而我希望揭示出技术、制度和功能背后的意义和根据。不同社会的制度，只看功能，接近的甚至重合的地方会多一些，社会的经济形态相近（比如都是农业社会）更是这样，所以人们会说西方有，中国也有，都差不多，只不过西方发展快，中国落后罢了。但从文化类型的角度看就不是这样，中国社会所经历的阶段、发展的方向和生活样态之所以不像西方社会，根本原因还要在文化和社会的意义系统中去找。借着讨论“民法”问题，《寻求自然秩序中的和谐》从不同方面进入这个意义系统，最后是用“礼法文化”和“私法文化”这样一种概括和区分来说明中西法律文化的差异。

但是，这个工作做完之后，有一个很大的缺憾，就是从大传统角度讲的这些问题，比如“无讼”作为一种努力和理想，还不能在微观层面上说明实际的社会生活是怎样的。老百姓还是会有诉讼，他通过诉讼想要解决什么问题？纠纷产生的秩序背景又是什么？这些问题其实是小传统里面的，需要深入日常生活中去考察。后来有了一个机缘，我就做了这个方面的研究。当时写了一篇论文，后来把它发展成一本书。这不仅符合我的学术旨趣，它也是社会学和人类学非常关注的一个方面，即实际生活的样态。

区分大传统和小传统，我觉得很有帮助。因为我们通常讲文化、讲传统时（特别是 20 世纪 80 年代），都是在讲大传统、讲经典、讲思想史。人类学讲文化，离不开小传统，比如李亦园先生讲文化就很注意民间宗教的小传统。这部分文化的实用性比较强，让我们看到社会生活的另一面。而在中国的语境里面，它和大传统之间的互动关系也是非常值得注意的，这也是我研究中的一个重点。

陈柏峰：刚才讲到人类学的研究，是运用内部语言好，还是外部语言好。这个问题放大一点来看的话，是一个萨义德（Edward Waefie Said）所讲的“东方学”问题。实际上所有的后发国家都面临这个问题。比如现在大学校园里面用的一套东西都是西方来的，离开了西方的语言就没有办法来表达自己，这可以说是后发国家的一个悲剧。后发国家的人要么没有办法来表达自己，要么就是用别人的东西来表达自己。我们从近代以来，包括“历史五阶段论”，也是这么一个问题。我们想要表达自己，但又要借助别人的工具，一表达之后又不太像我们自己，这就是一个悲剧性的冲突。

它是广泛存在于我们学术研究中的。当然这个过程又会变得很复杂。本来不是那个东西的，你又要用那个东西来表达它，慢慢地它就变成了那个东西。比如您研究过申冤与维权，① 这个东西实际上变得越来越难以辨析。它本来最开始可能是申冤，但我们却要把他说成维权，因为我们现代语言没有申冤只有维权，那么就用维权去表达它，然后那个行动者听说自己的行为被描述成维权以后，他自己也就表达说自己就是维权，逐渐地他就成了维权。也许我们的现代化就是概念、行动、结构或者

① 梁治平：《申冤与维权——在“传统”与“现代”之间建构法治秩序》，《二十一世纪》2007 年第 6 期。

观念之间这种不断互动的复杂过程，包括社会和学术的现代化。

梁治平：你提到《申冤与维权》这篇文章，这是用法律的文化解释方法来处理当代社会现象的一个尝试。强调意义的文化研究视角是可以用来观察当下社会现象和指导我们研究的。我们可以从意义的角度来考察社会行动者的行动。传统上，申冤是一个很有意义、有正当性和号召力的符号，可以产生社会影响。但在今天，无论是作为工具，还是一种意义表达，它仍然很重要。而维权是一个现代概念，这两个概念代表了两个世界，而这两个世界在今天其实是挤压和融合在一起的。所以文章里当事人的维权不是单纯的维权，不是西方人理解的维权，它含有申冤的因素；申冤也已经不是传统的申冤，而是有了维权的因素。这是一个复杂的过程，会对中国的法治进程和未来的中国社会产生深刻影响。

汪雄涛：在中国的法律传统中，有两个很重要的语词，一个是情理，一个是冤。滋贺秀三对情理做了极为细致的考察，寺田浩明对“冤”也做了极为细致的考察，[①] 应该说他们都抓住了小传统中一个非常好的语词。但是就像您所批评的，他们还是不自觉地回到了他们自我设定的“法首先是规则”的法理学起点。这种语词的方法还是无法避免自我设定的陷阱。您怎么看？

梁治平：这是任何研究都可能出现的。任何研究都可能失败或有各种各样的问题。在任何情况下，对语词的检讨只要是深入和恰当的，都会给我们很多反省的机会。我们会考虑，我用的这个词是不是能很好地传递出那种含义来？那个词后面的

---

① ［日］寺田浩明：《权利与冤抑：寺田浩明中国法史论集》，王亚新译，清华大学出版社，2012。

历史的、文化的、意义的世界究竟是什么？我们能否很好地翻译它？我们自己的立场是什么？我们的立场会遮蔽什么？保持这样的反省，我们的研究就会具有一种深度，有一些别人不一定能达到的东西。比如你提到的滋贺秀三和寺田浩明，他们两人的研究都有很吸引人的地方，虽然最后的结论还是受到某些限制，有不太令人信服的地方。我最初是因为很偶然的机会才接触到他们的东西，读了以后挺兴奋的。因为我发现他们的研究路向和我自写《法辨》以来走的这条路非常接近，尽管我们还有很多地方可以互相讨论和批评。

当然，注重传统语词分析的学者也不是只有他们两位，像草野靖的研究里面就用了很多当时的概念。还有中国的老一辈学者杨联陞，从“包”“保”“报”这些概念入手研究中国文化，① 也是很有意义的。同样，倡导社会科学本土化的中国台湾地区学者杨国枢、黄光国的“面子和人情”的研究，② 也是非常有创意的。希望提出中国问题，从而对一些流行的、源于西方社会理论的重要概念和结论加以补充或修正的研究，就要从中国固有的概念里入手和展开。

六、法律史

尤陈俊：像冤情、情理、申冤等概念，包括您谈到的那篇文章《申冤与维权》，我发现它们并不只是描述过去时所使用的概念，在它们背后其实带有很强烈的现实关怀。在您之前做的

---

① 杨联陞：《中国文化中“报”“保”“包”之意义》，贵州人民出版社，2009。

② 有关这方面的研究，可以参见黄光国、胡光缙等著：《人情与面子：中国人的权利游戏》，中国人民大学出版社，2010；杨国枢主编：《中国人情系列读本：中国人的心理》，中国人民大学出版社，2012。

研究里面也有这个特点，比如《法辨》《寻求自然秩序中的和谐》《清代习惯法》，看起来讨论的是中国法律史上的问题，但背后都带有一些现实关怀。您1998年或2000年以后的研究可能更多会直接面对现实，比如您写的关于法治、社会转型时期的制度建构、乡土社会中的法律秩序，这些都是直接研究现实的。其实法律史的研究往往被人们诟病的地方，就在于没有现实意义。事实上包括我在内，还有我们的前辈，常常被我们的同学问：你教的那个学科，你学的那个东西有什么用？我们常常会受到这样的质疑，因为很多人认为这个学科研究的东西都是过去的。即便你对清代的法律了解得再多，也不能拿清朝的剑去斩当代的贪官。您能不能跟我们分享一下，从您的研究经历来讲，怎样通过关注过去而获得现实关怀？您有什么心得？

梁治平：一般问历史有什么用，包括法制史、各种各样的"史"有什么用，我可能给一个现成的答案：历史的作用就是帮助你认识自己。据说古希腊的德尔菲神庙上刻了一句话："认识你自己。"我觉得历史就起到了这个作用。很多人以为历史不重要，现实才重要。但现实会变成历史，我们怎么就认为历史不重要了呢？历史是我们的昨天，是昨天的现实，为什么昨天不重要，当下才重要呢？难道当下不是从昨天过来的，不是昨天的延伸，也因此受制于昨天吗？人一般只关注眼前的事，可能人性就是如此。

前面讲到教育，其实历史在教育里的作用非常重要，因为教育也是要达到认识自己的目的，这是很多别的知识传授做不到的。其实人是离不开历史的。我们此刻的每一分钟过去都成为历史，历史是与我们血脉相连的一个部分。忘掉历史，你就成了一个失忆的人，生活没有方向和意义，非常可悲。

那么，具体的研究里怎么去贯通历史和当代？首先要说明，并不是所有的历史研究都要有现实的关切，都要贯通古今。有的学者做史料研究，孜孜矻矻许多年，坐冷板凳，乐在其中，也有所贡献。学术有分工，我们每个人都有自己的兴趣。就是“为学问而学问”，也值得赞赏，特别是在我们这个时代。但有一些历史是不一样的。

某种意义上说，“所有的历史都是当代史”。每一代人对历史的兴趣，都有当代的视野、当代的关怀、当代的风尚灌注在里面。这样历史就常新。同样一个历史，大家研究的兴趣和角度不一样，得出的结论也不一样。**重要的是能够保持一种自觉，能够看到历史的关联，意识到我们作为研究者、观察者和讲述者在历史中的位置**。比如前面说到 80 年代的“文化热”。我提倡法律文化研究，也受“文化热”的影响，有那个时代的烙印。如果没有“文化热”，可能我也会朝这个方向发展，但具体方面可能会有些不同。这些差异是时代造成的，只不过我们经常意识不到这一点。很多事情也只是事后才看到。

所以，对自己的问题意识和立场保持反省就非常重要：我为什么要选择这些题目？这些题目可能是从阅读中来，因为大家都在讨论这些问题，那你就要再问：为什么大家都要讨论这些问题？他们的问题从何而来？这样，你可能要看这个学术的传统，看它要解决的问题是什么。这些问题也可能是隐藏的、不明显的，但你通过这样一种追问和反省，包括你对继承的学术传统的反省，就能够把它们显露出来。这是成为一个好学者非常重要的步骤和标志。通过这样一种观照，历史和现实就会贯通起来。当然更根本的是，**历史和现实本来就无法分割，不了解历史，就不可能真正理解与认识现实**。

对话朱晓阳：法学遇上人类学

一、法律研究与人类学方法

侯猛：这几年，法律受社会科学研究的影响较大，主要是法学院这边的人在推动。但其中存在的问题是，法学这边真正接受过社会科学训练的人还是太少。包括像法律人类学，虽然有不少人做，想进入人类学，但总感觉做出来的东西还不够“人类学”。人类学那边更没有多少人进入到法律领域来做法律人类学。这是我感觉到的目前跨学科法律研究的窘境。

朱晓阳：这是一个难题，不过我的观感相反。我也观察过，本科很少有（学生）学人类学的，只有中山大学、厦门大学、山东大学有人类学专业。他们进入到法学就比较难。相反，如果有法学的本科背景，进入人类学反倒容易。但又很少有学法学专业的人愿意进来。当然这不是法学的问题，主要还是人类学队伍太小。我们自己学人类学的学生，读博士时都逃掉了，去读社会学或其他专业。这是一个问题。

孙超[①]：我觉得人类学投入产出比太低，比如要做一年的田野，大家都不愿意去。

朱晓阳：这有关系吗？好像也没多大关系。

侯猛：这也许是和就业有关。目前国内人类学的教学科研职位偏少。学生毕业以后总得面临找工作的问题。

朱晓阳：这也不是绝对的。如果读到博士，大学里还是有一些位置，虽然不太多。人类学的硕士文凭基本上没法找工作。我估计国外也是类似的，从历史上看，学法律人类学的大多数是法律人居多，人类学只是一个辅修专业。

侯猛：美国的情况与您说的大体一致。在顶尖法学院中，几乎都有从事法律人类学研究的教授。2005 年，我在北大社会学人类学研究所做博士后。刚进站时，高丙中老师就和我说："你们法学是一个大学科，应该想办法让更多的法学学生过来学习人类学。也希望你做完博士后以后，能把人类学的知识传统介绍到法学那边。"所以，当时我也在琢磨怎么把人类学和法学两个学科勾连起来。后来我们还一起组织召开过"法学与人类学的对话"学术讨论会，一起编过《法律与人类学：中国读本》。[②] 但现在看来，法学这边的人类学氛围还是不够，改行学人类学的更少。包括我在内，总觉得与法律人类学还是隔着一层皮。您觉得法律人类学的研究包括哪些？

朱晓阳：按照我的理解，法律人类学就是关于不同文化下秩序规范的研究，这里面包括法律、政治、宗教等种种主题，甚至也包括一定程度的经济学。

---

① 时为北京大学社会学系博士研究生。

② 朱晓阳、侯猛编：《法律与人类学：中国读本》，北京大学出版社，2008。

侯猛：所以在人类学的视野中，法律、政治、宗教都是理解秩序的一个变量。法律人类学与政治人类学并非严格界分。这种现象在法学中不可能出现。我们有严格的部门法划分，宪法学、刑法学、民法学、行政法学、诉讼法学都有明确的学科属性。

朱晓阳：对，社会学都有较细的分工，但人类学没有。我甚至有时会去参加宗教人类学的会议。我说我从来也没有研究过宗教，但他们认为我也是研究宗教的。我还参加过社会工作的会议。所以说，人类学家的形象很模糊，这基本上反映的是前工业化时代学科分化之前的现象。

侯猛：人类学研究中这种未分化的状态特别明显，在概念上称之为“总体社会事实”。但为什么会有这种情况？

朱晓阳：生活世界本来就是分不清的，在农村里，法律问题、政治问题、宗教问题都纠缠在一起。在以前，我们把世界看作一个整体，生活本来就是区分不开的，但是有了工业化时代的分工，当一些学科有了貌似自洽或者自治的边界以后，似乎政治学可以拿出来，法学也可以拿出来，经济学也可以拿出来，宗教学也可以拿出来。这些学科各自构成了一个学科系统，进而形成一种社会事实。比如说我们讨论政治学，一般都会讨论制度、政党等等这些已经建构出的社会事实。法律也一样，有法院、检察院、法官、律师。而人类学大多数还是在研究底层的生活世界。

侯猛：对，我在读人类学作品时，常常感觉到专业术语与日常生活语言表达的疏离感没有那么强。

朱晓阳：当然曾经有比如功能主义人类学、结构主义人类学等这些概念。但是大多数时候，我们描述的就是日常生活世界和日常生活观念。

侯猛：但这似乎让人感到，法律人类学只能研究非国家层面的，可以采取多元主义的视角，反映日常生活的多样性。但很难研究正式的国家法律制度，因为法律有专业术语，而且与日常生活语言并不一致，甚至完全不一致。将这种相对艰涩的法律术语引入到人类学中，似乎比较困难。

朱晓阳：为什么不可以引入呢？比如你在做中国最高人民法院的民族志时，就要面对他们使用的语言。① 你不可能不考虑这些语言的存在。之所以说人类学研究的是混乱的一片，是因为我们面对的世界就是这样的。当然你也不能说它完全混乱，因为农民也会讲法言法语，但是我们会用另外一套系统来处理这种现象。我们没有一套完备的、自洽的、融贯的法律语言，因为生活世界中就是相互交融的。但是你研究最高人民法院时，它里面存在着法律的系统，你要正面地面对这个现象，而不是穿透它。此外，人类学最后面对的是人，最高人民法院的法官也是人，肯定不会二十四小时讲法言法语，他肯定会用自己的语言评价这个系统。这也很重要。

因此，我们要承认这种混杂现象。另一方面，任何生活世界还是能抽象出一些形式来的。把这些形式抽象出来，就是研究人类学的目标。“接地气”并不是我们的目的。这个抽象过程就叫作“民族志”。但我们不会把这种抽象形式看得死死的。比如对一个司法决定，我们会讨论它跟一个政治决定和政治性事件有没有区别。从这个意义来讲，我们确实会讨论执法问题，只不过讨论得更宽。因此，必须研究生活世界中各个系统之间

---

① 侯猛：《中国最高人民法院研究》，法律出版社，2007。

的交织状态，从中抽象出一些我们认为有意义的概念。这些概念和生活世界一样，都是融贯的。我们把它写出来，叫作“民族志”，是不是？

孙超：您觉得是不是人类学始终拒绝把社会事实高度抽象？不像经济学那样构建一个逻辑特别严谨的体系。人类学的体系始终是有些模糊的。

朱晓阳：当然也不能这么说，人类学中也有抽象的概念。比如马林诺夫斯基（Bronislaw Malinowski）讨论的“库拉圈”，就是一种法律人类学概念。

侯猛：但它是个描述性概念，而不是分析性概念。

朱晓阳：描述性和分析性两者的差别有时候也很小。“库拉圈”你可以说它也是在描述一个物质的行为过程。这是一类，这个工作经过莫斯（Marcel Mauss）后，它就变成了对礼物的讨论，变成一种规范，现在我们都知道“互惠性”的概念。这是人类学最典型的一个抽象，你也可以说这是处理了一种规范问题。这个东西和法律的差别是不是很大？还有一类，更早一点，就是你们之前已经看到的《非洲政治制度》这本书。① 非洲政治制度基本上是基于结构功能论的观点，也结合了韦伯关于政治社会的讨论，处理在固定疆域上的组织、暴力、垄断暴力使用的国家这样的问题。用这样一个框架去看非洲的社会，然后从中间抽象出有集中组织的社会和无集中组织的社会。这也是一种抽象。

侯猛：对于人类学的初学者而言，首先要运用这些抽象概

---

① ［英］M. 福特斯、E. E. 埃文斯-普里查德主编，《非洲政治制度》，刘真译，刘海涛校，商务印书馆，2014。

念，或者用格尔茨的那一套阐释人类学理论，或者用拉德克利夫-布朗（A. R. Radcliffe-Brown）的功能主义理论。他肯定只能先学习到一套范式，使用那些专业概念，才能够进入人类学研究。

朱晓阳：他需要一些这样的概念，比如最典型的“互惠性”的概念。他需要阅读一堆民族志，找到感觉，然后从这种角度来讨论规范秩序的问题。这个是不是感觉和法学训练比较远？

侯猛：法学就很明显，就是以法律文本为基础。人类学做研究需要先了解这几套传统理论和抽象概念，然后才能进行下一步工作。而对于法科学生，特别是部门法学生来说，他首先面对的是法律条文。在法律条文的基础上形成一套专门术语和法律理论，然后运用这些术语和理论去解释具体个案。

朱晓阳：人类学也有一套很死板的规范性话语。这就是为什么学生们会觉得人类学和社会学界限很大。以我为例，我原来受的教育是社会学，并没读过人类学课程，所以我要去找人类学的教程，去学习人类学的那套话语。所以直到现在我上课，一般学生会觉得好像社会学的色彩更浓一些。你要是不具备人类学自己的一套规范、语言、方式、概念，别人就会认为你不像（人类学者）。所以在某种意义上，学习人类学从人类学的这套话语开始，与学习法学要从法律文本开始是一样的。

侯猛：是的。在法学这边，如果你的触角延伸到部门法学，人家就会觉得，你还没有学会我们这一套行话，不能随便进来。法学研究者常常使用“专业槽”这个概念。例如，刑法学有刑法学的专业槽，民法学者不能随便进来，法理学者也不能随便进来。你必须先把专业槽学会了，才有研究的正当性。

朱晓阳：这个词很好，社会学和人类学里也有专业槽，这个槽有时候也还挺清楚的。从某种意义来说，每一个学科都有进入的成本和障碍。

侯猛：所以您认为进入人类学，包括法律人类学需要什么条件？

朱晓阳：很简单，千变万化，说来说去，还是要做一点民族志。不管是最高人民法院的民族志也好，还是一个村社的民族志也好。民族志本来是一个很模糊的概念。传统的民族志，就是对一个固定疆界内的社群做一个全景式的文化描述。用参与观察的方法进入田野，在田野待一定时间，然后写成描述报告，这就叫民族志。我们今天可以把这个概念放宽，但是民族志就是对一个群体、一个村庄、一个组织的文化描述，这个概念不能放弃。

传统民族志要求你在田野里待一年，那是因为传统生活的时间和空间就是这么确定的。传统社会基本上是农耕生活，你必须要经历春夏秋冬，一个周期，你才知道它。

还有一点，传统民族志注重的是参与观察。研究最高人民法院也是一样。直接向法官提问题，可能会想不起来，也没有啥好问的，得观察一段持续的时间。因为观察的地方可能会发生一些事件，这些极端的事件会把一个群体、一个社群之中一些深层的东西连根拔出来。当代民族志要求更多，除了参与观察以外，它还要求不断地再访问（revisit）。

侯猛：您觉得是现在的民族志强调 revisit，传统民族志不强调 revisit 吗？

朱晓阳：传统的田野调查很多都是一锤子买卖，我走了，这辈子就再也不回来了。比如，我来观察这个蚂蚁，观察完之后我写了一个蚂蚁民族志，我就走了，然后去观察蝴蝶去了。但是有不少学者觉得，你和当地接触，面对的终归是人，人及其环境是有变化的。所以，很多人类学者会和自己的社群有长时间来来回回的交往。不止我自己这样，大多数人类学者都这样。**所以我觉得人类学有助于拓宽法律的问题，特别是把法律和生活世界，法律和法官的生活联系起来。这些知识可以通过民族志挖掘出来，但法学学科自己是不会提供的。**

杨锦程[①]：法学研究这边有一个声音，认为作为一个学者可能并不需要去做一个特别“在地的”经验研究，只需要找到一些材料，再通过一种建构性诠释就可以了。您觉得作为一个人类学研究学者，重要的是通过材料去追根溯源，把它建构回来的这种能力，还是一定要去与当地的人进行沟通、接触和交流？

侯猛：怎么感觉像是在说苏力？苏力就强调说田野无处不在，并不是必须得去一个地方去做调查。实际上在你的周围，例如，在法学院就能做经验研究。

朱晓阳：费孝通也这么讲。但是这个观点要取决于此时此刻在写什么书。如果写一部云南滇池边上的事，光靠上网是没办法完成的，必须去滇池边上收集材料。

杨锦程：但也有人通过网络、博客去想象滇池那边所发生的事情。历史研究不就是这样吗？通过历史遗留下的各种各样的文献进行研究。

孙超：这样信息的损失会很大。历史研究没有办法回到当时，没有办法找细节，所以需要依靠想象力补充。但是，现在如果能够到当地获得更丰富的资源和信息，为什么一定要依赖

---

① 时为北京大学法学院硕士研究生。

这种被压缩的渠道呢？我之前在基层政府工作两年，工作之前，他们一些政府报告，比如“一、加强领导；二、加大宣传；三、监督到位”，我以为这些都是格式化的。但到那去我才发现，当他们写“加强领导”的时候，一定是因为这个项目需要先把各个单位之间的人事关系理顺，一定要成立一个工作组或者领导小组。这些文件里的每一句话都是有具体的针对性的。当我们看这种已经被抽象成文本的东西之后，就很难再复原这些内容。因此就很难理解它，会觉得它是千篇一律的，但其实对当地来说，它是有实际意义的。

侯猛：苏力的不少个案研究，并没有去第一线做田野。他对不少热点事件都做过专门研究，比如，药家鑫案、肖志军案、黄碟案、许霆案。他或许会认为，研究这些个案，并不需要亲自去做调查。不去广东找许霆，也没有访问许霆的主审法官，根据现有的材料，通过想象力和经验判断，仍然可以写出一篇有解释力和洞察力的论文出来。有时，这比亲自去做调查，花了那么多时间写出来的东西还要好。

朱晓阳：这样说有问题。首先，可能连他自己都忘记，他是在应用过去累积下的经验对现在的案子进行定位。我们对每一个事件的定位和描述肯定依赖于之前的经验。此外，或许他也太过于自信。因为每个案子从人类学的角度来说是值得去的，这个案子和其他案子相比，肯定有不一样的地方。我们关心的是，这个个案和另一个个案的差异在哪里。要看差异性，就不只是依赖于过往的知识。很可能药家鑫案和以前类似的案件是不一样的，有着不一样的逻辑。不管是法律人类学也好，还是政治人类学也好，这都是我们需要关心的。从这个意义上来说，是必须要去做田野的。

尤陈俊：按照传统人类学的理解，做民族志、做田野必须有个时间的长度，比如马林诺夫斯基把它定位为三年。我觉得这其实有一种先进入者排斥后进入者的感觉，由于这种很高的标准，自己才是稀缺的，才能获得很高的学科地位。会不会有这方面的批评？

朱晓阳：你说得很对。传统规定的田野时间，有前工业时代的背景，而且还要假设社会基本不变。做一年的田野就能管一辈子。但是现在不可能有这样的社会。现在进入田野，即使远在天边，顶多就是十几个钟头的飞机就到了，还可以用微信视频和卫星图片等各种各样的手段。过去收集材料的手段被限制在一个特定的时间空间，现在已经被完全突破了，所以现在我们要扩大“田野”的概念。田野不仅仅是你所在的那个地方，也包括你通过二手材料——电话、微信、卫星照片等——去获得的知识。在过去，当地人都是被动的，现在在任何一个地方，他们都会从博客、微信这样的渠道获取信息。考虑到这些，田野的时间、地点、方式已经发生变化，“田野”本身这个词都是值得怀疑的。实际上不管是实际在那里，还是在虚拟的空间中，都必须做调查。

尤陈俊：可不可以这样理解，现在交通方便，信息交流便捷，因此我们可以压缩田野的时间和空间。有人说人类学家在村子做田野时，是巴不得那个村子出点事，因为出点事后才会有很多东西显现出来。现在这种情形有变化，就是哪怕你从田野里回来了，给那边打个电话，问问最近发生了什么事件，买张飞机票就直接过去了。是不是您刚才说的这种交通和信息传递的便捷，会大大节省做田野和民族志所需要的时间？

朱晓阳：说得准确一点，一方面是单次的时间被压缩了，没有必要在那里待一年。但另一方面，总的时间延长了，经常会通过其他渠道来接触当地。由于现代人类学对回访的强调，一个田野可能会做三年五年甚至更长时间。过去这样做成本是很高的，每去一次都要耗费大量的时间。但现在成本就低了，一个月去一次或两个月去一次都是可以的。这是一个变化。但是，它不能取代最初获得的那个印象，应该在那个生活世界经历一个基本的时间长度。未必一定是一年，这要取决于那个地方的生计具有一个怎么样的周期，对这个周期要有一个观察。这个时间长度能够使你知道他们是怎么进行生活的，这些知识并不是简简单单做个访谈就可以获得。

侯猛：不同的田野对时间的要求可能不一样。比如，去做滇池小村的田野和去做金融街的田野，在时间要求上是不一样的。

朱晓阳：金融街的时间和空间的周期是不一样的。去年我们请来瑞典隆德大学的一个老太太，她就做华尔街的民族志，研究纳斯达克。这个样式和村庄就不一样。还有一点，过去的民族志会假设所有这些问题都发生在一个特定的时空之中。但今天已经不会这么认为。今天如果要讨论村庄，就必须去讨论街道办、讨论县、讨论省，我们把它叫作“多点民族志”。多点民族志不是乱七八糟的东一点西一点，而是一个系统自然而然的延伸。比如，讨论村庄里的选举，仅仅讨论村里是不行的。因为哪些人可以作为候选人，哪些人不行，这个问题经常与乡和区有密切的关系。

孙超：现在做田野不会像以前那样在田野里待一年或者三年。这样会不会使得最后拿出来的民族志作品跟社会学研究中的个案研究之间的差别越来越小？它们的界限在哪里？

朱晓阳：可能是反过来的，社会学里的个案研究，经常也借鉴民族志的办法。民族志已经不再只属于人类学一家。社会学也做民族志，特别是法国的社会学，非常重视民族志。

二、小村的过去与现在

杨锦程：三本《小村故事》① 虽然都聚焦一个地方，但是切入的角度不同。如果三本有什么一致的东西，就是农民和国家之间的关系。您觉得三本《小村故事》之间传承的地方是什么？又有什么不一样的地方？

朱晓阳：除了你说的农民和国家的关系以外，（这三本书）都贯穿了"政治与法律"的命题。只不过第一本确实受到社会学命题的影响，因为一般的人类学民族志不会有那么清晰的概念和主题。第二本则拓展得更宽，因为我慢慢意识到，政治与法律的问题和他们所生活的地理景观环境都是相关的。到第三本，外表上城市化是集中的一个事件，也是小村这几年最大的一个事件，但这背后还存在着生活世界里的政治与法律关系，不管是农民和农民，还是农民和国家。也就是说，这一本除了农民与国家的主题之外，还有"城市化"这样的时代主题。

侯猛：但您在写第二本时，就已经谈到政治地势的概念了，这里面已经涉及了城市化。那么，第二本和第三本的区别在哪里？

---

① 目前，朱晓阳教授已出版《小村故事：罪过与惩罚（1931—1997）》（天津古籍出版社，2003 年初版；法律出版社，2011 年增订版），《小村故事：地志与家园（2003—2009）》（北京大学出版社，2011）。"小村故事"系列第三本《小村故事：洋芋与挖机（2010—2014）》（作者：朱晓阳、孙超）也将要出版，其中收入朱晓阳：《物的城市化与神的战争》，《法律和社会科学》第 10 卷，法律出版社，2012。

朱晓阳：第二本基本上是对生活世界的描述和对物质性环境的阐释，没有事件。第三本则完全是从事件来回应第二本，甚至是第一本里提出来的一些问题。

孙超：第二本和第三本也延续了第一本《小村故事》的思考，就是如何维持村庄内部的秩序。第一本《小村故事》传统的色彩比较多，主要看小村的人们做了什么来维持村庄的秩序。第二本则探讨村庄内部有哪些因素，村民们怎么想，他们怎么看待这种秩序。第三本是拆迁强行介入，村庄被卷入到一个更大的系统里面。以前村庄里那种比较柔和与稳定的关系，被一种突发其来的事件所穿透，并且把村庄里的各种因素都激活了。

朱晓阳：这些变化不是我们的变化，而是村子的变化。第一本里虽然有各种政治运动，但村庄的边界没变，物理的空间没有变。虽然村庄可能一会儿变成了公社，一会儿又承包制化，分田分地，甚至还经过了学大寨，但村庄的边界是稳定的。到第三本，整个村庄的物理空间是要被拆迁连根拔除的。这是一个意想不到的变化。所以对我们来说，这个是完全没有任何预期的。要找三本之间的联系，不是说拍一个《无间道》，三集都拍好了素材，然后慢慢来编，给你先看第一集，后面还有两集，完全没有。当初我写第一集时，也没有想到会有第二集、第三集。

杨锦程：从读者的角度来讲，感觉这三本在时间上非常连续。

朱晓阳：这是不可避免的，因为是同一个作者在写，回溯村庄历史的时候，才会发现一些新的问题。写了过去八十年的村庄，回过头来看，才会把这个村子看得更清晰一些。

某种意义上来说，这本书很多地方像一个笔记，不是说事先谋划好了写哪些东西，而是事情发生了，我们把它记录下来。因而这本书反倒比一个结构很好的作品在内容上更丰富一些。

杨锦程：第三部看起来像一本小说，感觉特别过瘾。

朱晓阳：这本书应该并且值得有相当的影响。比起作为旁观者写作的前两本，好多村庄的内部情况我们根本不懂。但是在这六年参与村庄事务的过程中，我们学了很多东西。

侯猛：第一本和您过去插队的经历有关，您实际上是一个旁观者。第二本好像也是参与观察的立场，可能参与程度更深。但到了第三本，您已经变成一个积极参与者。在方法论上，应该怎么理解这样一个变化？

朱晓阳：有得有失。我为了写前面两本（第二本是在 2009 年结束，而且不要忘了，我们那期间还拍过一部电影）不断打扰人家，所以一遇上拆迁，人家打电话向你求救，你也没办法，不能不帮人家。于是我就被扯进去了。但一旦进去，就得帮忙帮到底，有这么一个责任和道义。到后来，我们觉得这很有意义，就帮助他们进行地方治理。即使不写书，把那个地方治理好也是一个很好的结果。所以我们就不断地投入更多的人力和资源，把云南大学法学院、社工专业以及搞建筑设计的专家都请过来做了一些事情。

侯猛：作为学者介入到社会治理，其实费孝通晚年也特别强调这个，比如“志在富民”。[①] 他本身就是要把观念转化成类似于生产力或者社会实践这样的东西。您现在做的研究似乎和费孝通晚年的提倡很是相像。

① 费孝通：《志在富民》，上海人民出版社，2004。

朱晓阳：你说的是从观念上。小村人的斗争背后仍然有城市化的背景。这里面确实有对传统社会学划分城市与乡村、传统与现代的批评。我觉得传统社会学给实践提供了一些不妥的观念，好像城市和乡村是不一样的，一定要把这些乡村拆掉才能实现城市化。这实际上存在一个是非判断。为什么要保卫城中村？因为我不认为城中村不是城市，它有些问题可以进行自我调整。这与我们如何理解城市是有关的。

尤陈俊：法学现在会强调介入，这种民族志的研究和法学研究者在研究社会问题时有什么区别？

朱晓阳：我首先要问法学的介入是怎么介入的？

尤陈俊：法学研究者去研究社会问题，往往都要给出一个对策。而社会学只要把问题描述清楚就可以了。

侯猛：我不认为社会学和人类学仅仅是描述。刚才朱老师讲的对于城中村的理解，其实是给出了一个答案：城中村是可以自我调整的。但是背后有一个问题，人类学家和社会学家参与实践后，还能回到学术本身。但在法学里面，学术是学术，实践是实践，它们是分开的。比如，有些法学家受邀给一个事件、一个判决提供建议，其实是做法律咨询，并不是学术研究。

尤陈俊：这不是我自己的判断。比如，美国法社会学家唐纳德·布莱克（Donald Black）在《社会学视野中的司法》[①] 里非常明确地列了一个表，谈法学进路的法律社会学和社会学进路的法律社会学有什么区别。其中他讲到，法学进路是一种介入式的，而且基本上是站在旁观者的角度。也许有些人会不同意这个判断，但我觉得它至少可能会代表了很多人对不同进路

① ［美］唐·布莱克：《社会学视野中的司法》，郭星华等译，法律出版社，2002。

的类型化差异的看法。

朱晓阳：我明白，但是我回答不了你。我只能说在传统的人类学和社会学里都有。人类学里有一个分支叫应用人类学（Applied Anthropology），就是做政策研究和咨询，提供一个解决社会问题的对策和方案，比如如何应对贫困诸如此类的。我过去做的林权改革研究就是应用人类学。

在做调查的过程中，除了写应用的报告以外，我们还积累了一些素材，用来做人类学的其他主题研究。这些年，人类学里面还有一个分支，叫作公共人类学（Public Anthropology）。公共人类学体现为利用公共论坛（如报纸）讨论一些公共问题。或者就像我们这样，在社区里面帮助他们做事。但这并不是应用人类学。应用人类学是公司或者政府给予项目资金，委托你去做研究。公共人类学没有这样的，它顶多有一些研究基金，但不要求你背负特定的目的。公共人类学今天有时也被称为介入人类学（Anthropology of engagement）。这一类研究是最近十来年形成的，这部分人并不认同应用人类学。在他们看来，应用人类学有太明显的功利目的，比如受世界银行、亚洲开发银行、扶贫 NGO 等机构的雇佣做政策咨询。而公共人类学更倾向于认为自己属于正统的人类学。

不过，人类学内部确实有一些人看不上应用人类学，觉得应用人类学完全是政府和公司的走狗，无非就是把让人很痛苦的项目变得人性化，等于要宰你的时候给按摩按摩。当然，有些应用人类学的动机是良好的，这些项目如果没有人类学家参与会变得更糟。但是应用人类学的最大问题不在于此，而是他们做的实务太多，而学术上的产出太少。

尤陈俊：您在《小村故事》中也谈过很多延伸个案的方法，

就是结合案件的前因后果做综合性的考量。对于我这样的法律人来讲，这种方法是很有吸引力的。但是一旦把它引入法学中，会发现这种方法基本上是无法去用的。法学中很多东西是建构的，比如，我们要建构出“法律事实”，并和“客观事实”区分开来。而延伸个案方法则更多的是去还原客观事实。法学恰恰是很多时候需要斩断这种前因后果的联系。所以从您的角度去看，法学应当如何借鉴延伸个案的方法？

杨锦程：其实我的判断和尤老师不太一样，法学中一直是在用延伸个案方法的。只是这个方法只能在一些特定的场合，经过一些特定规则的界定去适用。比如，刑法中定罪量刑的时候存在品格证据，就是看这个人平时的表现怎么样，以前有没有做过什么坏事，这是可以最终影响量刑结果的。这就在一定程度上考虑了这个人的一些“前因”，然后再根据前因做出法律判断。再比如，青少年司法需要写一份关于青少年犯罪的社会调查报告，这个报告在很大程度上就是借鉴了社会学和人类学对一个人的前历史的描写和判断。所以我觉得在法庭里面是有延伸个案方法的应用的，只是这种应用必须经过法律的改造和包装而已。

侯猛：像民法和刑法这样的实体法，可能不会存在锦程所说的那种问题，而是属于刚才陈俊所说的。部门法有专门的法条和理论，研究者只研究就这个案件而言法律会给出什么样的答案，这属于案例分析。锦程说的品格证据属于程序法范畴。作为一个诉讼法的实务人员，他可能会考虑到品格证据这样的问题，但作为研究者，他不太会考虑这些。实务界人士对法教义学那一套没有那么迷信，他们觉得社科法学的解释可能还更有说服力一些。所以作为法学研究者，可能就是陈俊说的这种情况，但作为法律实务者，就会出现锦程说的情况。

孙超：《小村故事》之三里有这样一个案例：在拆迁的时候，拆迁办用挖机把村子里的路都轧坏了，希望能迫使村民搬走，但村民们把这个挖机围起来烧掉了。挖机被烧后，一些人就被抓走了，还有几个被判刑的，有一个罪名就叫“故意毁坏财物罪”。当时我还去旁听了审判过程，最大的印象是虽然被判有罪，但是村民们极其不满意。理由在于他们之所以要烧挖机，就是因为这个拆迁决定本身就是非法的。结果法院不去追究这个非法行为给村民造成的损害，而只说村民把挖机烧了，这就相当于拿一个放大镜在一幅画里边截了一个点，说这个点做错了，丝毫不考虑外面的环境怎么样，所以大家觉得这个判决不公平。判决出来后，大家反而把这个挖机给供起来，法院判村民有罪，反而成了村民的一个荣耀。这件事情给我的印象很深。

尤陈俊：从法庭技术的角度讲，烧毁挖机的行为肯定是违法的，确实要追究。而对于它的前因后果，法庭会认为至少不是我这次审判管的，你可以另外去立一个案件。人类学里讲延伸个案，但法律却通过技术把个案切成一节一节的。

孙超：烧毁挖机和违法征地拆迁这两件事情，在法律的意义上不相关，但在村民看来是相关的。因此这种审判会给他们带来不公平的感觉。

杨锦程：村民们针对拆迁行为本身就违法的考虑，在法律上有一个比较成熟的技术去处理它，这就是刑法里面讲的被害人过错。如果被害人激发犯罪人的犯罪行为，这个犯罪人是可以减刑甚至免刑的。所以不知道这个案件最后的判决是不是没有考虑这一情节。从法律人的角度来看，这个案件并不能说明法律本身出了问题，只不过这个判决是一个糟糕的判决而已。

朱晓阳：我觉得要把延伸个案方法放在人类学的文化比较下和法律系统之外的社区性空间下加以理解。在这个时空下，人们可能会按照另外的一种方式来建构规则，并且根据这种规则来判案。在我们研究的小村这样的生活世界里，如果从延伸个案的角度来看，实际上是整体的不公平。就像农民最后说的那样："很荒谬，好像挖机是个主体，这个挖机有思想，它来到我们村里头乱走。"

侯猛：这个形容很好。但在法律上真的有这种对物诉讼。

尤陈俊：现代海商法其实最初就是从对物诉讼开始的。

朱晓阳：对。从我的角度讲，延伸个案方法能够给我们提供思考上的启发。但它会有局限，延伸个案只适用于熟人社会，它是无法适用到陌生人社会的。

侯猛：我注意到您的研究与华中科技大学的村治研究有很大不同。华中研究具有公共面向，有中国问题意识，并且意识形态色彩较浓，喜欢给政府提对策建议。感觉你们的研究似乎更直面村民需求。是不是如此？

朱晓阳：照说这不是一个分歧，我们这几年除了写作以外，也运用一切可能运用的渠道，包括《南方周末》和《凤凰周刊》等公开的报纸杂志，也包括通过我们学校的人大代表和政协委员给政府和国家提交议案和提案。只是我们在做的过程同时也做点学问。

尤陈俊：华中的村治研究涉及国家治理政策的问题。

朱晓阳：某种意义上来说，华中的村治研究属于应用人类学，我们则是公共人类学。我们虽然和政府偶有交集，但不会主动为政府服务。我觉得学者还是要帮助读者认识世界。

要告诉我们的读者，这个世界是怎么样的。《小村故事》之三虽然可能有偏差，但是它提供了一种偏差的洞见。如果不来写，就会被历史湮没，那么能看见的只有拆迁。我们的任务就是要把那些未散失的文本打捞出来。我相信再过十年，不再有拆迁这类事件以后，这本书就会体现出它的价值。提供一些实实在在的经验研究是很重要的。

侯猛：经验研究的重要性就在于尽最大可能帮助读者认识世界。

朱晓阳：对。这本书也提供了一些理论上的思考，特别是关于国家和地势、关于拆迁对老人和家庭的影响，这些内容作为一个社会记录是非常有价值的。

侯猛：说到这里，孙超，我注意到《小村故事》之三里有你撰写的两部分，这两部分都是你的硕士论文吗？

孙超：对。主体是两章，一章是村庄的大事记回顾，另外一章就是村庄的代际关系以及拆迁对家庭和老人的影响。①

侯猛：你自己是怎么注意到村庄内的老人的？

孙超：这和我在小村做调研时住的地方有关。我一开始就住在一个老人家里，所以接触这方面的资料比较多一些。另一方面，如果关心拆迁，最后一定会接触到老人，因为村里站出来反对拆迁的还是老人多。为什么以老人为主？这是当时给我最大的疑惑。老人们喜欢跟你聊村庄里面各种琐碎的故事，但

① 孙超：《村庄拆迁改造中的家庭关系与老人生活——以昆明市郊小村为例》，《法律和社会科学》第 11 卷，法律出版社，2013。

是聊多了之后，就会慢慢发现一些共性。所以我就想大概讲述一下拆迁和老人们之间的关系。拆迁对老人们的影响是会一直持续下去的，在我的论文末尾提出了一点疑惑，就是在拆迁过程中会把村庄不断原子化，虽然现在拆迁终止了，但是这种原子化的趋势会给村庄带来深远的影响。

杨锦程：《小村故事》之三写小村拆迁的历史，只写到2011年。

孙超：大事记到2011年底，其他章节的内容会一直到2013年。

杨锦程：其实对于征地拆迁，我自己的态度非常矛盾。我之前一直是坚定站在农民这边的，觉得中国人安土重迁，让村民们住楼房未必会使他们过得更好。但后来我接触到一些案例，有很多地方在拆迁的时候补偿费特别高，所以有一大批村民通过拆迁发家致富。不知道您怎么看？

朱晓阳：这个情况在昆明也一样。村落的价值被低估了，不仅是政府，农民自己也低估了村落的价值，就把它们当作烂砖碎瓦。被低估的根本原因是村落包括城中村的土地和房屋，与其他城市土地和房屋不一样，被称作“小产权”。但从人类学的角度来说，它仍然具有文化上的承载。这些年我们基本都是从很狭隘的经济视角看待拆迁现象，在这样的情况下，几百万的补偿费对于政府和拆迁户来讲都是很大一笔钱。但如果跳出这个障碍，假以时日，你会觉得不是这样的。比如，今天你到北京的城里，二环以内，不说南锣鼓巷，就说东四、西四那些地方，随便问一个住在大杂院里的，给高价愿不愿意搬走？没有人愿意的。这跟十年前不一样，那时候只要出足够高的钱，他都愿意走。这背后你也可以说他对自己产业的评价在变。虽然是一个大杂院，厕所也不方便，但是它占了闹市中心，还有其他的非物质承载。这些东西是要慢慢回到另外一个轨道上才能评价的。

对话白建军：在乎真相的法律实证

一、法学研究的实证转向："做一些留得下的东西"

侯猛：您所在学科是刑法学，但最早您是学犯罪学的，现在转做法律实证分析，这不仅跳出了部门法的界限，在方法上也转向了量化。这期间究竟发生了什么？

白建军：跨学科的确是我的一个特点。现在做刑法的朋友好像不觉得我是做刑法的，但实际上任何一个部门法的学科都关不住我。我对很多相邻的学科都感兴趣，特别是对学科之间的关联比较感兴趣。

从犯罪学转向了刑法，中间可能有一个桥梁就是实证研究。实证研究其实不是典型的刑法学方法，而是犯罪学研究方法。犯罪学研究对象就是犯罪问题，又有了实证方法，所以一脚迈进刑法学是一种很自然的结果。我甚至觉得，**实证研究还是整个刑法现象和社会学理论之间的桥梁**。没有实证研究的刑法社会学和没有社会学理论的纯刑法研究，即使可能相互参照，也基本上是隔岸相望。但自从有了实证研究以后，它们之间的界限就有可能打通了。

程金华：您最开始读研究生时读的是犯罪学。当时为什么选择这个学科？有没有要做这种学问的取向和想法？您在研究生阶段已经开始基于调查问卷做研究，最开始的动因是什么？是谁跟您讲这个方法的？好像北大至少在那个阶段没有这个基因。

白建军：我是 1984 年杨春洗老师名下第一个犯罪学方向的硕士研究生。我是没有本科文凭的北大教授，很多学生都不知道，被我“蒙蔽”了这么些年。之所以没有本科文凭是因为我过了高考年龄，插队以后留在当地，从村书记到大队书记，最后当上了公社党委副书记。当地有一个很大的做水电站的工程。我作为总指挥长，领着一百多个农民从放线、施工、看图纸、打眼、放炮做了两三年，做到半截虽然恢复高考了，但工程不能停。等工程结束以后，他们告诉我由于年龄问题，我已经不能参加高考了。所以我就回来北大旁听 1980 级的全部课程，然后考研。当时我还是归县委组织部管，采取停薪留职的方式，考上研究生以后才回去办的手续。

到现在我都觉得自己在研究生期间的学习是很用心的。我编制了一个有 30 多个问题的调查问卷，铅字排版印了 500 份，先到天津监狱做试验性的小样本试验，剔除掉那些不敏感的问题，做成更加精致和经济的问卷，然后拉着一个小行李车，放一个行李包和满满一包问卷，到潍坊、莱阳、淄博等山东九个地方的监狱做大范围调查，包括当时威海没有监狱，我也去做了调研，然后回来做统计分析。

我做实证研究其实很偶然。我是第一个犯罪学的研究生，满心以为留校后应该开设犯罪学，但遗憾的是，当时领导没有安排我讲主课，而是安排我讲犯罪学研究方法。我也不知道是出于这次安排的偶然，还是我个人特质之中就有这种必然性，我便开始自学各种方法，包括所有的社会学方法，按现在来说就是实证的方法。

侯猛：犯罪学里还有犯罪社会学、犯罪心理学等分支领域，很多是定性研究。您为什么偏偏做起了定量？

白建军：做实证对我来说，既有趣，又好玩。它有一种发现的乐趣，而不是研究各种理论。当然，各种理论之间的比较和分析也是很有趣的，但是实证研究对客观逻辑的发现是一种非常奢侈的享受。

比如，当把50个国家的刑法典和年鉴数据都买齐了，就会发现这里不仅有刑法现象的各种数据，还有关于它们的政治、经济、文化的数据。它们之间有什么关联吗？怎么把它们关联起来？于是我就把50个国家的刑法分则中13 000多个罪名按照不同的维度和视角进行分类，一个罪名为一条，罪名后边跟着各种变量：有的有死刑，有的没有死刑，有的是暴力犯罪，有的是财产犯罪，等等。然后就可以从不同的侧面去观察这背后的关系。[①] 这时会觉得，如果挖掘出来的东西别人谁都不知道，唯独自己发现了，这种乐趣有几人能享受得到？我做到了，而且不是那么难，可能也挺累，但是太好玩了！

还有一个因素就是我的导师。他给我最大的帮助就是不大管我。但他给了我一个激励："小白，犯罪学没有人系统地写，你可以利用读研究生期间写一本犯罪学。"以前我总觉得都是大人物才能写书，那时才意识到自己也是可以写书的人。

① 参见白建军：《犯罪轻重是如何被定义的》，《中国法学》2010年第6期。

侯猛：所以您在 1992 年出了一本犯罪学的书？[①]

白建军：对。这是在他给我充分的自信和空间的基础上完成的。当然再往前追，跟我从小在北大这种氛围里熏陶有关。这些氛围对我很有影响。什么叫“做研究”？“研究”这个词对我来说特别有诱惑。“做研究”就是探索未知的东西，而不是整理各种已知的东西。

程金华：这种氛围对以后走的学术道路有很大影响。您后来选择做监狱的研究，有没有受严景耀老师的影响？还是当时有特别的因素？

白建军：那时候我确实看了严景耀的书，但当时也听了杨殿升老师讲授的劳改法。而且我还自学了教育心理统计学，好多基本概念都是从这里面来的。我还选修过生物实验和生物学，去做蟾蜍解剖；还选了心理学和胡寿文老师的人类学；我还通读了潘光旦老师的书和他翻译的《人类的由来》[②]。当时我也不知道为什么读这些，就觉得这些东西肯定跟理解人有关系。杀人放火的犯罪人都是人，因此要先了解人。但同时也跟专业有关系，龙勃罗梭（Cesare Lombroso）等一些犯罪学家也都是人类学家。所以好多人都说我有“理工男”的感觉。后来我确定了自己要做什么，就自己跑到社会学系跟一个姓阮的老师学了如何使用 SPSS 做统计分析。

程金华：那时候就已经有意识去学习这方面的东西了。

白建军：对，就是这个乐趣，我今天特别想强调这个。能在研究当中感受到好玩，感受到驱动力，是挺不容易的一件事。

---

① 参见白建军：《犯罪学原理》，现代出版社，1992。

② 参见［英］达尔文：《人类的由来》，潘光旦、胡寿文译，商务印书馆，2009。

我有时候真有这种感觉，就是一个好的选题我舍不得写，动了笔就舍不得写完，写完的那一刻觉得发不发表已经不重要了，但就觉得这样结束了还是挺失落的。我很怀念那种发现过程的乐趣。

比如，我发现了一个“剪刀差”，这是在《中国社会科学》发表的关于犯罪率的研究。① 我发现中国的犯罪率在20年间是往上升的，但重刑率，也就是5年以上有期徒刑、无期徒刑、死刑的适用率其实是在走低。这显得不符合常理。因为看起来犯罪多了，应当是投入更多的惩戒资源，但另一方面重刑率却走低，而且这是法官群体20年间的集体选择，这背后的理由到底是什么？然后我就做了一些分析，用到了社会学的理论和芝加哥学派的相对剥夺论，并考虑这一段时间中国的分配机制出现的问题和巨大的基尼系数等等。用上了这些理论，又发现了实情，让我觉得非常有趣。总之，有兴趣可以说是一个因素。

我为什么做实证，更重要的一点是我们这一代人，至少这一代人中的一些人，被告知的很多东西现在看来都不是真的。而且我们发现，他们其实知道这些不是真的，却告诉我们要这样，但有些人的确不知道这些不是真的。包括我们的小学和中学老师，他们不知道或者似懂非懂，但是就这样告诉我们。这就是我为什么要做实证的一个真实想法。

侯猛：所以做实证的意义就是揭示事实和真相？

白建军：就是不能够轻信任何所谓的定论、通说、“应然”和那些应当怎样的说法。现在很多学生，尤其是法学的学生，只会“应当这样，应当这样”。一整套东西，都是让你感觉到特

① 参见白建军：“从中国犯罪率数据看罪因、罪刑与刑罚的关系”，《中国社会科学》2010年第2期。

别不可置疑，是当然正确和理性的。我觉得这样的说法太多了，可能有些需要证实，需要知道“实然”，需要知道这些“应然”可不可以检验。

所以有两种结果，要么就是有人去直接反思。但我没那勇气，做不到，我的专业也不适合反思那些事。所以我选择了另一条路，就是沿着这个大的导向，做好自己的领域。也许我的每一个具体的研究本身很粗糙，甚至是不正确的，但我走这个路就想跟大家说，要去知道“实然”，不要轻率地告诉学生什么是“应然”。

我一直有一个担心：几十年以后，人们想起来，问问那个时候的北大教授都在干什么，我们拿什么交代？我想，应该做一些留得下的东西。这是很朴素的一个想法。

所谓“留得下的东西”是什么？**像“我认为如何如何”的这种学问，以后肯定很少留得下。与其做这些，还不如做一点“我发现”，做一点规范的实证数据和分析结果。用规范数据和分析结果固定下来的东西，可能几十年以后还留得下。**人家还会翻出来，发现那个时候的犯罪率分析跟哪些变量有关，前人都用了哪些维度，他们的模型是怎么样的，他们的系数是怎样设定的。

二、法学研究的实证方法：“体用相合”

侯猛：您在这三十年间做这些“留得下”的研究的过程，可以分为哪几个阶段？研究领域涉及哪些方面？您做过哪些自己比较得意的题目？

白建军：我想先沿着我自己总结的关于实证研究的样本经验开始谈起，总结起来就是四个字：样本可靠。

很多人也做实证，但是我做的这个实证的可靠性、可推论性和规模都还算靠谱。所谓留得住的东西，首先就看样本。实证研究是观察、挖掘、筛选和运用样本说故事的艺术，基本就是点石成金，“石”就是样本。我的一个信念就是真理藏在大量事件背后。

第一个是样本的规模。在我看来，那种人为地、有选择地筛选极端事件、个别事件而造就的所谓“典型”，其实是非典型事件。这种事情之所以不可靠，就在于它们不是用真正的大样本去说故事。当然就什么是大样本而言，大小其实也是相对的，规模大一点会比较可靠。

但还有一种质疑就是，像孔飞力的《叫魂》、费孝通的《江村经济》、朱晓阳的《小村故事》虽是小样本，但也都成为了经典。我觉得它们实际上也是一个田野点的大数据。① 这要考虑到这些调查有多大的时间跨度、包含多少维度。你想这些研究的资料包括买菜的账本、人口数量等等，把这些东西算进来，你能说这不叫大数据吗？比如，乔布斯有钱，为了定向给药，他的癌症分析做到了全部基因序列测量，以便更有计划、更科学地给药。虽然乔布斯是一个个体，但这其实也是大数据。再比如，费先生在英国出这个书的时候，当时的英国编辑就让他把名字改成《中国农村经济》，费先生就坚持不改。这就是实证研究的规则：看到什么说什么，看不见的和想象出来的事，都不是真实的。但谁能说费先生的《江村经济》不具有代表性和可推论性呢？谁都不会这么说。所以这就是一个解释样本规模的典型例子。

第二个是随机。不一定是全样本和大数据，但得是随机生

① 参见白建军：《大数据对法学研究的些许影响》，《中外法学》2015 年第 1 期。

成的数据。

第三个是要有多维度。用尽可能多的视角去观察大样本。维度越多，能运用的统计分析工具就越多，越能够在研究中自由表达一些想法，进行信息挖掘。

具体来说，我的样本策略有几个。有的是全样本，像搜集全部国家的法条；有的是准全样本，像搜集最高人民法院全部公开的数据和案例；又比如，在裁判文书网出现之前，我就把所有最高人民法院出版单位的真实案例全都收集起来。

侯猛：您曾强调不要夸大小样本的作用，防止对小样本过分自信的倾向。但另外一方面，您也提到，我们用一个点照样可以找到充分的信息和大数据。我感觉这两者之间存在一定的张力，有些矛盾。

白建军：我刚才提到的那几个点的内部都包含着海量的数据。而在讲教学案例的时候，往往只取那一个案例的一个维度，至于它是什么时间和空间，一概都不问。

程金华：在某种意义上讲，您觉得这个定性研究属于深描，是一个不断往下挖掘无限信息的过程。

侯猛：深描是人类学的强项，不过有些学者就不太看得上人类学的民族志，他会觉得民族志的写法经常絮絮叨叨，事实过于琐碎，反而没思想。

程金华：但好的人类学作品还是能够提炼出这些东西。

侯猛：所以就是刚才白老师讲的，这个点能够把很多信息都汇集起来，而不是分散的。

白建军：对，而且甚至可以做定量。《江村经济》里很多都是定量的统计。我们现在要是能够把一个监狱里面的所有故事说清楚，那也是很牛的。这里面的故事挖掘出来，做定量和定性都足够了，但很少有人做这种研究。

比如，我们出去随便问三个人：你赞成废除死刑吗？也许有两个赞成的，一个不赞成。回来你把这三个数据输入 SPSS，回归、做图、交互分析照样全能做。但这个结果你自己信吗？你自己都不信。所以我有一个判断：**好的研究不是定量与不定量的问题，不是做不做实证的问题，而是在不在乎事实与真相，在不在乎理论和实践的深度关联**。实证研究的第二个经验，可能是更重要的一点，就是“体用相合”。

侯猛：这需要您进一步谈谈“体”和“用”。

白建军：实证研究本身不是理论，而是一种方法，一种“用”，关键还得有“体”，所以我说“体用结合”。这就是说，实证研究的方法要融入定性的法律概念、规则、原则和法学理论，乃至社会学理论，要回答这些实体理论希望回答的问题，至少是要有助于回答这些问题。其实这暗示着如果没有实证研究方法，这些理论有时候回答不了一些问题。

纯理论研究和纯抽象的规范研究可以没有实证，但实证研究不能没有理论，可以有“裸”的理论研究、定性研究，但没有“裸”的实证研究、定量研究。实证研究没有理论就没地方待。有人说我的实证研究就是定量，只是算数，但其实这些研究没有定性什么都不是。比如，我的“裸刑均值”研究。① 大家上大学这么多年，很难在教科书里发现有人告诉我们量刑从重从轻从哪儿开始，从哪儿以上叫从重，从哪儿以下叫从轻，法律没有规定，任何教科书也没细说，至少没有说得非常透。

自从有了大数据，我开始用大量的案例来说明这个问题。

① 参见白建军：《裸刑均值的意义》，载《法学研究》2010 年第 6 期。

我把常见犯罪做了一个分析，去掉了一些已经有从重从轻处理情节的案例之后，筛选出那些没有任何量刑情节，只有基本犯罪事实的案例，然后用这些基本犯罪事实的案例的平均量刑水平，去说明量刑的从轻从重的参照值。

而且我意外发现，德国马普外国与国际刑事法研究所所长汉斯-约格·阿尔布莱希特（Hans-Jörg Albrecht）教授的专著《重罪量刑》[①] 就是研究这个的。他把德国和奥地利的数据做了比较，结论就是法定刑从底线往上走 1/3 处就是普遍的量刑平均水平，比这个重叫"从重"，比这个轻叫"从轻"。而我发现的中国常见的大部分犯罪的裸刑均值都在法定刑中间线以下 10 到 15 个月不等，基本上跟他的那个发现相吻合。所以这就是一个跨国度、跨法域，超越意识形态的司法官员的集体理性、职业理性和平均理性的证明。

侯猛：您刚才讲，计算出那个均值的位置，然后往上往下就是从重从轻。但这是一个实然标准，如果我们做规范分析，会讨论符合什么条件应该从轻处罚，符合什么条件应该从重处罚，这是一个应然状态。虽然实然上您告诉我们在均值以下是从轻，以上是从重，但您不能推导出规范层面，我们该怎么去理解这个问题。

白建军：这的确是个问题。问题在于学者们所说的从轻从重的基准线如果说不是经验的话，那是什么？好像他们已经有了一个标准，但不告诉你，不明确规定。所以才有了所谓的"中线说"。但好多法官跟我说："这不行，按这个来就麻烦了。"后来我理解了什么叫"麻烦了"，因为我发现的均值都比

---

① 参见［德］阿尔布莱希特：《重罪量刑：关于刑量确立与刑量阐释的比较性理论与实证研究》，熊琦等译，法律出版社，2017。

法定刑低；按照中线说，就得把所有全国法官判的案子都往上提10到15个月。这个后果不说是灾难性的，也是一个很不合理的结果。无论从司法成本和公平正义的角度，还是从给罪犯家庭带来负面影响的角度，都很不好。

侯猛：刚才白老师讲到了德国和奥地利的情况。我注意到最近社会科学界一个比较热门的话题就是“社会科学本土化”与“实证研究本土化”。您在做研究的过程当中，对这方面是怎么看的？有什么感受？

白建军：我有一个想法叫作“世界的方法，中国的问题”。科学方法是通行的，没有说是中国的R-Square（确定系数）和美国的R-Square，但问题一定是不一样的，就连美国的今天跟美国的昨天和明天的问题也不一样。所以只要方法是通用的，任何时空的问题都是它的特定性，仅此而已。

其实强调“体用相合”大概就是强调发现的乐趣。实证的方法和社会学理论、刑法学理论、犯罪学理论的融合，让我至少有这样几个具体的发现：

一是基于实证研究，我提出了“控制社会控制”，并写成论文。[①] 我发现大家都在说“犯罪控制”，其实这个“犯罪控制”首先应当好好控制的。这也是我根据各种研究自然推出的逻辑。因为我觉得很多问题其实都是社会控制带来的，都是犯罪控制造成的。像我的“司法潜见”[②] “刑法偏好”[③] 等几篇文章都是这个意思，都是主体自身的一些东西投射到了客体身上，然后就说客体有问题。自己不去检讨自身的问题，还说是其他人的

① 参见白建军：《控制社会控制：一种犯罪学范式的分析》，《中外法学》2000年第2期。

② 参见白建军：《司法潜见对定罪过程的影响》，《中国社会科学》2013年第1期。

③ 参见白建军：《中国民众刑法偏好研究》，《中国社会科学》2017年第1期。

问题。当然，这个理论基础来源于犯罪化理论中的主体性。一些电影，比如《十二怒汉》，其实都是强调在裁判过程当中，每个人自己家里的问题都外溢出来，表达到了他对当下这个案件的审理之中。这是一种需要控制的地方。

二是我研究了犯罪的经验定义。[①] 比如，大家都知道当场暴力取财是抢劫。“当场”不是约定明天，就是我当场对你使用暴力，让你给我钱财，而不是让你明天给我，那叫“敲诈勒索”；或者不是让第三人给我钱，那叫“绑架”。我做了一个好玩的研究，发现很多案件都是：检察院一开始说是抢劫，因为它是当场暴力取财，但案件最后不知是有了律师还是法官的因素，反正没定成抢劫。我当时穷尽了这一类的所有案件，一个一个看，最后针对什么情况下的当场暴力取财不是抢劫做出了一种类型化的描述。实际上我这是在三段论中插进去一个经验定义，并且判断什么情况下的当场暴力取财是抢劫，什么情况下的当场暴力取财不是抢劫。

自从有了这个研究以后，律师们说它很有用。如果对所有罪名都做一个这样的研究，我们就知道被控某一罪名的情况，其实不是这个罪名，而是另一个罪名。这就让三段论推理变成人们从一只盒子里拿出来事先放进去的一些东西的过程。这个经验定义的方法不能告诉你盒子里肯定有什么，因为盒子里的东西在立法的时候大家都知道了，写的就是“当场暴力取财的是抢劫”。一旦立法完成，这些立法者解散，谁也不知道那个盒子里到底有什么，法官、检察官、律师都是靠猜测，说那个盒子里当初有这个意思或没有这个意思。而这个方法，如果样本大到一定程度，它至少能告诉你，那个盒子里其实没有什么。

---

① 参见白建军：《论具体犯罪概念的经验概括》，《中国法学》2013 年第 6 期。

程金华：就等于说，把法官积极选择的众数作为小前提放进去，起到了填补法律空白的实然效果。

白建军：对。叫不叫小前提我不知道。或许可以叫半个大前提，或者叫多半个小前提。而且这个发现肯定不是纯实证研究和量化研究。它强调多一点归纳，少一点三段论的演绎。这是将实证研究的方法融入具体的研究当中，这难道不是一种“体用相合”吗？

三是我在长期使用实证方法之后产生了一个信念——公正具有可检验性。[①] 在我看来，从大样本的意义上说，任何审判结果的质量都是可以测量和可以检验的，进而可以推出，任何裁判结果都是可预测的。这类似于韦伯谈到的法律机器——这边塞进事实，那边出判决书。它的原理就在于公正是可检验的。而检验公正的方法其实也是“体用相合”的。

侯猛：您说公正可以检验，怎么去检验？是通过大样本得出一个数据，比如通过已有的判决发现15年是一个均值，是比较合适的刑期，结果这个案子判了20年，这就不公正了，是这样吗？

白建军：不是这个意思，但你这个问题很有质量。我简单解释下“公正的可检验性”。如果一个案由所适用的法律明文规定了A、B、C、D、E五个法定要件，那么我就可以想办法把这个案由下的裁判文书大样本找来，用A、B、C、D、E作为模型中的自变量去解释因变量，也就是去解释是否构成这个罪，该判多重的刑。这就是在搜集大量案件的情况下，用法定要件去解释判决结果，并得出这些法定要件在多大程度上解释了裁判

---

① 参见白建军：《基于法官集体经验的量刑预测研究》，《法学研究》2016年第6期。

结果。最后会用 R-Square 值来显示。这就是多元线性回归的分析方法。这个 R-Square 值通常在 0 到 1 之间，可以换算成一个百分数。如果在 A 省判决的所有这个案由下的案件中，法定要件解释了 30%的判决结果；但在 B 省，还是这五个要件，假如出来的 R-Square 是 0.5，也就是 B 省的这个案由下的法定要件解释了 50%的裁判结果，也就可以说它的合法性程度是 50%。你说哪个省的合法性水平高？

合法性都有这样那样的差异，公正就更有讨论的空间了。实际上这就涉及我发表在《探索与争鸣》上的一篇文章。[①] 那是讨论在 A、B、C、D、E 以外其实也有合理的案外因素。案外因素在多大程度上解释了裁判结果，也是可以分析的，但分析的前提就是合法性程度要高。如果合法性程度不高的话，案外因素无论公正不公正都没什么好说。简单说，合法性水平在大样本视野当中是可量化的。

既然是可量化的，就是可比的；既然具有可比性，那就是管理裁判的一种新思路。这是我一直想说服最高人民法院采用的方法，对 31 个省市的刑事案件或常见犯罪案件的审判质量进行管理。但这个很难跟法官们说清楚，特别是如果他们对回归分析的基本原理不了解的话。

侯猛：您用这一套方法把案件审判质量计算出来之后，法官如何进行策略调整？通过这个结果，您能不能给出一个可以进行调整的方案？

白建军：这个跟大学排名一样，我就想办法提高法定要素对案件裁判结果的影响，尽量挤压案外因素的空间。但这不是

---

① 参见白建军：《法律大数据时代裁判预测的可能与限度》，《探索与争鸣》2017 年第 10 期。

说案外因素是不对的，只是案外因素越多，案件的法官承担的论证成本就越高，就更得说清楚为什么。如果各省各级法院都采用这个方法，那么每个法官判的成百上千的案件就可以统计下来，法官不能今天这么判，明天那么判，判决的稳定性也可以掌握。

而且法官根据这个调整起来是有方法的。因为凡是应该被调整的那些案例一定是在均值以外偏差比较大，也就是离散值或标准差比较大的案件。这些案件被单拎出来，法定要件决定因素和案外因素就都可以看得见。只不过我们没办法分清哪些案外因素有积极作用，哪些有消极作用。

程金华：这在一个公式里面可以同时做。因为我们可以把法定因素和案外因素同时作为自变量放进去，如果同时显著就可以了。还可以做进阶模型，比如，先把六个法定要件放进去，发现解释了30%，您猜测其他可能发生影响的案外因素是什么，然后也放进去，如果R-Square提高到了50%，就说明这些案外因素的影响很大。

白建军：这可以大范围影响法官的行为，正是利国利民的事。

侯猛：最高人民法院对审判管理案件评估体系也做了好多指标，每个指标都加上权重系数，并且除了理解与适用的参考书，还专门制定司法文件，将这一套指标体系在全国法院推广。

白建军：这无非就是人为拟定一些系数，但这是很主观的方法。刚才我们讨论的这套方法是用一个个真实的案例归纳出来的结论，采用的是科学中的实验式方法，也就是我说的真相。我们不能够用一些貌似实证的方法去评估，甚至可能还把一些不真实的东西放了进去。总之，我们还是得用科学方法找到真相，然后想办法把它变成法院的行为，撬动法官们合法判决的积极性。

程金华：我还真没从这个角度想过这个问题。虽然这个事可以做，但关键是能够把法定因素和非法定因素抓准了。最大的问题可能是法律因素相对容易标准化。

白建军：司法解释写得很清楚。逃逸的、没逃逸的、酒驾的、没酒驾的，这些都放进去了才解释 30% 的裁判结果，那 70% 去哪了？

程金华：剩下的 70% 很难标准化，甚至找不到这些信息，因为这些信息在卷宗里面。

白建军：至少是具有可比性，人们还是相信的。回到“体用相合”，到底“合”与“和”，哪个好？

程金华：我觉得还是用“合”。

白建军：我写的也是这个。

程金华：“和”的反面是不“和”。我们可以说“和而不同”，这是一个更低层次的要求。但那个“合”实际上是……

白建军：融合。

程金华：对。这有三种状态：一种是“冲”的状态，如果不冲突的话就是和谐的“和”。和谐里面又有两种：一种是彼此间不冲突，也没有融合；一种是相互融合，所以“融合”的“合”是更高层次的。

三、法学研究的实证培养：“体系化”与“通识化”

白建军：如果大概回顾一下我的实证研究，我觉得三个概念值得一提：控制犯罪控制、公正的可检验性、犯罪的经验定义。这些我都觉得是挺好玩的发现，是真正的客观发现，不是我捏造出来的。但说句心里话，它们没什么影响，没有什么后续的跟进。

程金华：您的研究得往前跨到跟程序和管理相关的东西，变成工作的抓手，而不是纯粹的学术研究，因为这些研究现在还基本上在“实验室”里，离产业化和机制化还有一个过程。现在法官们可能会觉得这是有趣的刑法个案研究，但跟他们的审判管理和司法改革还是有距离，这些知识还需要转化为他们在实践中的改革策略。

白建军：这还不如做教义学，通过一个个的个案研究，马上就会产生影响。我一个学生就批评我说：“白老师您没培养出话语环境来。”

侯猛：您的很多结论其实是有普遍解释力的。我就把“司法潜见”和“刑法偏好”两篇文章当作“法律和社会科学”课程第一讲和第二讲的阅读材料，因为我第一讲和第二讲讲的就是“事实认定与社会科学”和“法律适用与社会科学”，而您的文章其实都有一些归纳性的东西在里面。

您的学术工作如果再往前推进，应该要编写教科书，把您过去的东西体系化。因为之前我看您的文章，比如“司法潜见”，都是归纳的逻辑，现在要把它变成演绎的逻辑，用体系化来解释。这样我就大概知道如何按照这些知识重建我对法律现象的理解。因为对学生来说，一开始需要接受的就是这样的知识体系，而这就等于把您的东西变成教义。您一旦把它体系化以后，上课就不再是列举个案的过程，而是告诉大家整个体系里存在哪些重要的知识点，让大家带着问题去看周围的事情。

程金华：像法经济学或者经济学解释很多都是这样的。我一直觉得经济学的成本收益分析是很像教义学的，而那些非常成形的理论体系其实就是教义。

白建军：但经济学的老师们都不觉得自己是在做教义学。

侯猛：他们没有理论化，包括我自己在内，都没有提升到体系层面，还只是概念层面的研究。您提出来的“司法潜见”和“刑法偏好”等概念已经包含一些重要结论，而且这些结论具有一般性的解释力。还有一些像“弹性刑法”[①] 这类比较重要的概念也许不是您单独提出来的，但是都非常重要。这些概念都是您实证研究的分析工具，您可以把您以前那些结论进行归纳或总结，重新体系化，写成教科书。这样从教学的角度更方便一些，大家也更明白。

白建军：这些都不是特别空的东西，而是需要放到一个逻辑关系和逻辑体系当中，这个体系是什么还要进一步探索，但这绝对是一个特别有诱惑的追求。

侯猛：在您这么多研究里，有一些重要的概念被频繁使用，包括您的成名作就是写罪刑均衡。[②] 您后来的研究基本上都围绕“罪刑均衡”展开，要么就是罪，要么就是刑。对于罪刑均衡、刑罚轻重、犯罪圈、弹性刑法、刑法偏好、司法潜见等概念，一般刑法学的老师好像不会用，您为什么会比较偏好使用这些概念？您对这些概念是不是有一些提炼？

---

① 参见白建军：《坚硬的理论，弹性的规则——罪刑法定研究》，《北京大学学报（社会科学版）》2008 年第 6 期。

② 参见白建军：《刑罚轻重的量化分析》，《中国社会科学》2001 年第 6 期；亦参见白建军：《犯罪轻重的量化分析》，《中国社会科学》2003 年第 6 期，《中国社会科学》2003 年第 6 期。

白建军：这些概念大部分都是刑法学的基本概念。比如，“罪刑均衡”是刑法三大原则之一，还有“罪刑法定”“法律面前人人平等”。这些基本概念并不是我杜撰的，也不是学科外边进来的，而是刑法学里当然的东西。只不过我可能更多用实证的方法和犯罪学的思维去解读刑法现象。这就涉及“刑事一体化”跟教学的关系。

侯猛：您这些概念对司法工作人员有什么意义？

白建军：这几个词至少不是刑法教义学的概念。这些词怎么来的呢？比如“司法潜见”，（有人）总觉得“司法潜见”就是“前见”，前见和潜见确实有很多重合部分。为了表述更精准，我和编辑们一起讨论，但我认为在司法官员的内心和实践中有一些潜在的和未言明的东西，只用“前见”并不是特别准确。

我想用这个小例子说明，我的很多东西确实是逻辑走到那儿，找不到一个更好的现成的词或者范畴去精准地概括它。这种体会其实挺难受的。我都怀疑我自己是不是为了用新东西去吸引眼球。但真的没办法，我觉得现有的任何范畴都解释不了某个发现，所以哪怕会产生抓眼球、造新词的误解，我也得用这些新概念。实证研究有时候就会发现一些新东西，而你只能用一些别人没有用过的概念和范畴去概括它们。

侯猛：从实务层面来讲，会讨论法官如何思考的问题。刑法教义学可能会为法官提供一些固定的概念规则、逻辑步骤和推理方法。但像您归纳出的这些概念也可以针对实务中的不同问题，让法官们用起来比较清晰，因为这些也都是他们在办案过程中会遇到和思考的问题。

白建军：这些概念一旦用司法实践的例子讲出来，那些法官和律师一听就明白了，相反，对学生来说，概念是新的，事情也没经历过，所以理解和接受起来比较费劲。

侯猛：因为这个体系化主要不是面向学生，而是怎样影响实践。这些经验事实法官们有过体会，但原有的刑法教科书并没有给学生一个很清晰的认识，需要您重新归纳和提炼。

白建军：对。他们一听就知道了，有时候甚至帮助我完善这些概念。

程金华：当时我看过邹碧华的《要件审判九步法》① 也是在做这个工作。他实际上是把三段论扩大成九段论，进一步教义化。邹碧华是上海高院一位出色的法官，也是北大毕业的，您可以参考一下他的形式。

四、法律实证的教学与人才培养

侯猛：您最早是上"法律研究方法"这门课，后来慢慢变成现在的"法律实证分析"。您这门课是怎么一个开法？为什么换名字？

白建军：首先我想说说做大学老师要面对很多难处，有这样几个基本事实：

第一，大学的课，有的是"国企"，有的是"民企"；有的是"计划经济"，有的是"市场经济"。"计划经济"和"国企"就是基干课，我的课全是"市场经济"，没有一个基干课给我讲，所以选不选都在学生了。

第二，人文社科类的学生都认字，法条也就那些，干吗要

---

① 邹碧华：《要件审判九步法》，法律出版社，2010。

来上课？而且学生都是考进来的，老师可不一定。重要的不是听谁讲，而是用谁的书考试，学生也就听谁的课。这些都是影响到学生选不选你的课的“市场规则”。

第三，老师其实大多没从事过实践，但都得讲实践。这是很滑稽的一件事。而且 PPT 不能和教材重复太多，但上课又不能天天念 PPT。所以大学老师要能够讲得生动，让学生不想翘课，舍不得翘课，这是不容易的。而且有的学生是听懂了给好评，有的学生越是听不懂，越觉得你牛。

第四，大多数课堂知识一离开校门都没用。你背托福、GRE，飞机一落地到美国，发现好多美国人都听不懂这个，都不用这个词。但是你还得背，你得用它才能考过一百分。而且大学老师所传授的知识也只有很少一部分来自他的老师。其他很多东西都得靠自己钻研。

其实我想说的是，我的追求就是要让所有非专业背景的人能够听懂我的专业道理。如果哪天我发现地铁上的人在看我的《罪 · 恶》①，这就是对我最高的褒奖。因为我小的时候就被告知，华罗庚上车间讲高等数学，用绳子打比方就可以讲优选法，讲得大家都鼓掌，都能听得懂。这才叫真正的大师。还包括我小时候在院子里，听到那些大家怎么和小孩说话，怎么和普通人沟通。这些对我的影响特别深，也成为我的追求。我觉得把课讲明白就是最重要的，但我现在做得不是特别好。比如，我开设的“犯罪通论”作为大学通识教育，在我的理解中应该有“四通”：

一是让未知和已知相通。教育尤其是高等教育，其实就是唤醒学生们已知的东西。他不知道他已经知道了，老师的责任

① 白建军：《罪 · 恶》，中国人民大学出版社，2015。

就是激活和唤醒他。尤其在人文社科领域，让受教育者发现“其实我知道”，已经很不容易了。

二是典型和不典型相通。我们通常就是拿着鞋找脚，用一个典型例子找一个脚，“你看我套上这个鞋了”。但这只是一种方法，我们还要拿各种各样的脚去发现什么样的鞋其实不合适。这就是“拿着鞋找脚”和“拿着脚找鞋”不断循环往复的过程。

三是课程和课程相通。这是想打通学科壁垒。在我的通论课程上，学生都特别可爱。他们有学经济的、医学的、数学的、哲学的、历史的等，因此他们提到的问题常常让我一时想不出答案。我很感谢他们提出的这些问题，要是在法学院，学生可能根本就提不出这样的问题，甚至法学教授都不会想到。但仔细一想，这些问题很多是根本问题，是在学科内被当成“当然”的问题，但这些“当然”背后有很多东西大家都没有说出来。

四是文科和理科相通。我想我的“犯罪通论”为什么特别受欢迎，可能跟我的语言特点有点关系，也跟课程有意思有关系。还有一个重要原因，就是我面对这些理工学生，我用实证和定量的方法，特别容易被他们接受。相反，我到了法学院，打开这些图表，学生们心里会想：“我学的是文科，怎么来数学了，怎么搞的？”

侯猛：理工科的同学会不会特别要求理由和根据，不接受语言的解释，必须得有证据。

白建军：我把那个表一打出来，相关系数一说出来，再往下都不用过多解释，他们一下就懂了。但法学院的学生就会问：“所以呢？那怎么了？”面对好多不同学生，这也是挺享受的一件事，你会看懂他们的感觉。

这就说到了《罪·恶》这本书的十二宫格体。[①] 我认为这十二宫格体是我的一个有趣的发现。在这个宫格体当中，你会发现十二个板块之间，每个板块跟别的板块，上下左右都有逻辑关系。横看是四章，竖看是三个学科。刑法学和犯罪学其实还是有界限的，尽管我一直在说淡化学科界限。只不过在十二宫格体里头，它们变成互相补充和融通的关系。

比如，犯罪定义学就是因为有“刑罚不仁”，因为有滥刑，因为刑罚的适用会剥夺公民自由，所以才有除刑。纵向看，动刑、除刑、量刑、用刑，是刑事法制的四大环节。左边恰好是犯罪学的四大板块，而这四大板块也有内在的逻辑关系：犯罪性决定动刑，犯罪化决定除刑，犯罪规律决定量刑的轻重，加害和被害的互动决定要平衡他们关系的用刑。所以我将这两个学科黏合在一起。

这就是我的体系。其实我刚才讲的所有东西都可以分别放到这几个板块里，然后去看和别的板块之间的关联性。只不过我现在没有这么做，我追求想让“地铁里的人”看，所以就没有像你说的那么学术化，不过也许你提的内容是我下一步的目标。

侯猛：您上的“犯罪通论”毕竟是全校通选课，但对刑法专业的研究生和法学院的本科生来说，犯罪学应该是什么讲法？或者谁在讲？

白建军：“犯罪通论”和法学院本科生的“犯罪学”用的是同一本书，但各自理由不一样。前者就是一种通识教育；而法学院的本科生则突出“刑事一体化”，突出犯罪学的实证研究，所以这个体系他们也是接受的。只不过课时的分量也有调

---

① 参见“自序”，载白建军著：《罪·恶》，中国人民大学出版社，2015，第2页。

整，在法学院少讲刑法，多讲犯罪学；但在通选课上多讲一些刑法案例，同学们也特别爱听。

如果是刑法专业的研究生可以看我的《关系犯罪学》。[①] 其实《罪·恶》的前身就是《关系犯罪学》。就是因为有上“犯罪通论”的学生反映《关系犯罪学》他们读不懂，所以我才写了这本《罪·恶》。

我的课的特点就是互动。你能想象 500 个人互动起来的场景吗？有的时候 100 分钟内课堂上能引起十多次高潮。我问一个问题，然后 A 这么说，B 这么说，他们之间就争起来了。我特鼓励他们表达各种意见，能把我问倒的就是最好的学生。他们也特别积极，也不愿意翘这个课，因为在课上能听到“乐子”，能听到别的学生的观点。所以，互动不在于人的多少，要是三五十个人都不说话，多难受！

再者，人多了，你的影响就大。我上课的最后一天，在课堂的最后问大家：“你们见过第二天的太阳吗？谁见过明天的太阳？”都说没见过。我说：“**你们就是我明天的太阳，我是月亮，专等着反射你们的光芒**。”有学生当时眼泪就下来了。我此生能有这个享受，走到世界各地都能找到我的学生。

侯猛：但您要说到培养研究生呢？比如说金华？

白建军：金华是一个例外，当然还有很多同学是例外。其实我不是一个好导师，因为我的导师对我比较放松，我就总觉得我得对学生那样，就得不管，不管才能出成绩。但我发现有的学生适合这个方法，有的学生不适合，尤其现在越来越不适合。很多学生就得要老师告诉今儿读什么、干什么，明儿读什么、干什么。

---

① 参见白建军：《关系犯罪学》，中国人民大学出版社，2005。

程金华：白老师很亲近，但管得的确不多。

白建军：因为我的假定是，你要想做研究生，特别是博士，你一定是有自己想法的，如果管他就是对他的一种束缚。

程金华：白老师当时也在探索这个，不管是硕士还是博士，我们有一阵子想开读书会聊聊，结果没弄下去。

侯猛：做实证研究，很难说要读哪本书。因为实证是要去训练和做实验的。做定性研究的学者可能对读经典的要求多一点。

白建军：其实实证研究真正的秘诀在于想象力。想象力来自于阅读那些定性的理论，这样你才能想象它变成数据是怎么样的，事实是怎么样的。脑子里没有想象和理论，给你一个千百万的数据，你都不知道该怎么办。

说回导师，我就说我不是好导师。我发现现在有的学生，管也不是，不管也不是。有的学生进来，我就说三个要求，第一是要发表，第二是要发表，第三是要发表。结果有的博士还没毕业就在《法学研究》发东西了，但有的不理会这些，可能是我还没摸到门。

侯猛：本身国内做这种实证分析的人就不多，我们怎么去培养这方面的人才？不能是散养似的，得有一个规划才行。

程金华：我今年带第一个博士，自己期待很高。因为他的想法就是做法律与金融。我现在想的是要想做就一起做起来，或者等我做好带动他。如果不管的话，我担心会培养不出来。

但现在我也担心相互的互动和磨合。首先学生进来的时候，自己想法要清楚或者尽快弄清楚自己要做什么、有什么打算，然后赶快确立题目，别犹豫太长时间，但凡博士二年级还在找题目的，基本上就来不及了。

侯猛：但如果法科背景的学生想做实证研究的话，在课程要求上就很难转变。实际上，在硕士阶段就应该开设一些课程或者让学生选修一些课程。伯克利法学院是不是就是这么做的？

白建军：耶鲁的博士生，统计学好像就是必修课。

程金华：对我来说，白老师启蒙了我，然后我去我国香港特别行政区强化了这个方面。

侯猛：所以我们要培养你这样的学生，要在什么阶段？

程金华：硕士早先的时候。

侯猛：对。得有意识让他修这样的课程，然后导师进行引导与合作。

白建军：而且不要指望他对这个重要性有多深的认识。金华是从美国回来才告诉我："白老师，现在我才理解你那时候为什么给我们讲这个。"也就说明那时候你其实并没有意识到我讲的实证研究有多重要。当时上的课叫"犯罪学研究方法"，总共有六个学生，他们并不知道我为什么要开这个课，但后来才慢慢意识到这个事重要。所以不要认为凡是上这个课的人都知道重要性才上，有的时候就得先做事。

程金华：知道重要性是一个阶段，到实际开始做又是另一个阶段。我经过了白老师课程的启蒙，也意识到这是一个很重要的方面。比如，我当时发了一篇文章，算是有意识去做，但我当时没觉得一定要做实证研究。到我国香港特别行政区一段时间后，和吴晓刚老师合作的时候，我才开始真正去做这些事情。这个过程实际上很漫长。但白老师这边上课肯定是有启蒙，而且这个很重要，但这种启蒙到自己去做这方面的研究还需要一个过程。

对于教学，普遍的问题一方面是导师怎么指导学生，另一方面就是整个学院的研究型学生的课程培养体系。我看不少大学都不成功。理论上，相关课程不能等到博士生才上，但如果连硕士都没有上过这个课的话，博士必须得补。但现在这种“补”是没有的，包括对基本经典、文献、理论的阅读和对基本方法的培训都是没有的，这是全中国法学院在研究型学生培养上的普遍问题，也是我个人现在很大的一个困惑，希望交大法学院能够在这块有所突破，而我也只能从自己能做的方面做起。

白建军：这种事情也不是那么容易。实证研究还是比较小众的，是非主流的。我一直说自己是非著名教授，讲非主流学问。不能要求每个人都把它当成必修的东西，这不太合适。法律主要还是规范，但实证越来越多最好。

程金华：科大在学生培养这一块比较成功。科大的博士回到国内，基本上都在国内的一流高校任教。这种成功很大程度上在于手把手教选题、数据共享、合作写东西、老师帮忙修改等。如果没有老师手把手带的话，毕业之后独立做研究很难。量化研究理论上应该容易产生共赢。

侯猛：可以单独设立法律实证研究方向去培养学生。不能附着在某一个部门法或者法理学下面。法社会学或者法律与社会也应该从法理学里慢慢独立出来，这样对于跨学科研究是有好处的。虽然法理学是很大的领域，但内部各领域说到底还不是一路的，现在只是硬捏在一起。

五、法学研究的实证未来：“撬动这个社会对法治的追求”

侯猛：法律实证研究也就20多年，北大从您这边慢慢开启，但最近 10 年，特别是最近 5 年突然就火起来了，您怎么评价这个变化？是什么原因导致的？您觉得它以后会以怎样的姿态发展下去？

白建军：最早一开始做实证研究的时候，没有什么影响，我也就不声不响做了这么多年，没有人理，哪怕骂骂我、争论争论也没有。2000 年左右，我的理念就已经是做案例，做大样本的收集，然后做实证研究。我当时还写了一篇《案例是法制的细胞》的文章，① 但我的同事和同行都告诉我说："老白，咱是制定法、成文法，你这种研究最多是找到典型案例做教学，但不可能用它去做成什么影响司法实践的东西。"

可是最近突然许多大学都着手做法律实证研究，有"法律大数据""现代法学""未来法学""数据法学"等各种称呼，不管叫什么，其实都差不多。这都是资本的力量在起作用。资金如水，水满则溢，溢出来就找洼地，而法律就是这最后一块洼地。

我给金华上课的时候就设想，法院门口能不能弄一个触摸屏，输入具体案情就能算出来判多少年，这样就能够让律师和法官减少寻租空间。而现在是把触摸屏做到了手机里头，各类法律检索的 APP 基于大样本的推算进行裁判预测。

对这个势头，我首先当然是欢迎，这是好事，至少承认了"大样本"这个概念。但我担心的是他们最后出来的其实是小样本。这可以看我在《探索与争鸣》发表的《法律大数据时代裁判预测的可能与限度》。我在那篇文章里主要担心的就是他们从上千万案例当中输入若干个条件以后，找出来几十个案例，认为这就是跟当下案件最相近的案例，并称之为"类案检索"。

---

① 参见白建军：《案例是法治的细胞》，《法治论丛》2002 年第 5 期。

类案检索其实埋藏着一个逻辑上的问题：凭什么那个案件那么判，你这个案件跟它很相似，所以你也得这么判？现在大家都不去想这个问题，都觉得通过大数据直接找出结果就是同案同判。但这里其实有一个巨大的逻辑空缺，就是案外因素。

侯猛：在普通法国家都是通过类比推理进行判断，现在直接通过大数据就找出来了。

白建军：而且你输入的条件越多，找出来的结果就越少、越精确、越有所谓的“相似”。但这里其实存在无法排除的几个风险，特别是那些未被写进判决书的因素。一个是最差的情况——法官收受贿赂，所以这么判；另一个是法官有非常正当的理由，但不愿写进判决书，这也是可能的。你怎么就知道这个案件不是这两个当中的某一种情况？你没有任何根据。所以我特别担心这个所谓“同案同判”的方法，当然这也可以通过一些技术手段解决。

我十年前就写过“同案同判”的文章，甚至上升到宪政的视角。① 因为我认为，“同等情况同等对待”这是人人平等的权利，但问题在于什么叫“同案”，是不是跟检索出来的那个案件一样就是“同案”，我对此有一点怀疑。在这个问题上，理论上说得最清楚的就是张志铭。他认为“同案”中的“同”，是法律基本事实的“同”，不是所有自然事实的“同”。沿着这个基本思想，我从技术上寻找突破口，也就是不限于检索出来的几个案例的基本情况，而是把所有样本的所有因素都输进去之后再观察裁判结果。这可以通过 SPSS 软件来实现。只要将全样本作为尺度，任何一个个案的实际判决结果和预测出来的结果都会存在一个残差，残差越大，说明个案判决离谱的程度越大；

① 参见白建军：“同案同判的宪政意义及其实证研究”，《中国法学》2003 年第 3 期。

残差越小，说明它越符合法官集体理性选择的结果。这个集体的基数不是若干个条件输进去以后的那几十个案件，甚至那几个案件，而是所有案件。以所有案件为基数的时候，残差越小的预测才是越准的预测。

这是我对“同案同判”的看法。我也想向最高人民法院讲清这个道理，他们现在搞比赛，比谁用技术手段检索出来的更准。我觉得如此引导法官们好像不太对，还是应当以全体样本为基数，这样在理论上才体现出法官的集体选择。

程金华：您说的全体样本应该是同一个案由下边的吧？

白建军：对的。但有人会质疑，用检索出来的案例作为判决根据，是不是韦伯所批判的量刑机器？或者有人会说，不能够大家怎么判我就怎么判，还是要依据法律，法律怎么说我怎么判。这其实是个假问题。

通过这些大样本统计下得出的结果，既不是法律本身，也不是对某个特定问题的回答，而恰恰是大量法官根据法律对真问题做出的回答。它已经不是规则本身的机器，而是规则和具体问题的结合，是理论和实践的融合。把这种东西归纳和集中起来，数据才能成为人们作为判断的依据。这才是大数据和大样本的精髓。

程金华：我们现在更多讲的以及想到做的，还是裁判文书网公布的几千万文书，这肯定是个大样本，也是大量数据，但我觉得这离大数据本身还是有差距的。您怎么理解大量数据和大数据之间的关系？

白建军：这个问题很有趣，也很有深度。简单说，大数据就是全样本。乔布斯身上所有基因的排列组合对乔布斯来说就是大数据和全样本。

实际上我们拿到的大多数数据都不可能是全样本，只能是大样本，也就是你所说的“大量数据”。这时候就有几个标准，一是是否具有可推论性，是否可靠；二是看它是怎么来的，是人为挑出来的，还是随机形成的。如果随机抽样得到的大样本达到一定程度，那也是可靠的。

程金华：全样本是大数据本身，我觉得有道理。但是这肯定要取决于观察单位，比如全球共有 200 多个国家和地区，全样本以国家为单位进行分析，这也是大数据。

白建军：这得看研究的是什么问题，不能一概而论。如果研究国旗的颜色和政体之间的关系，我就觉得不太靠谱。但如果具体到某些问题，还是会有很好玩的研究。比如，储槐植老师曾经猜测人口过亿的大国不会废除死刑。然后我就用 50 个国家做了个验证，发现有死刑的国家平均人口一亿七千万，而废除死刑和没有死刑的国家平均人口是两千多万。我证实了这一说法。当时讲课的时候，台下有一位听课的日本博士当场就上联合国教科文组织的网站，就算这个数，我课还没下他就算出来了，结果是联合国教科文组织全体会员国的数据也进一步支持了我的这一说法。所谓大不大，就是可信不可信，如果发布出来的东西是可信的，我觉得就可以了。甚至可能有一两个国家没参加统计，但还是可信的。

最后还想说一点，我想做一个北大法治指数。其基本原理类似于大学排名，就是把法律适用的合法性程度做一个模型，将所有重要的指标做成一个算法，然后去对各地官员行为的合法性程度做出量化评估。

法治指数跟现在所有法治评估最大的区别是我要强调的重点。目前所有法治评估，包括我参加的许多国家级的评估都是靠专家来打分，我不是说这种方法不行，而是我认为它的客观性很有限。如果完全用刚才所说的案件、用行政官员的行为等这些客观的东西做成指标体系，定期公布，不用任何人工填报和人工评估的东西作为评价依据，客观性会大大增强。

我想用这个东西去撬动行政和司法官员对合法性的追求。像大学排名这种东西，北大老师都说不在乎，但其实也偷偷看一眼；而其他大学就会明着为了满足这个去做一些事情。我用这个指标，如果合理，并在一定条件下反复论证成功，得到大家公认的话，这不就是在引导或影响整个社会的法治程度吗？刚才金华也提到这一点，**别再玩自己的概念，要把概念变成行动，撬动这个社会对法治的追求**。

但是我知道这难于上青天。首先的难点就是刑法以外的指标我不熟。我可以做刑事司法正义指数、北大正义指数，把我们所有的理论和规范知识变成具体的实践，这总比拿着话筒上街问幸福度要好。

我需要有一个平台和团队，团队成员都认同这个事业，我们生产的是标准而不是产品。人们往往不相信定量，但其实我们自己也被引证率、成果数量、经费指标、经费数量等牵着鼻子跑。为什么不能把我们一生所学的理论、思想、教义、规则变成具体指标，然后对各个地方行政部门法治化程度进行度量，进而撬动官员们的合法性意识，产生人们对合法性的追求？

对话朱景文：法社会学和比较法的研究交融

一、法社会学与批判法学

陈柏峰：和同一代学者甚至比您小很多的学者相比，您的研究领域非常宽泛，不仅涉及量化的法社会学，这在当今西方社会很“高大上”，在中国也可以说是独一无二，您还在比较法、法律全球化、后现代法学理论等方面都很有建树。在您成长的过程中，这种比较庞杂而过于宏大多元的知识视野是怎么来的？您在这一过程中有什么体会？

朱景文：我研究的领域包括法社会学、比较法学、传统法理学、后现代法学、批判法学等，基本上都属于理论法学或法律方法的范围。不管别人怎么批评我，我还不是一个专门研究西方法治的所谓的部门法学者。在这个意义上，研究法学的人应该有一个最基本的定位。

法理学包括法史学都有一个逐步发展、分化、再综合的过程。像人大的孙国华教授、北大的沈宗灵教授、社科院法学所的吴大英教授等老一代的法理学家，虽然都已经去世，但在我的心中，这三位是研究中国法理学或者说法的一般理论的最杰出的代表。他们三位虽然都研究法理学，但侧重不同。孙国华老师最擅长的是马克思主义法理学，他对苏联、列宁和斯大林时代、苏联解体等各个时期的法律特别熟悉，谈起来如数家珍。沈宗灵老师最擅长的是现代西方法哲学和比较法，但他对法社会学也研究了不少。吴大英老师最擅长的是苏联的法理学，但他在比较法和中国的法律语言等领域也有非常广泛的研究。那个时期的法理学就是一种庞大的、综合的理论。

后来到了我们这一代，包括我、张文显教授、郑永流教授、朱苏力教授和其他很多学者。我们被称为“中生代”，但现在都已经进入老年了。这一代有很多人在学界很突出，他们的研究虽然涉及法理学领域的各个方面，但都有自己专攻的范围。比如，张文显教授的知识面很广，但主要集中在法哲学。朱苏力教授研究的领域主要集中在法社会学、法律与文学，在这些方面他很有才华，也很有想法。

就我而言，我更大的兴趣是在法的一般理论、法理学、后现代法学、批判法学、比较法学、法律全球化等领域。但这些年来，我下功夫最大的或者研究最多的，还是法社会学。法社会学可以有不同的说法，比如“社科法学”或“法律社会学”或其他种种说法，但基本就是法律和社会。我更关心经验实证方面，主要是从材料和数据出发。

尤陈俊：翻阅您80年代的作品①可以发现，就当时许多前辈学者所接受的知识训练而言，很少有人像您这样对西方法理学和传统法理学这么了解。您的这种视野是如何养成的？

朱景文：这是一个发现自己和知道自己擅长什么的过程。现在的法理学学科体系是由孙国华教授那一代人建立起来的，那个时候的法理学包括三个部分：一是法哲学、法的一般理论、法的本质、法的作用等；二是法和社会、法和经济、法和文化、法和政治等；三是法的规范理论、法律的规范体系、法律关系等。后来这三个部分慢慢分化。

尤陈俊：这个分化是在什么时候？

朱景文：大概在80年代中后期开始。法理学者最开始研究法社会学，包括法和经济、法和政治、法和文化等，但刚开始出现的法社会学是理论法社会学。因为法理学已经对法律、经济、政治、文化作出解释了，所以我们尝试用社会学的理论来讨论法理学的内容，加入一些像“法的分层”这样新的名词。这是一种转向，试图用一些社会科学中已经形成的普适性理论和概念，来涵盖法理学当中的一些概念。因而当时最早写出的法社会学的文章和著作，基本上都属于理论法社会学。

要研究社会，最重要的还是要做经验研究，这在当时很缺乏。缺乏的原因我自己拿不准。后来我自己开始做经验研究，

① 朱景文教授80年代发表的文章如，《论法的阶级性和社会性》，《法学研究》1982年第4期；《试论我国社会主义法的原则的体系》，《法律学习与研究》1986年第8期；《确立适合社会主义商品经济的法律观》，《法学》1986年第7期；《确立适合社会主义商品经济的法律观》，《法律学习与研究》1986年第6期；《论新时期我国法律职能的演变》，《现代法学》1997年第3期；《对传统法律观的挑战——美国批判法律研究与中国法学理论更新的比较》，《比较法研究》1989年第2期；《当前美国法理学发展的主要趋势》，《中国人民大学学报》1989年第6期。

写了一本《现代西方法社会学》① 的书来介绍西方，其中也用了很多中国的材料。后来随着中国法治的发展，大量的案例、数据、经验等实证材料出现，就不能再停留在80年代末90年代初的理论法社会学，于是就这样一步一步进入到自己喜欢的领域。比如，属于我们这一代的季卫东教授当时最早进行这方面的研究。现在来看，他也是从理论法社会学的层次来解释，将社会学理论或政治理论运用到法律当中，但他提出的包括风险社会在内的很多理论已经超过了传统的理论。

法社会学研究有四种倾向。一是理论法社会学。我们绝不否认它的重要性，相对于经验法社会学，它的意义非常重要，现在很多人都致力于这方面的研究。二是法律文化研究。这和比较法的研究联系比较紧密，像梁治平和高鸿钧都是专门研究比较法的。这方面法社会学的作用主要在于解释。研究法史和比较法的人都有进行法律文化研究的偏好，因为通过统计等实证资料进行大的法文化研究很难。比如，黄宗智先生做的研究虽然能够找到一些材料，但这些材料本身有局限性，能不能全覆盖？能不能把这个事情解释清楚，把别的事情也能解释清楚？是不是有大而化一和以偏概全的情况？这很难说。但这种所谓的跨文化、跨历史、跨时代的研究是法社会学研究一个非常重要的领域。

三是以苏力为代表的研究。苏力可能对数据不太敏感，但他擅长诉诸人内心的情感和感受。他最著名的也是成名的一篇文章——《〈秋菊打官司〉的官司、邱氏鼠药案和言论自由》就涉及文学和人的内心。他通过每个人遇到事情的时候都可能会有的感受发出了一种感慨，比如，村长被带走的时候秋菊提

① 朱景文著：《现代西方法社会学》，法律出版社，1994。

出的疑问：我追求的是这个吗？这是我要的那种法治吗？这确实是人内心的一种感受。有时候，文学的力量远比冷冰冰的数字和理论要鲜活的多。苏力之所以影响大，就是因为他所提出的问题能让人在内心深处感受得到。文学比其他的理论科学更具有吸引力的原因也在于此。至于人的内心到底应该怎么解释，那就是另一套理论了。

四是经验法社会学。虽然法社会学能做出一种更广泛的解释，但它有一个更主流的东西，这就是说出的结论要有根据，要用事实和数据等实证材料说话。这里还涉及你们这一代学者讲的社科法学。社科法学实际上是 law and social science，涉及法学是不是 social science、是不是 science 等问题，在广义上也可称为法社会学，也就是 sociology of law。我在美国和马考利（Stewart Macaulay）、楚贝克（David M. Trubek）一起聊天的时候，他们问我："你研究什么?"我说"sociology of law"，后来他们和我说：sociology 这个词太技术化了，在美国有一个叫"law and sociology"的协会，这是美国所有和法律有关的协会中最大的学会，会员可能超过了 1000 个。开会的时候，各个领域的学者都会来，不仅包括研究法理学的，大量研究宪法、民法、刑法的相关学者都会来，甚至研究经济学、历史学、社会学等领域的学者也会来。如果只把这个单纯看作是 sociology，如果别人不理解这个 sociology，那就都会排除。在这个意义上，研究法律与文学的苏力就不可能来。

80 年代前后，有一场"法律与发展运动"（Law and Development Movement）。它和法学的区别在于，法学是从法律规范的视角来看待和思考问题。一个案例是否符合法律、下位法是否符合上位法、整个法律是否符合宪法，都属于这套理论。但"法律和发展运动"的本质就在于要跳出法条。马考利和楚贝克也认为，研究法社会学或法律和社会的学者最大的特点就是对法律采取怀疑的态度，法律并非不可逾越，对法律本身要进行批判，但这并不是法律虚无主义。一个事件发生后，他们会考虑到底出了什么问题、法律本身的规定是否合理等，他们没有那种法律至高无上或法律如何优越的观点。

尤陈俊：您在 20 世纪 80 年代末 90 年代初就注意到美国的批判法学，① 陆续发表了一些作品，② 当时除了您之外，还有信春鹰、沈宗灵、杨少南、吴玉章等人也发表过关于美国批判法学研究的评述文章。但根据我们对那一时期中国法理学论著所讨论的主要话题的了解，那时候很多法理学研究者最热衷讨论的是诸如“法治”“民主”等大词，因此你们这种关注点在当时似乎显得有些另类。您当时为什么会对美国的批判法学研究如此感兴趣？这种另类关注的兴起有什么背景？

朱景文：批判法学是在西方相对比较主流的理论影响下形成的自由主义思想。后来到美国以后，我发现真正在美国学界有挑战性和起到震撼作用的，恰恰就是这种批判的理论。

针对这种批判的理论，我曾经问过他们：“在法学院内部，持批判主义观点和持自由主义观点的比例到底有多大？”他们告诉我：“基本上是一半对一半。”而像一些主流的批判法学的代

① 批判法学是 20 世纪 60 年代末产生于美国耶鲁大学法学院的一股法学思潮，70 年代初传播到哈佛大学、斯坦福大学、乔治城大学、加州大学伯克利分校等著名大学的法学院，到 70 年代中期成为一个以哈佛大学法学院为中心的声势浩大的法学运动。批判法学派的核心人物是哈佛大学法学院的三位教授，即邓肯·肯尼迪、莫顿·J. 霍维茨、罗伯特·M. 昂格尔，他们三人自称“三人集团”。此外，还有马克·图式内特（Mark Tushnet）、罗伯特·戈尔登（Robert Golden）等。其中昂格尔最有理论成就，被称为批判法学研究运动的权威和“头面人物”。

② 朱景文：《对传统法律观的挑战——美国批判法律研究与中国法学理论更新的比较》，《比较法研究》1989 年第 2 期；《对西方法律传统的挑战——评美国批判法律研究运动》，中国检察出版社，1996。

表人物，包括“批判法学三巨头”都在哈佛大学。我那个时候四十出头，比较热血。但现在我们正在学的这套法理学在西方主流理论中正受到批判，这似乎是一种反差。在今天，这个传统是不是还在继续？这到底怎么解释？这就要另说了。比如，特朗普上台以后，对人权、全球化、自由主义等观点基本上都是持批判态度。我们要面对的是社会的现实。特朗普面对的是美国社会的现实，所以他提出要用美国货和美国人，这就是一种非常实际的考量。同样，我们中国人其实也很讲究实用主义观念，把人权问题或全球化问题提到最高，都是需要付出代价的。理论从来都要跟着现实走。在某种意义上，对法教义学的人来说，从法律出发是最基本的，但另一面是这些教义都需要和现实联系起来。理论有的时候很苍白，它最终要解决的是现实问题。

陈柏峰：在今天，批判法学在美国整体上已经没落，在中国法学界现在关注批判法学的学者也很少。批判法学对于今天中国的法理学还有借鉴意义吗？如果有，主要体现在哪些方面？

朱景文：批判法学的兴盛时期应该是在美国20世纪70年代到80年代中期以前，后来就慢慢衰落下去了。但批判法学所代表的从左翼方面对主流理论的挑战仍在继续，比如女权主义和种族批判等，这在美国依然是一股很强的势头。批判法学的衰落和当时全球的整体形势有关，这不仅仅是美国的问题。美国的批判法学主要是从左翼的立场和实证主义的角度出发来看待问题。理论衰落与否要看问题的根源，即引起这种思潮的根源是减弱了，还是仍然存在，甚至在某种程度上还起着非常大的作用？比如，贫富的差距是否存在？在法学院的学生中，穷人的孩子有多少？富人的孩子有多少？在就业招工的时候，穷人有多少？大家是否有平等的机会？这些是贫富差距的着眼点。再比如，美国女权主义的着眼点是社会是否实际解决或比较好地减小了妇女和男人在各个方面的歧视和差距，种族批判的着眼点是不同种族的人是否真的都能得到平等对待。我始终认为批判法学可能在某一时刻会衰落下去，但只要问题没有解决，批判法学总会以这种或者那种形式或立场表现出来。

实际上，左翼思潮强调是社会差距，是意识形态所掩盖的事实上的不平等，在实际生活中总是表现出来，这就是根源所在。而自由主义的思潮强调的是社会团结、社会整合和社会的一致性，这和我们强调的社会和谐的理论有某种共同性，但当强调社会和谐的时候，很多东西被掩盖了，社会不和谐的因素实际上是相当大的，而这背后的东西恰恰就是现实。

一方面，改革开放给我们带来了巨大的好处，每个人都能感觉到生产力和家庭收入等各方面都取得了很大的进步；但另一方面，改革开放也带来了各种差距，差距越来越大，甚至比以前在某种程度上还要大。改革带来的好处在社会的各个阶层中分配不均。有的阶层拿了“大头”，而且这个“大头”掩盖了很多方面；有的阶层只拿了“小头”，这个“小头”可能和自己及家庭过去相比确实是好了，但和其他阶层相比，差别越来越大。社会中这两方面都必不可少，忽视哪个方面都可能是片面的。在强调社会和谐和社会统一性的时候，必须要看到社会差距这一面。作为有良知的理论家或法学家，不能昧着良心去说话，应该面对或解决社会的问题。

尤陈俊：自 20 世纪 90 年代以来，您发表了很多法社会学研究方面的论文。在您所引介的域外法社会学的知识资源方面，您对以马考利、楚贝克、格兰特（Mark Grant）等人为代表的维斯康星学派尤其关注。这是基于一种什么样的考虑？

朱景文：我在威斯康星做了一年的访问学者，和这些法社会学的奠基者有过直接的接触。当然在80年代我去威斯康星之前，楚贝克最早来北京就是我接待的，当时我们聊了很多。楚贝克当时想到哈佛工作，哈佛委员会讨论没有通过，这在当时是一件令美国法学界很震惊的事情，当时美国法学界有个说法——“哈佛正在成为世界的这个黎巴嫩。”楚贝克的智力和影响在中年一代中是毫无疑问的，他又和肯尼迪是朋友，在学术观点上的各个方面也有很多交流，但这个事情就是没有通过，因为当时各个派别之间相互争论得非常厉害。威斯康星学派中，观点不同于楚贝克的人也很多，比如格兰特。虽然格兰特和楚贝克是最早在“法律发展运动”当中对美国主流提出挑战的，但后来他们在学术观点上还是分道扬镳了。相对来说，格兰特比较偏中性，而楚贝克比较偏左翼。

虽然学派确实有很多，各个学院也都有法社会学，但相对来说，法社会学比较正宗的理论还是威斯康星学派，因为他们的很多东西靠的是经验研究，用事实和数据说话。尽管在很多人看来，我的思想有些“左”，**但无论有什么样的观点，都必须要拿数据和事实说话，因为这不是一种泄愤式或愤青式的情绪表达**。提出这样一种观点，有多少理论的、事实的或数据的根据，这是我在威斯康星的收获，令我记忆深刻。美国研究法社会学的人很多，都来自不同的传统，但公认行动中的法律的真正的中心是在威斯康星。威斯康星大学法学院的特征是law in action（行动中的法），而不是law in books（书本中的法）。虽然马考利和楚贝克过去是耶鲁的，但他们的很多话在法学殿堂包括在哈佛，别人都不爱听。马考利非常注重非诉讼纠纷解决机制，尽量避免通过诉讼来解决问题，他是最早提出law in action的人。

尤陈俊：批判法学会受到很多来自自由主义法学的攻击。在哈佛，昂格尔和肯尼迪很受排挤，甚至有人强调说，这帮人会影响到哈佛同事之间的关系，因此要把批判法学从哈佛赶出去。因而这一波研究现实的学者就在机缘巧合之下聚集在威斯康星，这会不会和这个机缘有关系？

朱景文：或许有这个可能，但就学术而言，从来都是这样。即使到现在，哈佛和耶鲁作为美国两个顶尖的大学，基本上也形成了一种比较对立的局面。哈佛比较保守，但现在来看，左翼的或者相当一部分持批判态度的人集中在哈佛；耶鲁也具有批判精神，尤其是宪法学界，但现在更多的是右翼或自由主义的传统比较流行，自由主义和超自由主义的传统都是从那里来的。

在某种程度上，现在耶鲁的那些人更吃香一些，但在特朗普上台以后，这些人就未必吃香了。我曾经问过美国的一位学者："特朗普上台之后，学界和法学院的反应怎么样。"他说："在哈佛，只有一个教授支持特朗普，剩下的都反对。"特朗普批判全球化，主张用美国人、买美国货，相对保守。作为一个学者可能因顾及脸面，当面不敢说美国在全球化下是受害者，但如果他真心支持特朗普，那确实很丢人。这可能也是学界想表达的一种对立自由，但他内心到底是怎样想的，那就是另一回事了。

陈柏峰：在法社会学的理论资源方面，欧洲有韦伯、涂尔干（Émile Durkheim）、卢曼（Niklas Luhmann）等人的传统，美国则有庞德（Roscoe Pound）、马考利、楚贝克、格兰特、弗里德曼（Lawrence Freedman）等人的传统。您如何看待这两种学术传统的差别？这两种学术传统对于中国法学界各自有何意义？

朱景文：欧洲传统确实受到这些人的影响，比较注重大的社会理论框架，对于法律的解释只是其整个社会理论的一部分，要从大的系统来看法律问题，这是欧洲的传统，给人的震撼和启发很大。但这套理论框架在面对现实的时候如何进行解释，就会遇到一些问题。比如，韦伯提出了理性和非理性、形式和实质的这套理论，认为理性的和形式的是发展的最高阶段。从整个世界的发展情况来看确实是这样，但在碰到个案的时候，就会受到人们这样或那样的质疑。比如按照韦伯的理论分类，英国法是实质的、非理性的，不是形式的、理性的，但资本主义最早又是在英国发展起来的，并且英国又成为“日不落帝国”，这应该怎么解释？再比如，不管中国发展的道路多么曲折，但毕竟在短短三十年内确实将经济发展起来了，如果按照韦伯的理论，也同样解释不了中国问题。那在这些理论中，又有多少实证的东西？

要想了解美国的法学，就必须要和实用主义哲学联系起来。换言之，如果只知道欧洲批判的传统和理论，不了解美国的实用主义传统，也就不可能真正了解美国的法学，具体包括在20世纪30年代美国的法律现实主义是怎么出现的、具体内容是什么、它为什么用这样的思路来思考美国的问题。现在的批判法学和经济分析法学都是美国人自己研究出来的，而实用主义的传统正好是他们土生土长的。他们也考虑欧洲的那些问题，也思考韦伯和涂尔干等人提出的那些理论，但怎么证明这些问题和理论？他们有自己的一套思路，这是特别突出的地方。威斯康星的传统就是研究 law in action，本身没有多么深奥的理论，在构建宏大理论这个层次上，它远远不如欧洲，似乎并没有多大的建树，但他们就是从一个社会的理论或观点出发，通过实证材料来证明或证伪，要不然只会是一种理论设想，而不能再前进一步，美国的贡献正在于此。如何勾画出一种能够得到验证并且比较精致的理论或例证是美国理论的优势所在，而中国的理论往往还停留在比较宏观的层面上，如何证明或证伪？还有一段相当长的路要走。

一方面，我认为中国现在的传统可能更接近于欧陆的传统，偏向于大的、宏观的理论，我们也比较擅长做这个工作，但理论的精细化、一体性和自主性还要进一步去研究。官方的话语比学者的话语要强得多，学者的话语也往往跟着官方的话语走，而能够起到像韦伯那种作用的学者几乎是凤毛麟角，很难找到。也有人说，中国现在不可能再出现一个像郭沫若一样通晓各类知识的人。现在既了解各种领域，也知晓历史和现实的人很少，每个人可能只专注于一个方面，能够产生像韦伯这样的人的时代已经过去。我们现在还在用政治理论进行解释，如何将政治话语变为学术话语还需要下很大的功夫。如果中国理论界和各个学科都努力的话，或许在这个方向上还能够继续前进。

另一方面，美国的传统是实证。研究理论确实需要实证的材料来支撑，但我们自己的功力有限。研究社会学的人对社会学的理论和方法很熟悉，但让他来研究法律问题，就可能没有那个功力，抓不住问题的要害和实质。如果对"法治是什么"这个问题弄不清楚，只用社会学的方法来是做不成的。所以要求这两方面都要懂，但哪一方面都不容易。我觉得第一步是各个学科要建立起大致的理论框架，其次才是用什么样的方法来证实或证伪这些问题，这就需要脚踏实地的研究。

尤陈俊：和国内不少做法社会学研究的学者相比，您似乎更青睐定量研究。比如，您 1996 年参加郑杭生教授主持的《中国人民大学社会发展研究报告》[①] 项目时，便尝试设计其中的法律指标体系，后来从2007年开始您又主持出版《中国法律发展报告》[②]，以及近期在做的法治评估，都主要是定量研究。这是基于一种什么考虑？您如何看待法社会学研究中的定性与定量研究？

朱景文：这是一种机缘。当时参与郑杭生教授主持的项目的人，除了从事文史哲的，还包括经济、法学、统计学等（领域的人）。社会科学的一个基本方法是要从数据和事实出发，对材料作出解释，而不是从规范出发。改革开放以后，我国的立法数量和诉讼数量越来越多，这就需要拿出一个所谓“越来越多”的统计数据来。这就是法学模仿经济学和社会学而形成的一个传统方法。我们这么做也是一种设想和试验，因为当时在法学领域中我们熟悉的方法是规范研究，这种数量的研究可行吗？可能吗？

在当时，这其实就是一个简单的实验。我们做了一个关于立法、诉讼和法律职业的统计，到了2007年，得出一个结论：中国改革开放以来，法律、诉讼和法律职业有越来越多的趋势。这能说明什么，大家也各有各的解释。在我们能观察到的现象中，除了规范研究中能够看到的“质”的一面以外，确实还有大量用数据表示变化的“量”的一面。这就是一个模仿他们去做的机遇，后来就一直沿着这条路走下去了，越做越觉得还是挺有味道的。

实际上，从郑杭生教授主持的《中国社会发展报告》开始一直到2015年，我们的工作就是把国家已经公布的现有数据进

① 郑杭生：《中国人民大学中国社会发展研究报告2005》，中国人民大学出版社，2005年版。

② 朱景文：《中国法律发展报告》，中国人民大学出版社，2007。

行收集和整理，形成《中国法律发展报告》。所有的数据不是我们创造的，我们只不过是将国家已经公布的数据搜集和整理起来。这看起来是一个很简单的工作，但简单绝不意味着容易，因为有很多数据今年有，明年没有，或者今年一个说法，明年又是另一个说法，统计口径不同。如果遇到这些问题，我们就会尽量想办法统一口径。实际上，这项工作应该由国家的相关部门去做，但如果今年发布一个数据，明年又发布另一个数据，最后说增长了，统计口径都不同，那这个增长能说明什么呢？我们其实取代了国家的有关机构去做这样一个“搬运工”的工作。当然多年研究下来，我们也发现了一些寻找客观数据的方法。

用事实和数据说话是我们的宗旨，不能变。但数据本身究竟说明了什么？很多时候确实需要好好想想。比如像刚刚提到的，改革开放之前的法律屈指可数，有人说：“当时我们只有两部法律，一个‘国’和一个‘家’的，‘国’的是宪法，‘家’的是婚姻法”，剩下的都是指令性和临时性的，长期起作用的就是这两部。”改革开放后，中国的法律越来越多。到了 2010 年，中国特色社会主义法律体系形成，当时大概已经有 240 部法律了。对于我们现在研究法治评估来说，数量变多了是好还是不好？从“无法可依”到“有法可依”，在一定程度上来说当然是好的。

再比如，我们的诉讼量过去很小，改革开放第一年全国的诉讼量加在一起约 50 万件，到现在将近 2000 万件，这个数量的猛增说明人们越来越依赖法院来解决纠纷，似乎法院在解决纠纷中越来越处于中心的地位。但另一面也可以想想，是不是诉讼越多就越好？这个指标本身究竟说明了什么？这些问题都很值得我们好好思考。所以从去年（2016 年）开始，我们从客观指标转向了主观评估。从被访问者的满意度出发，包括你觉得我们的司法公信力怎么样、我们立法是否符合实际等问题。这些内容当然比较主观，大家各有各的看法，但当主观评价中对某个东西的感受占到了一定比例的时候，这就不是个人的主观评价的问题了，而是一个社会相当大的一部分人对司法机关是否公正的评价问题。你能说这是主观的吗？尽管它来源于人们的主观感受，但有相当大的社会阶层的“面儿”在支撑着这个问题。

尤陈俊：这有点类似于社会学所讲的“刻板印象”①，是一种对职业的整体印象。

朱景文：对。就主观感受举个例子。比如针对社会治安状况，犯罪率好像是一个最佳的指标。犯罪率高，社会治安一定不好；犯罪率低，社会治安一定好。但在有些情况下，犯罪率还需要依赖主观感觉。比如，你觉得你居住的小区安全吗？在你居住的这个小区，晚上 12 点之后你敢独自出去吗？当这种主观感觉占到一个相当大的比例时，说犯罪率低本身就不可信。

所以现在的法治评估就包括社会评估在内。尤其是一些国际组织在做这方面研究的时候，越来越不依赖于各个国家所提供的官方数据，统计口径不同是其中一个原因，另一个原因在于官方数据不一定可靠，因此选择通过访谈来观察主观感受。但我并不是否定客观数据，如果客观数据真实可靠，确实会有相应的作用和重要性，但这些客观数据本身代表什么意思？究竟能说明什么？这需要弄清楚。客观数据与主观感受相结合是一种最完美的形式。但要做到这一点相当不容易，还需要一段

① 刻板印象主要是指人们对某个事物或物体形成的一种概括固定的看法，并把这种观看法推而广之，认为这个事物或者整体都具有该特征，而忽视个体差异。

时间。但从现在主流的社会学和统计学研究的发展来看，很多评估都越来越重视主观感受。

二、比较法社会学与中国法理学

陈柏峰：2001 年，您在中国人民大学出版社出版的《比较法社会学的框架和方法——法制化、本土化和全球化》① 一书中提出要建立“比较法社会学”。这种比较法社会学与法社会学、比较法有什么实质性的关联和不同？

朱景文：我自己是把比较法和法社会学结合起来进行研究。比较法是对不同国家的法律制度的比较。一般来说，尤其从占主流的比较法著作来说，它的大量研究都是一种规范的研究，比如，比较中国的刑法和美国的刑法、比较我们正在制定的民法典的结构和德国民法典的结构。当然，比较法想要做深入的研究，就会进入功能比较的层次。比较法不是由学者拍脑袋而比较美国和德国的制度。任何事情都可以做比较，但比较的意义何在？如果两个国家的法律制度在历史和现实中从来没有相互接触过，这种比较的意义就很有限。

在我看来，如果进行功能比较，或者说要做一个所谓历史沿革的比较法研究，都必须建立在现实的基础上，也就是说，这两个被比较的国家必须在历史上或现实中有过接触。用研究法史的人的话来说，比较法研究最核心的问题就是法律移植，没有法律移植，做比较法研究就是无用的。有些国家在历史上和现实中从来没有相互接触过，虽然任何两个事物都有相同点

---

① 朱景文：《比较法社会学的框架和方法——法制化、本土化和全球化》，中国人民大学出版社，2001。

和不同点，但这样比较是没有意思的。比如，某些制度在中国的历史传统中从来没有过，只是由于某种事件将其引入到中国以后，这个制度才在中国出现，这时候我们再研究这个制度的历史沿革才是有必要的。功能比较必然就会涉及社会或社会结构的层次。那种规范的比较仅仅是在教义学的基础上进行的一种比较，所做出来的比较法是一种非常浅层次的比较法。

研究法社会学，尤其是研究经验法社会学的人一般都局限在国内，从统计数据出发，说句老实话，能把国内这一块做好，就相当不错了。但像现在梁治平和高鸿钧做跨文化的比较研究，分别找出不同国家的问题根源，这不是一件容易的事情。关于这个问题，我在威斯康星的时候还专门向格兰特请教过，格兰特说："比较法社会学是一件很不容易的事情，最大的难点在于掌握的资料有限，我研究了这么多年的法社会学，除了对美国、加拿大、欧洲若干个国家、日本等的情况了解一些外，对其他国家很难有比较全面的掌握，更不要说全世界，从而也就无法展开一种经验性和实证性的研究。"但我依然认为比较法的研究要跳出规范研究和教义学的框架，还是得向着这条路走，而不能仅仅停留在"为什么两个国家会有不同？因为法律文化不同"这样一种层面上。过去认为"文化是个筐，什么都能装"，当什么问题解释不通的时候，就归因于文化，这其实是一种解释不通的方法。做研究就是要拿出可信赖的理由，说明二者之间究竟为什么会不同，我们想做的也正是这一步。

尤陈俊：您除了在法社会学方面很有建树外，在比较法学方面也有很多研究。您曾经在《法学家》上发表过文章①，认

① 朱景文：《从规范的比较到功能的比较——比较法发展的一个趋势》，《法学家》1993 年第 2 期。

为当时比较法的发展有一个从规范比较到功能比较的趋势。但在今天，功能主义的比较法研究也受到很多学者的批判，甚至巴兹尔·马克西尼斯（Basil Markesinis）在其《比较法：法院与书院》一书中将比较法研究的现状评价为“英雄暮年”。① 您如何看待比较法学研究的现状以及在中国从事比较法研究的前景？

朱景文：比较法之所以能成为一个学科，其根源到底在哪？这是一个最基本的问题。比较法难道仅仅是把两个国家或两个有管辖权的地方的法律制度摆出来，看相同点和不同点是什么，然后做一个规范的比较吗？如果只是这样的话，这个学科的存在有什么意义呢？比如，谈到中国民法的时候，把中国民法的体例和德国、法国的做一个比较就结束了，那还有没有必要进行比较法研究呢？甚至有人还提出，是不是包括宪法、民法、行政法在内的一切学科都可以比较着去教？这就是比较法？我认为这样存在的比较法学科过于简单，在内容上毫无创新，只是运用了比较的方法进行教学。现在民法学的很多老师们都是这样比较着去教学，这就是比较法研究吗？这就是比较法作为一个独立的学科存在的根据吗？我是存疑的。法理也是同样的道理，各个学派都有自己的看法和观点，但这就是法理学吗？在实质上，你的增量究竟是什么？这才是作为一个学科存在的逻辑。

就像刚才谈到的功能主义比较确实有它的缺陷和不足。功能性比较是针对规范比较的不足而产生的。规范比较必须要求有相同的规范，这个国家有刑法、民法，那个国家也有刑法、民法，而且名称也差不多。如果没有相同的规范，这个国家有，那个国家没有，规范比较根本没用。这时候，功能性比较就产

① ［英］巴兹尔·马克西尼斯：《比较法：法院与书院》，清华大学出版社，2008。

生了。功能性比较的前提是要有共同问题。针对这个问题，这个国家可能是用这种规范和方式解决，而另一个国家是用另一种方式和法律解决。如果没有这个前提，功能比较也就没有意义了。

比如，关于青少年犯罪的问题。有的国家有专门惩治青少年不法行为的法律，甚至专门设立青少年的法庭；有的国家没有专门惩治青少年犯罪的法律，青少年与成年人都在同样的法庭；还有的国家根本不由法律解决，而是交由社区和家庭来解决。这时候，名称不一样，内容也不一样，根本没有办法做规范比较。

比如，关于通奸的问题。有的国家用刑法，有的国家用行政法，还有的国家根本不用法律来解决。这时候规范比较根本不行，只能以问题为中心。换言之，通奸的问题在哪个国家都有，只要出现这种问题，都会用这种或那种方法加以解决。这种比较就是功能性比较，但当被比较的国家没有相同的问题，或者虽然有相同的问题，但问题的性质完全不一样，这时候功能性比较也就失效了。

再比如，控制人口在世界各国都是所面临的问题，但问题的性质在世界各国完全不一样。像北欧、日本等发达国家现在面临的是推动人口增长，通过一些手段的刺激来提高生育率。而像中国、印度等发展中国家面临的则是如何降低生育率的问题。这些国家都有关于人口的问题，但问题的性质完全不一样，比较这两个国家就没有意义。功能性比较的失效就在于问题不一样，这时候我们要善于在脑子中转换。这就回到了教义学的问题上，如果只知道文本和规范是没有一点用处的。所以比较法要求人们知识面很广，不仅需要知晓外国法，还需要了解外国法产生的经济、政治、文化等背景，绝不是把文本拿来就行的。

陈柏峰：您曾经在《法学家》2000 年第 2 期发表过一篇题为《关于法理学向何处去的一点看法》[①] 的短文，反思了法理学界的内部和外部对这个学科的现状产生各种不满的原因。在《人民日报》2017 年 2 月 13 日对您的采访中，[②] 您对法理学的研究做了回顾和评价，指出了中国法理学在发展过程中出现的一些短板，比如“中国法理学存在的主要问题是对中国问题的关注程度不足，中国法理学的话语体系不健全，对中国问题的解释缺乏理论自信”“从法学理论的结构看，中国法理学比较擅长对法律问题的价值研究和社会研究，而规范研究不足；善于把法律问题政治化，不善于把政治问题法律化”等。您怎么看待中国法理学的研究现状（比如法教义学与社科法学之间的争鸣）？您对中国法理学的发展趋势有何展望？

朱景文：改革开放初期，无论是从孔夫子开始的传统体系，还是实现社会主义以后从苏联继受而来的马克思主义法理学的体系，好像都变成了被批判的对象，包括“人治”和“法治”的争论，法的阶级性和社会性的讨论等，这些问题在我看来好像都处于一个阶段。在发展的过程中，不是说要回到中国传统的儒家法律文化当中，也不是说要回到苏联所解释的马克思主义法理学的传统中，但这些问题确实值得我们好好思考。曾经有一段时间，大家都感觉到我们可以到美国和欧洲去讲学和讲课，讲中国和中国的法理学，但在国内，从国外回来的这些人一般都是讲美国和欧洲，似乎在中国，讲国外的多就吃香，就

① 朱景文：《关于法理学向何处去的一点看法》，《法学》2000 年第 2 期。

② 《彰显法理学的中国精神（学苑论衡）——访中国人民大学法学院教授朱景文》，《人民日报》2017 年 2 月 13 日。

像我80年代讲批判法学的时候，好多人去听。比如，邓正来研究哈耶克，出版的著作也很多。我曾经问过他："你在中国讲哈耶克可以，因为我们对自由主义不了解，但你在国外讲些什么呢？你研究的哈耶克和一个欧洲人研究的哈耶克究竟有什么不同？你自己的学术贡献到底在哪？"他听了以后也无言以对。这就是一个尴尬，我也一样。在改革开放之后，这些人的使命是什么？是不是就是卖外国货，最先把外国的东西引进来，像个传声筒一样？但到了国外又可以讲什么呢？

在相当长的一个时期，我们自己的角色和中国法治发展的程度密切相关。那个时候，我们没有自己的理论，理论都是西方的，如果把中国的儒家传统和改革开放以前所讲的马克思主义法理学拿过来，在学者当中肯定不吃香。但这些文化遗产应该怎么对待？如果到国外去，国外的学者关心的就是中国。因此作为中国学者，如何把中国的传统和现实问题向国外学者讲清楚是很不容易的。这也是这一代人必不可少的责任、担当和历史使命。

关于我个人的学术转向是如何转到法社会学的，我本身对法社会学比较感兴趣，经过这么多年的积累，收集了很多方面的数据，之后也慢慢热衷于研究这些问题。比如，中国立法和诉讼越来越多，相应的，在国外有没有这样的时期？这是怎么回事？当美国或其他国家在面临诉讼爆炸的时候，它们在理论上是怎么解释的？我们能把中国的这个问题解释清楚就相当不错了。

所以我认为，必须面对中国问题，解释中国问题。我觉得我们在这方面的关注程度和下的功夫远远不够。比如，我们现在中年这一代的法理学者对西方理论的了解程度，远远高于我们对中国古代传统的了解程度。尽管专业是实实在在的，但如果对中国思想史没有深入的研究，谈论中西法理学就根本站不住脚。这是一个非常深刻的感受。

现在中国法理学的现状和地位究竟如何？我们的话语权不多，还提不出来属于我们自己的法理学的标示性概念。这种现象在其他学科也同样存在。有些人就是生搬硬套，他们自己也知道。比如在民法领域，到底有哪些是生于中国、长于中国的理论？当然我不是说我们没有和世界各国相通的东西，但恰恰民法不同于宪法和行政法，它是最根植于一个国家和社会的传统中的学科，如果在这一领域都提不出标识性的概念和理论，一味去追求所谓的西方理论和现代理论，过了若干年以后，我们应该拿什么交代后人？

中国法理学甚至中国法学在相当大的程度上需要仰仗于中国思想史和中国制度史的提炼。我不是说中国的东西都是好的，腐朽的东西也都是好的，但是要"化腐朽为神奇"，把我们内在的精华提炼出来，这可能就是未来中国法理学的出路。我们现实的东西是从历史中一步步形成的，没有这些是不行的，自己凭空创造出来一个东西，这是科学吗？我们需要站在前人的肩膀上，哪怕走一小步，就已经相当不错了，这就是实事求是。

对话刘思达：社科法学的国际视野与本土经验

一、学术经历与转向

侯猛：思达是北大法学院 1998 级的本科生，这一届学生中除了思达从事学术研究以外，还有章永乐。有意思的是，两位去美国获得的博士学位都不是法学专业的。章永乐在加州大学洛杉矶分校（UCLA）读政治学，现在回到北大法学院任教，而思达是在芝加哥大学社会学系读社会学。为什么你们当初会选择读非法学专业的博士，在接受学术训练后却又从事与法律相关的研究？类似的，历史上有很多知名学者，如马克思和韦伯当初也都是离开了法学院，但最后又回到学术研究中，用另一种视角来理解法律问题。你怎样理解这样一种学术训练与学术研究的过程？

陈柏峰：章永乐写过一本《旧邦新造》①，讨论康有为的政治思想，大概属于法律思想史的研究。你们俩还真有共同的特

① 章永乐：《旧邦新造》，北京大学出版社，2011。

点，都是从法学院走出来，都有那么一点“不务正业”。

刘思达：我跟章永乐是同一级的，我们都有些“不务正业”，但我比他更不务正业一点。因为章永乐读完政治学博士后还是回到了北大法学院的怀抱，但我到现在还是主要研究社会学。我有时开玩笑说：“我搞的是旁门左道，不是正经的法学，但是有社科法学的大本营后，我觉得我研究的也是法学了。”

读大三的时候，我对当时的法学教育和中国法律改革的情况有些失望。当时我看了很多书，包括苏力老师和贺卫方老师的书，也听过他们关于司法改革的各种各样的辩论。后来看多了、听多了，我就觉得中国法治建设中的很多问题其实不是法学家、律师和法官能够解决的。

比如，贺卫方老师在 90 年代就开始推动司法改革。他提出了很多很好的改革措施和理念，并在 1998 年出版了《司法的理念与制度》①，对我们的影响都很深。这么多年，有哪些改革措施实现了呢？唯一实现了的就是法袍和法槌的改革。

要真正推动中国的法律改革，需要从法学内部走出来，需要其他视角。当然，这是一个很单纯的想法。后来选择社会学其实是一个非常偶然的际遇。我在大三第二学期的时候，觉得法学院的课有点没意思了，想上一点其他系的课。当时正好有两门社会学的课：一门是赵晓力在北大开设的法律与社会学，读托克维尔、韦伯和涂尔干等人的经典理论，一学期下来印象非常深；另外一门是李猛去芝加哥大学社会思想委员会读博士之前在北大开的最后一门课——西方社会理论，他当时也是讲经典社会学理论，一学期只读韦伯和涂尔干两个人的书。

读完一学期的社会学经典理论后，自己觉得特别喜欢，就像

---

① 贺卫方：《司法的理念与制度》，中国政法大学出版社，1998。

被洗脑了一样。社会学经典理论思想家的视角和法学的规范视角非常不一样：它从现代性和传统向现代社会转型的问题入手。马克思、涂尔干、韦伯三位经典社会理论家——我们经常把这三位称为社会学的“三大祖师爷”——的著作都是在19世纪中后期到20世纪初这段时间完成的，这正好是欧洲社会从传统社会过渡到工业社会和现代社会的大转型时期，很多问题都暴露出来。这些问题和中国社会从80年代到90年代再到现在的转型过程中所暴露的问题有许多相似之处。比如涂尔干当时讨论自杀、马克思讲的“异化”、韦伯讲的“铁笼”等各种现代性问题，在当代中国也都是很重要的问题。这些思想家给我的震撼非常大。

上完这两门课程后，我开始看很多书，当时索性就申请了国外社会学的博士（PhD）项目，而法学院的JD或LLM项目一个都没申请。后来我运气很好，进了芝加哥大学社会学系读书。现在看来，我的学术道路有一个比较幸运的地方在于我的博士论文题目确定得非常早。大四申请的时候我就想研究中国的法律职业，那时是一种非常阳春白雪的想法。涂尔干的《职业伦理与公民道德》① 谈到，职业团体是现代社会中处于政府和公民之间的次级团体，对塑造现代社会的社会结构和提供社会团结的可能性都有非常重要的作用。我认为法律职业就是一个次级团体，可能成为政府和老百姓之间一个沟通与反思的机制。这个想法现在想来可能有点幼稚，虽不敢说能够解决中国法律改革的全部问题，但却提供了一个非常重要的可能性。所以申请的时候我就写自己想研究法律职业，也不知道能不能申请成功，就同时找了工作。大四的春季学期，我在北京一家很大的律师事务所实习了一个多月的时间，律所想让我留下来工作，但后

① ［法］涂尔干：《职业伦理与公民道德》，渠东、付德根译，上海人民出版社，2001。

来芝加哥大学的录取通知书下来了，我还是决定去念书。这段实习的经历对我也非常重要，因为后来我在美国的第一项研究就是中国商务律师的工作，而且这段经历也让我认清楚自己真的不适合当律师。商务律师的工作在我看来非常无聊，但我觉得律师事务所里的人非常有意思，就慢慢开始研究律师业，研究法律职业。上了这条“贼船”后，就这么一直走下来，走到今天十几年，大概就是这样。

侯猛：你选择读 PhD，是不是因为美国的 LLM 或 JD 项目是职业训练，而不是学术训练，你对学术有更多的兴趣，所以才去申请其他院系的 PhD，从而继续回到学术？

刘思达：是这样的。美国研究性的法学学位非常少。现在很多学校有 SJD 或 JSD——不同学校的叫法不太一样——这种研究性的法学博士学位，主要是给外国人读，美国人自己不读。当然个别美国法学院也有 PhD 项目，比如加州大学伯克利分校的法理学与社会政策研究所有一个非常有名的 JSP（Jurisprudence and Social Policy）项目，是一个做社科法学研究的交叉学科的博士项目，到目前为止，这是美国最强的法律社会学博士项目。

其实芝加哥社会学系没有一个专门研究法律社会学的老师。当然，芝加哥郊区的西北大学是法律社会学很强的学校。芝加哥有一个名叫美国律师基金会（American Bar Foundation）的研究所，是美国法律社会学的三大研究机构之一，与伯克利和威斯康星大学齐名。当时选择读 PhD 确实是因为美国的法学院主要是职业教育，没有学术性很强的博士项目。

侯猛：这些年选择读 SJD 的人越来越多，而且最后都回到法学院来，北京几乎每个著名的高校都有这样的教员。虽然 SJD 的训练可能不如 PhD，但与固守法条传统的教员相比，他们对法学学科的理解会更加开放。

刘思达：其实可以对比下 PhD 和 SJD 的区别。SJD 是一个时间比较短的研究性学位，先读一年 LLM，然后自己去做研究，论文什么时候写完什么时候毕业，在很多学校最多读五年。SJD 的开放性很强，研究法律史、政治分析、经济分析、法律社会学等都可以。但 SJD 的训练和 PhD 的训练有本质差别。SJD 没有学科归属，理论和方法的训练要比 PhD 差一些。PhD 的时间很长，芝加哥大学和康斯威星大学平均要八年多，读九年、十年都不奇怪，我读了七年算快的。因为首先要上两到三年的课，中间要写硕士论文，还要参加至少两个博士资格考试（prelim）(芝加哥大学是三个)。而且这种资格考试很难考，我在威斯康星大学教过的学生两个考试都一次通过的非常少，很多人都要重考一次甚至几次，每考一次就是一学期。所以 PhD 的时间会拖得比较长。但这本身对学术理论和方法的训练非常有好处，因为当博士论文开题时，你对本领域的相关文献、主要理论流派以及它们之间的各种辩论都会有非常深刻的理解。到那个时候，独立教一门关于该领域的课程不成问题。

但 PhD 也有问题：一是时间确实很长，大家要想清楚是不是值得为这个学位付出自己 20 多岁的青春；二是 PhD 风险很大，淘汰率很高，最后能拿到学位的人也就一半左右。我很支持师弟师妹们读 SJD，不仅时间快一点，而且就业也有更多的可能性。我会和别人开玩笑说：“读 PhD 就是一个自废武功的过程。本科毕业的时候基本什么都可以干，虽然也有专业，但专业对就业的束缚不是很大。而读完硕士就有专业限制了，就业领域就会变窄一些。要是读一个 PhD，基本上其他武功都废干净了，除了教书做研究，什么都做不了。”PhD 毕业后岁数大了，也投入了很多年的时间和精力，就不愿干别的事情了，所以这是一个风险更大的选择。但 SJD 还是要好一些，出来之后如果不想做学问，还有其他的可能性，做律师也不是很晚。

侯猛：在学界中获得美国 PhD 的学者并不多，除了你，还有现在在新加坡管理大学任教的张巍，他是伯克利大学的 PhD。读 SJD 的人对于部门法的边界感没有那么强烈，可以教商法、国际经济法、司法制度等。他们跨学科和跨领域的研究比较多，但他们在学术上的专业训练可能没有那么强。

刘思达：对。专业性没那么强，但他们是通才。这是美国法学院的培养方式，不管是培养律师，还是法官，都不分专业。法官也是什么案子都审，没有刑庭和民庭的区别，这跟大陆法系有区别。

侯猛：根据我有限的接触，从美国回来在国内法学院任教的人对于法律和社会科学的认同感特别高。北大有老师认为，给本科生上课应该给学生系统讲述这门课的理论，让本科生了解整个知识体系，而不是一学期只读一个人或一本书。但刚才你提到赵晓力的法律社会学和李猛的西方社会学理论这两个课就读两个人物或三四本书。你怎样理解这些老师提出的这个问题？

刘思达：这是个很好的问题。我现在也在威斯康星大学教法律社会学，我个人认为还是应该给本科生系统讲授知识。赵晓力老师的讲课方式更适合研究生，对本科生有点太残酷。当时上赵晓力老师的课非常痛苦，他就站在前面，打开一本书，比如卢梭的《社会契约论》，“大家看第一段。”大家盯着第一页看了两三分钟，谁都不说话，他就点名说：“谁谁谁你说一下，这段话你看出了什么。”这个同学说完后，赵晓力再点两三个人说一下；“现在大家看第二段”，然后大家又看三分钟再说。

后来我开玩笑说："这是葬礼式的教学法和默哀式的教育。"

但对像我这样真正对学术感兴趣的学生来说，这个课效果非常好，因为他教会你精读经典著作的习惯。当然，李猛老师是从头讲到尾，和赵老师不是一个教学风格，但他们都强调一学期不用读太多书，而是精读几本很经典的书。

用这种方式来教本科生是有历史原因的，当时中国的学术研究很需要这种东西。在 90 年代中后期，整体的学术规范还没有建立起来。写文章连引注都是问题，老师们还在讨论写学术文章是不是一定要加注释、怎么加注释。现在写文章有谁敢不加注释？所以赵晓力老师希望能把最基本的学术规范和理念从本科开始就传达给学生。但今天给本科生这么讲是有问题的。因为课堂上大多数同学可能以后不会做学术研究，北大法律系 1998 级的同学可能只有我、章永乐、王社坤三个人当了老师，大多数的人还是去做律师、法官、公务员或其他各种各样的工作。

用"葬礼式的教学法"让这些有志于做律师的人读一学期的涂尔干和韦伯，是一件很残忍的事。所以我觉得不如把整个法律社会学的学科体系系统讲一遍，（让学生）具备一些从社会科学角度看待法律的视角，即使以后去做律师办案子或做法官审案子，也会对工作有一些潜移默化的好处。我自己对于本科生教学有一个体系，大家如果感兴趣，在网上可以很容易找到我的教学大纲。但研究生的讲法就很不一样，赵老师和李老师的这种精读式的教学方法非常重要。

美国的研究生课也分为两种：一种是一学期讲一种纯理论，读很少的东西；另一种是填鸭式的大量读书，我教研究生的法律社会学课也是这么教，每个星期要读四五百页的书，上课前都要读完。这样读下来后有很多好处：首先，阅读速度会提高很多，我在芝加哥第一年的时候，所有课加起来每星期要读1000 页左右的材料，一年下来，即使是个外国人，英文阅读速度也会突飞猛进。其次，可以很快进入该学科领域，自己课下也可以就其中某个领域钻研得更深入一些。研究生需要自己独立研究，要有读书的习惯，与书建立一种亲近感，从书里获得独立思考的能力，不能指望所有的研究能力都由老师在课堂上来教。

二、美国的研究进展

陈柏峰：我在哥伦比亚大学访学时，想找一些法律社会学的课程，发现广义上属于法律社会学的课程很多，像种族问题和女权问题相关课程，但真正狭义上的法律社会学课程很少。我在哥大法学院上了一门法律人类学，上课的老师是一位宾夕法尼亚大学的人类学教授，外聘在哥大讲授这门课，上课的过程中，我发现老师讲的其实是非常简单的东西，课程含金量并不高。我后来在图书馆找了法律社会学方面的书，发现真正有材料和经验的还是 20 世纪六七十年代做的研究，犯罪学方面的比较多，像我们熟悉的布莱克等人（的研究），另外还有些是社会学学者的法律社会学研究。美国法律社会学的现状是什么？

刘思达：第一，美国的学科架构和我们不太一样。中国法律社会学的研究基本是法学院做的，社会学的人都在研究人口、农村、劳工、性别、社会分层等问题，研究法律社会学的非常少。但在美国是倒过来的，法律社会学领域有法学院的学者参与，但其中至少有三分之二的人都不在法学院，反而是社会学系的学者参与比较多，政治系、人类学系、历史系等其他系的老师也都有参与，像我自己就在社会学系工作。

因而，一方面，法学院的法律社会学课程讲得很浅，因为它面对的都是以后要出去做实践性工作而不是从事研究的读 JD 的学生。但如果去社会学系或人类学系听法律社会学或法律人类学的课，学术性就会强很多，读的东西也会深很多。另一方面，法律社会学的很多经典著作也都不在法律图书馆，法律图书馆都是职业教育用书和案例选集之类，法理学的书倒是不少，但法律社会学的书都是和别的学科放在一起。因此，美国法律社会学主要不在法学院里，这与亚洲和欧洲的情况都不太一样，中国大陆、中国台湾地区、日本、韩国都主要是法学院的学者在做法律社会学。

第二，关于美国法律社会学产生的背景。美国的法律社会学通常被称为“法律与社会”（law and society），现在已经成为一个相对独立的研究领域，有自己的研究协会——Law & Society Association，这个协会从 20 世纪 60 年代的“法律与社会运动”（law and society movement）发展起来，已经有 50 多年的历史。

法律与社会运动有两个背景。在学术背景上，它传承了 20 世纪早期的法律现实主义。法律现实主义（legal realism）与传统法学研究强调的法律形式主义（legal formalism）相对立。后者认为法律自成体系，研究法律不需要考虑法律之外的社会、政治、历史、文化等因素。但法律现实主义和美国的实用主义哲学（pragmatism）传统有很深的关系，它认为法律受到权力关系、政治、社会、文化、历史环境等各种因素的影响，要现实地看待法律体系。霍姆斯大法官是法律现实主义的开创者，包括庞德在内的美国早期的法理学家都做过法律现实主义的研究。

在历史和社会背景上，美国 60 年代的民权运动包括黑人追求种族平等、女权主义运动、反主流文化运动等，这深刻影响了当代美国法律社会学研究的学术和意识形态倾向。

第三，关于美国法律社会学的研究机构。美国法律社会学包括伯克利、威斯康星大学和西北大学三个中心，这三个中心是法律与社会运动的重镇，其中西北大学和美国律师基金会在一起。

这三所重镇的产生存在一个历史背景。当时美国有一个比较“左”的基金会——塞奇基金会（Russell Sage Foundation）想从法律的角度推动社会正义，于是就在这三所学校各投了一笔钱，用来建立法律社会学的研究机构，所以美国的法律与社会运动从这三所学校起源。楚贝克、格兰特、马考利、塞尔兹尼克（Philip Selznick）、弗里德曼，以及我在威斯康星的几位已经退休的老同事等美国第一代法律社会学家都参与了 60 年代的“法律与社会运动”。三大重镇 50 多年的传统延续下来，至今也没有什么变化。

我个人认为伯克利最强，各个法律交叉学科的师资都比较完整，而且一直有延续性，源源不断地培养出一些很好的学生。西北大学和威斯康星大学有时候会培养出一批很好的学生，有时候会五到十年都培养不出很好的学生。

现在很多人觉得加州大学尔湾分校（University of California，Irvine）是一个蒸蒸日上的法律社会学重镇。它是一座新建的法学院，把法律实证研究作为旗帜，在美国招了一批很有名的法律社会学家。还有其他一些新崛起的学校，比如明尼苏达大学的法律社会学研究也很强；印第安纳大学有一批中生代的法律社会学家。另外还有一些传统上法律社会学比较强的学校，比如纽约大学（NYU）、丹佛大学（University of Denver）、纽约州立大学布法罗分校（SUNY at Buffalo）等。

第四，关于美国法律社会学的研究内容。尽管这个领域在 50 多年后也发生了很多变化，但意识形态的倾向一直没有变，至今美国法律社会学的研究主流还是很激进和偏“左”，关注性别平等、种族平等、弱势群体的抗争等。这和法律经济学非常不一样。在美国，法律经济学是非常保守和偏“右”的一个思潮，芝加哥大学经济系和法学院是法律经济学的大本营，很多老师都是保守的共和党人，包括波斯纳和贝克（Gary S. Becker）。

这些年来的主要研究中心也有一些变化，比如威斯康星大学虽然还是名声在外，但老一辈的重量级学者现在都已经退休，出现青黄不接的状况，一些中生代的老师都被挖去其他学校，像我这个年龄的研究法律社会学的年轻老师倒还有一批，但年龄断层比较严重。

三、中国的研究进展

刘思达：我对中国的法律社会学一直有很高的期望，我在《中国法律社会学的历史与反思》里曾谈到，80年代季卫东老师和齐海滨老师开创了法律社会学的研究传统，可惜因为某些原因没有延续下去；90年代是苏力、强世功、赵晓力，也因为个人的学术兴趣转移，没有延续下去；在2008—2009年的时候法律社会学已经没有几个人研究了。当然柏峰老师和侯猛老师也在做，但人还是非常少，真正下去做田野调查的人更少，很多人都是坐在家里做所谓的经济分析。

从写文章的角度讲，法律经济分析是多快好省的东西。经济学家很骄傲，觉得自己什么都可以解释，连爱情都可以做经济分析，我们研究社会学和人类学的人一般没有那么骄傲。所以我当时很担心法律社会学做实证研究的人越来越少，会不会出现和前两个夭折了的法律社会学传统同样的问题？当时写那篇文章还是比较悲观的。

但经过这五六年，我要乐观很多。侯猛、陈柏峰、尤陈俊作为“社科法学连线”的核心成员，做了大量的工作，没有让这个群体分崩离析，更没有像美国的法律经济学、法律社会学、法律与文学那样分道扬镳。我们有真正共同的理论关怀，可以相互对话，这是很难得的。美国目前整个法律实证研究的状况对我们是一个负面的警示，我们应该不断壮大这个团体。

陈柏峰：刚才提到了各种研究的对立，其实我一直有意识地用“法律经验研究”以区别于他们做的量化实证研究。你刚才提到政治学，我也有一些体会。我过去和杜克大学的史天健教授见过几次，他在去世之前一直是副教授，因为华人在美国主流政治学界有终身教职的比较少，当上副教授也很难。他曾说：“我当上教授以后要开始好好做研究，干真正有意义的事情，之前做的那些定量的东西都是为了拿到教授职称。”我们还帮他做了一些发问卷的事务。可惜他 59 岁就去世了，他所说的“真正有意义的研究”还没有开始。在美国的政治学界，如果不那样写作，文章就发表不了，别人也不会认可。我觉得中国的情况还比较好，至少在法学院里定性研究都还很弱势，就更别谈难度更高的定量研究了。

侯猛：是因为这些跨学科的研究者太薄弱了，要抱团取暖。

刘思达：法律经济学在中国壮大不太可能。

侯猛：因为法教义学太厉害了。日本社科法学的研究状况与中国类似，法律社会学与法律经济学没有那么对立。

刘思达：对。一方面是法教义学厉害；另一方面是中国号称研究法律经济学的人不少，但其实真正会做的没几个，而真正有经济学 PhD 的就更少。

陈柏峰：我在这方面和你们的看法不太一样。社科法学在中国是否强大，要区分具体情况。在教程体系方面，肯定是教义学比较强大，因为民法和刑法等部门法都按这些思路去讲，但在学术创新和论文发表方面，社科法学要占一半以上。当然，很多学者可能不是有意识地运用社科法学或法律社会学的方法进行研究，但他研究的思维和思路也可以划入社科法学的论题当中，只是他们没有自觉的方法论意识。

刘思达：我非常赞同柏峰老师。“社科法学”这个词就很聪明，原来我们叫“法律和社会科学”，很长的一个词，现在“社科法学”很精炼。我不知道“法教义学”这个概念是谁提出来的，原来叫法解释学或规范法学，这两年都开始叫法教义学了。

侯猛：主要是受德国的影响。

刘思达：法教义学缺乏政治正当性。但更重要的是，我觉得社科法学在中国既弱小又强大。它弱小是因为真正研究社科法学的人还不多，各大法学院有 80%到 90%的老师还在从事传统的法教义学研究，虽然现在搞社科法学的人越来越多，尤其是年轻一代，但还并不是主流，从这个角度说我们很弱小。但我们也很强大，苏力老师在前几年提出一个观点：中国法学研究的一流期刊文章应该都是社科法学，然后二三流的法学院和期刊才搞法教义学，因为社科法学的文章理论性强，在方法上复杂，研究视野比较开阔。这几年主流的法学期刊也越来越看重用社会科学的方法来研究法学的文章，社科法学的文章原来很难发表，但现在空间大一点，以后还会越来越大。

中国现在处在法治转型的过程中，遍地都是可研究的东西，比如我最近正在研究的法官性别问题，这对中国的司法改革非常重要，但从来没有人研究。法教义学在这方面确实吃亏。比如民商法基本都是从德国、日本、中国台湾地区抄过来的，它的研究方式就是“复制加解读”。这样的模式经历了很长的时间。现在要编纂民法典，当然还有很多工作需要做，但在学术研究上，一个用法教义学的方法研究民商法的人，要提出一个超越德国和日本先贤的理论是非常难的。

陈柏峰：一些综合类期刊也喜欢发表社科法学的文章，因为阅读的人会多一些；反而不太喜欢发表部门法的文章，因为阅读的受众比较狭窄。

侯猛：从受众面来讲，社科法学的研究在法理学和部门法都很受欢迎，但法教义学也是这几年才开始兴起的，它主要解决法学自身的规范性和建立法学自身的方法论的问题，有着自己的学术自觉和知识传统。

但社科法学在方法论上并没有形成自己的知识传统。你在文章中批评了苏力，认为他要承担相当的责任。苏力在 90 年代后期做田野式的法律社会学，但到了 2000 年前后，他把精力主要集中在波斯纳上，去研究法律经济学。可以说，苏力曾经力行的这种法社会学田野调查的萌芽刚刚开始，就被他亲手扼杀了。他认为方法并不重要，重要的是问题，用什么方法取决于研究什么问题。这对于一个成熟的学者来说是没有问题的。但这一判断是反方法论的，不利于学术训练。所以我在想，法律经济学其实有自己的学术传统，但中国法律社会学的传统好像还没有建立起来。

四、批评苏力与苏力的批评

刘思达：我非常尊敬苏力老师，我在北大第一学期的第一门课就是苏力老师教的法理学。可以很负责任地说，如果没上他这门课，我后来也不会去研究法律社会学。这门课对我的思维方式和我关注的问题有非常深的影响。但针对苏力老师的学术转型问题，我在《中国法律社会学的历史与反思》里确实批评得比较多。这是因为它确实对整个中国法律社会学的发展产生了非常消极的作用。

苏力 90 年代做的研究路数还比较纯正，不只是秋菊打官司之类的法律与文学，还包括法律人类学的田野调查和实证研究。而且他的文笔非常好，写出来的文章可读性非常强。当时《法治及其本土资源》和《送法下乡》真的影响了至少两三代的法学学生和学者。但后来他突然去研究波斯纳，很多追随苏力的中国学生也转向了。所以法律社会学在 2000—2010 年这十年间做出的真正好的实证研究并不多。

最大的问题是，苏力的转变对他自己没什么太大影响，以他的年龄、阅历和视野，做学问可以天马行空，不受方法论的拘束，从任何角度都可以写出很好的文章，但这对学生很不好。侯猛老师在北大读书的时候，研究路数还是很纯的法律人类学和法律社会学。但苏力后来培养的一些研究生同时学了法律社会学和法律经济学的内容，做研究的路数比较杂，写东西往往混在了一起。有时候我和他们开玩笑说："这就像练功练多了之后和欧阳锋一样，两套不兼容的武功练在一起，最后写出来的东西就有点四不像。"

我在美国接受的学术训练很注重理论传统。比如我是从社会学芝加哥学派出来的，所以要继续沿着芝加哥学派的传统来做研究，不能东一榔头西一棒子，表面上做得很漂亮，但理论背后有冲突、有张力、有问题。所以我觉得苏力老师的转型对中国法律社会学学术传统的冲击非常大，我们到现在其实都没有形成一个中国法律社会学的本土传统。

我个人认为武汉的华中村治传统是目前中国法律社会学甚至整个中国社会科学里最成熟和最好的一个本土传统，传承了20多年，方法非常纯。华中村治的每一代博士做研究的路数都差不多，而且大家有共同认同的学术团体、研究方法、理论视角和写作方式，这是目前我看到的国内最好的学术传统。北大在苏力老师没有转型之前，也有一个很好的传统萌芽。当时在90年代中后期，强世功、赵晓力和郑戈都在北大读博士，做了不少关于乡土社会的调查，还包括人类学系的王铭铭老师。

我最近写了一篇关于中国社科法学文献综述的英文文章，在文章里谈到中国社科法学最好的传统有两个：一是北大围绕苏力老师所形成的传统，二是华中村治传统。可惜北大的传统没有很好传承，和华中村治传统相比，在理论上和方法上完全不成形。

这几年我也和一些朋友一起努力研究法律职业，包括国外的麦宜生（Ethan Michelson）、哈里戴（Terence Halliday）和国内的李学尧、吴洪淇，他们都是对律师业和法律职业理论问题感兴趣的老师。我觉得中国法律职业的研究领域现在不敢说有一个学术传统，但至少有一个比较稳定的文献积累。如果做文献综述，中国的法律职业是有文献可以综述的。

目前社科法学有些领域可以写很好的文献综述，比较成型，但也有些领域很不成型，没有什么文献。比如刑事司法就是一个很大的问题。美国的刑事司法研究非常发达，很多学校都有刑事司法学院，我们的几个政法院校也有刑事司法学院。美国人用定量方法做犯罪学研究做得非常好，有一些很成熟的内容，但国内一直没有做起来，这里面存在数据上的困难，很多刑事案件的统计数据都不公开。

在社科法学的大旗下，哪些领域需要研究很值得探讨。美国法律社会学有哪些主要的问题很清楚，比如法律职业、司法行为、法律意识、法律多元、法律遵从、法律与发展、法律全球化等，我们可以看出几个很清晰的主题，把它们放在一起就是一门课。如果中国法律社会学开一门课，也可以选择几个主题，但并不是每个主题都有很完整和很成熟的文献以及可以传授的理论传统。社科法学下一阶段的任务是在不分裂的基础上挖掘不同的研究主题，继而形成学术传统。

陈柏峰：我曾对苏力当面说，“恐怕你的贡献和不足需要靠我们这一代人来写。”有时候觉得可能是因为苏力太聪明、太有才，所以他能够将自己的研究伸向很多方面，而且都能做得很好。这是一个好处，但有时候这也是一个坏处。因为一旦深入具体领域，一些研究的可传承性较差，训练方法很难一代代传承。比如苏力现在做的关于古代宪制的研究与他过去读古代经典文学作品有很大关系，这种训练在他这一代人当中比较好。但这是不可教的，他很难据此去培养学生做这个研究再超越他。

我出去也常常被外面的学员当作华中村治的代表人，尤其在我这一代当中，我是大师兄，基本上算第三代。最早的张厚安老先生等人并没有很多学术性的训练，他们只是觉得自己应该贴近实践，所以就下到农村关注村民自治。第一代的贡献就在于这种深入农村的意识。用现在的眼光来看，其实没有多少学术成果，但他们开风气之先，后面就有人继续去做。第二代学者当中比较著名的大家是贺雪峰和吴毅，他们两人在政治学界、社会学界甚至法学界都有一定的影响。贺雪峰在社会学界的学术引用率在在世的人当中已经排前两三名了。吴毅比贺雪峰的引用率低一些，但也很高。他们在这一代当中比较有影响，而且还在持续不断地创新。

在他们的基础上，我们下到农村，慢慢摸索出自己的研究方法。农村调研不是去农村就能进行研究，怎么做研究是经过十几年逐渐摸索出来的，我们也参与了这个摸索过程。到一个地方做调研，思达有他的调研方法，我们在农村也有自己的一套调研方法。我们认为做调研不是教你怎么做，而是要带你下去怎么做。说是说不会的，做了两次后，再讨论怎么做调研才有效果。华中村治研究第二代的学术贡献可以将来再梳理，但现在可以明确的是，研究方法在他们手中已经比较成形了。

我们用的是偏人类学的方法，但与人类学的方法还不一样。人类学要求在一个地方待一年，因为从季节来说，一年往往是一个完整的周期。但问题是人类学的学生下去待了一段时间之后就不知道要干什么。我们华中借鉴了人类学的方法，人类学者通过一年了解的东西，我们可以通过一个月了解，也许体验没有那么深，但这一个月也会有很多收获。在这一个月之中，怎么调研、怎么访谈、师兄怎么带师弟、老师怎么带学生等，大家逐渐都能把握住。

现在像我们这个年龄的学者下去做调研，带 20 个人没有问题，再多没办法带。把这 20 个人分成几个组，在一个月内就能把这个地方的基本情况摸得差不多，这逐渐形成了传统。我们去做调研的人的资质都算很一般，他们好多是从思想政治教育专业来的，没有多少专业训练，而且很多都是非 211 的学校过来的，但这些人到博士毕业时就会很不错。比如武汉大学社会学系有一位年轻的副教授刘燕舞是我的师弟，他本科是岳阳师范学院英语系毕业的，没有什么专业学术训练，但他的博士论文①影响很大。我不是强调这些人厉害，而是说我们的研究方法

① 刘燕舞：《农民自杀研究》，社科文献出版社，2014。

有可传承性，一个中等资质的人进入之后就可以做研究，还可以做得不错。我们那些师兄弟每个人在博士毕业时都能发将近10篇C刊，这在任何大学都是不可想象的。

刘思达：可传承性非常重要。我在为我的博士论文《割据的逻辑》出版写后记的时候也专门写了一句话："学术的发展靠的是点点滴滴的积累，而不是某个人或某一本书的灵光一现。"比如苏力老师的研究创造性确实非常强，闪光点也非常多，但想要模仿却非常难。很多人尝试模仿苏力，但都是形式上的模仿，苏力的实质是没法模仿的，他在方法上是一个非常灵活的人，模仿苏力的思维方式和写作方式非常难。比如苏力写文章喜欢在开头引两句别人的话，很多人现在写文章也在开头先引两句别人的话。这个很好模仿，但没有任何意义。

华中村治研究之所以能够传承下来，就是因为有一个非常纯的方法，而这个方法不是只有天才才可以学，基本上一个上过大学、对学术有兴趣而且很勤奋的人就可以学，而且还能够做出贡献，这是非常重要的。这也是为什么我们做研究不能只看很宏大的理论，方法的训练也很重要。定性研究方法在教室里教不出来，不管是访谈，还是参与观察，都必须去实践，在实践中慢慢领悟，这与做问卷调查、统计分析的定量方法不太一样。

侯猛：苏力的文章可以传下去，但有些不能教的东西不可复制。我自己很多年前是他的学生，他对学生最大的影响就是读书会。每周都会选一个晚上读书，大概读三个小时，通过这种方式进行思想上的激励。但类似于像华中村治形成一个团队下去做调研的基本没有。而且我觉得他更强调学生的悟性，看你是否聪明，聪明就能做出东西。

刘思达：这是北大的通病，北大聪明的学生很多，老师也觉得这些学生很聪明，很多东西不用教，让他们自己去悟，从学术训练的角度讲，这并不是一个好的事情。

陈柏峰：我也觉得老师不应该这么做。因为如果聪明是天生的话，那就不可改变，不应该强调这个，而是要强调可以改变，比如勤奋。确实是这样，比如刘燕舞在武汉大学两年时间就做了副教授，他去年的一个报告被李克强总理批示了，这主要靠勤奋。在这一点上，我真的觉得包括北大在内的很多名校浪费了不少人才。

刘思达：现在北大清华的学生面临的诱惑确实很多，想挣钱很容易就可以挣，想当官也可以当，真正能够静下心来做学问的人反而没那么多。现在很多学生都想出国念书，每年都有学生给我写信、打电话或用各种方式联系我，想到美国读 PhD，我每年都劝回去很多人，因为读书是一件很苦的事情，尤其在美国读 PhD 需要七八年。很多人没做好准备，只有一个想出国的想法就去了，几年后往往坚持不下来。为什么 PhD 的淘汰率那么高？并不是学校把你赶出去，没有人会赶你，而是很多人自己知难而退了。

知难而退的根本原因在于没有一个真正特别热爱的题目，如果你根本不喜欢研究那个题目，一般是做不好的。我周围在美国念书的人，不管是中国人，还是外国人，最后能做出来的都是很热爱自己研究的人，而不一定是最聪明的。很多很聪明的人最后反而毕不了业或者拿不出很好的成果。如果有志于从事学术事业，都要好好想一下，有没有一个题目让你可以为了它而放弃很多，包括自己的生活甚至很多其他的诱惑。如果没有这样的题目，我劝大家不要做学问，做学问是一件很费力的事情。

侯猛：批评了苏力之后，我转述一下苏力对你的批评。大致的意思是，你和贺欣本科是在北大，然后受到国外的专业训练，在国外的英文顶尖期刊发文章，名气在国外比在国内要更大。问题在于，你们虽然也进行中国的经验研究，但只是和国外对话，你们要按照国外法律社会学的知识体系来找到自己的位置。所以感觉你的文章是给美国人看的，而不是给中国人看的。

陈柏峰：我读你的《割据的逻辑》，感觉很顺畅，逻辑和经验都很连贯，中文版和英文版是一样的吗？

刘思达：是一样的，中文版写得更好一点，每章前面有一句古诗词，英文版没有。当然具体内容基本一样，中文版只删掉了关于社会学芝加哥学派的理论综述这一章。因为博士论文必须用英文写，但我写英文版的时候想的就是要出中文版。

陈柏峰：我读了一些贺欣的英文文章，确实有苏力说的这个问题。我也和贺欣探讨过，他说是为了给外国人解释清楚，但我想这背后不仅仅是这样一个小问题。

刘思达：我和贺欣是真正用两种语言写文章的，中文文章和英文文章都写了很多。很多人出了国后就不写中文文章，甚至有的人出国几年后中文都写不利落了。我是到美国之后一直坚持用中英文写文章，但确实有差别。比如我本人对《割据的逻辑》并不完全满意，因为毕竟初稿是用英文写的，这两种语言还是不一样。出中文版时我从头到尾改了很多遍，尽量做到语言等各方面都适合国内的读者，但写法和段落句式没办法改。如果大家比较一下我真正用中文写的文章和用英文写完后翻译成中文的文章，会发现差别很大。

在美国的学术圈里，为了要有一席之地，就必须回应这个学术圈的学术辩论，所以我回应的问题并不完全是中国学术圈的问题。此外，我们自己也没有一个很成熟的学术传统，我最开始研究法律职业的时候，全世界研究中国法律职业的就两三个人，那我能跟谁对话？只能跟研究西方法律职业或其他国家法律职业的学者对话。所以我和贺欣都有这个问题，我们写文章回应的都是西方的理论，并不是中国本土的理论。如果我写一篇文章回应柏峰的理论，投给美国社会学的主流期刊，他们根本不知道你在说什么。我个人认为柏峰的研究代表中国法律社会学的最高水平，应该拿出去让外国人也看看中国高水平的法律社会学研究。

但这么做自然会牺牲一些东西。这么多年我本人的选择是先在美国学术圈有一席之地，在这个前提下，尽量把我的英文文章都做一个中译本。此外我还坚持用中文写作，我至少有40%的学术作品都是中文，美国人看不懂，评职称根本不会考虑这些，但我还是写了，因为我希望对中国的法律社会学多做一些贡献。

《割据的逻辑》写完之后，我的导师说："用英文写当然应该出英文版，对以后在美国学术圈很重要，毕竟是博士论文。"但我还是决定出中文版，因为说实话，在国外关心中国法律职业的又有几个人呢？这本书在国内出版后，卖得也不错，现在都再版了。我希望能对整个中国的法律社会学研究乃至整个学术研究提供一些我自己在理论和方法上微薄的贡献。

在国外的时间长了，想问题的视角和方式确实会受影响。就像我现在研究法官性别问题，将来可能同时写中文和英文两篇文章，各自有不同的写法，分别回应不同的问题——英文回应性别问题和职业生涯问题，中文回应从性别的视角看中国司法改革有什么意义。其实这么多年我也在不断摸索，怎样写文章才能雅俗共赏，这非常难做到。我的期望是以后在没有评职称等其他事情的压力下，可以自如地用中文写几篇文章，出几本好书。我用中文写的文章要比英文写得好，这永远都改变不了。

对话陈瑞华：法学研究的第三条道路

一、三条道路

陈柏峰：今天对话的主题是法学研究的第三条道路，您能不能先介绍一下第一条道路和第二条道路是什么？

陈瑞华：目前中国的法学研究处于一种十字路口。这显示出两个问题：一是处于一种徘徊、犹豫、彷徨的状态。好像一个人在路上走了一段时间，结果来到一个十字路口，虽然心里装满了一系列的希望，但是不知道走向何方。二是十字路口也意味着一种新的机会、选择与挑战，尤其是一代又一代的年轻研究者加入法学研究来，提供了更多新鲜的活力，创造了无穷无尽的机会。

我长期从事刑诉研究，写的文章大体分为三个部分，包括刑诉的、证据法的和司法制度的。如果把十几年前做过程序正义的文章也算进来的话，也算讨论了程序领域里的法理学内容。我真正进入法学研究应该说是博士阶段，硕士阶段还是打基础，而开始做研究之后面临最大的困惑和挑战，就是我所在部门99%的学者都在做对策研究。

对策法学是诉讼法一个最大的特征，可以说，诉讼法是对策法学比较盛行的学科。刑法、民法和一部分宪法学者比较提倡的法教义学研究方法在诉讼法里几乎不存在。这也反映出，70年代末80年代初以来的学者其实面临一个最大的难题：理论上的建树有多少？学术上的贡献有多少？这是一个令人非常尴尬的问题。他们推动一部部法律的修改，推动整个中国人权事业的改善，推进中国法治化建设和整个法治进程，这些贡献不可谓不高，但当问到你的学术贡献有多少的时候，这个问题就变得沉重起来。

我博士论文写的是《刑事审判原理论》，这是学生时代的作品。当时写博士论文有三点真实感受：第一，要穷尽一切能找到的外文原著，了解国外最新的资料和理论发展。第二，将西方的理论中国化，用来解释中国问题或解决中国制度建设中的问题。在今天看来，我觉得这篇博士论文并没有多少原创性，都是在阅读西方学者的原著的基础上，做一些介绍、加工、整理、综合、评价等工作，仅此而已。第三，当时做研究时有一点雄心壮志，这可能一开始就与诉讼法的主流格格不入：坚决不写对策。写对策是一种制度论，但那篇博士论文探讨的是一种基本原理，试图找到规律、提出概念。

2002年我到美国耶鲁大学，一共半年时间，听课听了两星期，就再也不听了。一方面是因为证据法和刑诉法我已经学过，他们讲的那种纯法理课程又听不懂；另一方面是因为所谓的苏格拉底教学法也有一定的问题，如果有个学生一提问题，老师就跟着走。三个小时提几个问题，提问的往往就是那两三个人，对其他学生非常不公平。美国大学法学院的教育其实更注重自学读书，也就是 reading paper，教学环节并不重要。当然不能以偏概全，至少我在耶鲁是这样的。于是在耶鲁期间，我放弃了教学和听课这种不切实际的想法。我就在美国各地到处接触检察官、法官、律师、学者等，另外还充分利用图书馆的资源。

在耶鲁期间对我影响最大、改变我后来学术命运的是两点：第一，美国法学界从来不搞对策，不研究“应当怎么办”。第二，美国法学界是有概念和理论的。当然这些理论还不够，美国最好的理论在法社会学领域，普通法学院的理论性并不是很强。结合在耶鲁留学期间收集的一些资料，我认为这些对我学术研究转型的影响有两个方面：

第一，**不要对西方的理论和制度处于顶礼膜拜的状态**。西方的很多理论都是为了解释本国的制度现象和解决本国的问题提出来的，有些理论甚至经过了几十年乃至上百年的实践，被证明是一种规律，然后将这些规律以概念化和理论化的方式呈现出来。

第二，**法学不能故步自封，要保持开放**。如果研究部门法的人故步自封、自说自话，那最后会没有出路。所以一定要进行对话，开展跨学科研究。比如，在中国，侵权法属于民法的一个分支，是民法独断的领域，而在美国，侵权法虽然与民法有很大的关系，但并不等于是民法的一部分。美国的侵权法有公共侵权法和私人侵权法之分，宪法、行政法、刑诉法里的很多内容都属于公共侵权法的范围。实际上，侵权法是人权法的组成部分，人权法的另一个含义就是侵权法，从而横跨整个法学学科，打破学科的壁垒。再比如，救济法（law of remedy）也是通过权利、侵权、救济三个概念把所有的法律串在一起。所以美国的学科分类与中国不一样。在美国读书听课之后，我感触最深的是，法学的内部是一个充满生命的有机体。以诉权为例，权利的来源内容、权利的侵犯、权利的救济三个方面在诉权里面照样存在，在民法、刑法、宪法等不同领域也同样存在。

2002 年从美国回来以后，我在中国法制出版社出版了《程序性制裁理论》①。这本书作为一个转型作品，我最大的感受在于：不要再动不动就去研究西方的制度。从此以后，我再也不按照“概念、意义、性质、功能、理论基础、英美法和大陆法之比较、中国的问题、中国问题的解决”这样一种模式写论文了。

我说的第一条道路指的是以西方的理论和制度作为逻辑前提的法律研究。把西方的理论和制度既作为本国制度构建的理论基础，也作为解释问题的理论根据。我认为这样的研究肯定是死路一条。

除了刚才讲的以西方为前提的一种研究外，还有第二条道路。第二条道路是以中国本土的法律制度和实践作为研究对象的一种方法，我们把它称为经验的或者实证的研究。比如近几年研究的中国的法律实施状况、中国的案例、中国的法官生存状况等问题。这种研究在犯罪学领域是一个看家本领，在刑诉法领域也达到了非常普及的程度。

很多做实证研究的学者写的论文没有概念和理论，最后还是掉入对策法学的陷阱当中。某著名教授在北京大学做讲座，讲述他做实证研究的心得，讲了之后，学生提问：“老师，您做了这么多研究，写了这么多论文，弄了那么多数据，对理论有什么推进?”他说：“对不起，我没有理论推进，我只有立法对策的精密化，还是一种对策研究。”所以第二条道路是以中国本土的法律实施状况作为研究对象的实证研究方法，比第一条道

① 陈瑞华：《程序性制裁理论》，中国法制出版社 2005 年 1 月第一版，2010 年 4 月第二版。

路往前大大进了一步，但还是有遗憾。

第三条道路绝不是第一条和第二条道路的简单抛弃，而是一种综合吸收。可以从三个方面来综合概括第三条道路。第一，研究中国的问题。把中国问题作为研究对象，以问题意识为导向，把制度问题提炼或上升为理论问题。第二，提出概念。概念是理论的最小细胞，在概念的基础上发现规律，提出命题，尽可能产生理论。第三，中国理论与西方理论展开对话。如果这个理论只是简单地模仿和重复，就直接抛弃。如果这个理论能够有所超越，有所贡献，就要把这个理论提出来加以论证和验证，做出中国学者的原创性贡献。

比如，在法律责任领域，我尝试提出了程序性制裁理论。在中国的法理学教科书当中，法律责任都是基于实体法规的法律责任，强调责任自负，谁犯罪追究谁，谁违法追究谁，谁侵权追究谁，意即以责任自负为基础的责任制度是一种实体性法律责任。程序性法律责任又叫程序性制裁，是一种特殊的以宣告无效为标志的责任追究方式。围绕程序性制裁产生了程序性违法的概念、程序性裁判的概念、程序性辩护的概念、程序性上诉的概念，这是关于刑事诉讼法作为程序法一旦遭到违反，如何施加法律后果而提出的一套概念信息和相应的理论。

再比如，我曾经写过一篇关于刑事诉讼的纵向构造的论文。[①] 中国过去有学者从美国和日本借鉴构造理论，引进了当事人主义和职权主义的二元构造模式，当然也接触了混合式的构造模式，并用它来指引 1996 年的审判方式改革。后来经过认真分析中国的特殊情况，我认为中国的问题不是简单的控辩审的关系，而是公检法的关系。控辩审是一种横向构造，而公检法

---

① 陈瑞华：《从“流水作业”走向“以裁判为中心”——对中国刑事司法改革的一种思考》，《法学》2000 年第 3 期。

是一种从侦查到起诉再到审判的纵向构造。我们可以用“流水作业”这个概念来解释这种纵向构造，公检法流水作业，三道工序，共同完成刑事诉讼的使命。在西方，这可以叫“以裁判为中心的模式”。这篇论文完成于20年前，是对两种模式的分析、概括和总结。当时我博士刚刚毕业，这篇文章一时间并没有太多的引用率，但最近几年又开始讨论“以审判为中心”了，对这个问题又慢慢重视起来。

归纳来说，第三条道路有三个方面的内容：第一，要研究本国的问题，把本国的实践、经验和教训作为研究的对象，从而发现和提炼出理论问题；第二，要注重吸收社会科学的基本研究方法，并予以概念化，在概念的基础上形成理论。因为概念是节约信息的工具，是学术对话的桥梁和中介，而概念化正好是把经验、教训和规律抽象成一个符号的过程。第三，概念和理论出来以后，要通过与西方最先进的理论进行对话。

所谓对话，就是看能不能提出对中国问题具有解释力的理论。如果具有解释力，就需要进一步拿到一系列的领域来验证它。能得到验证而没有被证伪的，我们可以暂时接受它具有一定的解释力。目前在经济学领域，林毅夫教授早就提出了类似的观点和方法。

从学术经历上来说，有三位学者对我的影响最深：第一位是林毅夫教授。他曾经在北大出版社出版过《论经济学方法》①，我读完之后很受启发。第二位是胡适先生。现在我们再重读他的论著的时候，他当年提出的很多观点现在依然很具有启发性，比如“大胆假设，小心求证”“少谈些主义，多研究些问题”“从问题的研究中提出我们自己的理论，而不是动不动引

① 林毅夫：《论经济学方法：与林老师对话》，北京大学出版社，2005。

进和移植西方的主义”。胡适先生的论著很多，但关于“主义与问题”的对话和讨论几乎在他的任何一本选集里都有。第三位是美籍华人黄宗智先生。他曾经在加州大学洛杉矶分校任教，退休以后在中国人民大学任客座教授。我曾经读过他的《经验与理论：中国社会、经济与法律的实践历史研究》，① 也受到了一些启发，做了一些研究。

侯猛：您出国以后回来，对西方理论产生了更多的警惕和反思。从具体的研究题目来讲，您刚才讲的刑事和解包括提出合作性司法、私力合作模式，这是很中国问题的东西，但跟您早期程序正义的价值观念还是冲突的。您刚才对刑事和解违反程序正义提出了批评，但实际上，您不仅早期研究程序正义问题，而且到目前为止，您的一些基本立场还是程序正义。您怎么解释刑事和解包括私力合作模式和程序正义价值观之间的冲突？

陈瑞华：我曾著作出版过一本《程序正义理论》② 的小册子，我把七篇发表过的论文汇集起来，写了一个长篇的序言，算是给自己前半生的程序正义理论研究做一个交代。我在序言里说，如果我在程序正义理论方面有点原创性贡献的话，可能就是发现了两条规律：

第一，我发现失去利益的人比得到利益的人更会关注程序，通俗来说，败诉者更在乎程序正义。当然这只是一个论断，没有专门的论证。第二，程序正义不是放之四海而皆准的一条理论，而是有它的适用范围和边界。比如，在对抗性司法中，有

---

① ［美］黄宗智：《经验与理论：中国社会、经济与法律的实践历史研究》，中国人民大学出版社，2007。

② 陈瑞华：《程序正义理论》，中国法制出版社，2010。

程序正义存在的空间，而在合作性司法中，双方达成谅解和妥协，程序正义在适用上受到限制，这是程序正义的例外或者称为“基于妥协的程序正义”，跟传统的程序正义不一样。再比如，在刑事诉讼中，被告人认罪的情况也是程序正义的一种例外。再比如，在少年司法中，未成年人几乎都认罪，对少年司法追求的最大目标是和谐，教育、挽救、治疗未成年人，让其回归社会。它的最高价值理念既不是实体正义，也不是程序正义，更不是简单的效率，而是关爱与治疗，像父母关心犯了错的孩子一样，像医生对待生了病的病人一样。这时候程序正义就退居另一个侧面了，它不是主要的。所以我并没有否定程序正义的价值，而只是给程序正义划定了适用的边界和范围。

二、法教义学和社科法学

陈柏峰：我想讲一讲我的想法，未必就是提问题。陈老师的这种提出问题、提炼概念、走向理论的方法，和我的研究方法是非常类似的。

当然他刚才也讲到很多具体问题，很多情况确实很复杂。有时候结论不一样，不一定是先有价值判断或先有事实判断。事实本身可能是很复杂的，就没有把事实搞明白。比如，陈老师刚刚讲的个案有一个问题，我们所有的调研都是个案，都是片面的，包括一篇文章里出现两万个案例，看起来有很多数据。这些对于现实来说，也就是一滴水和大海的关系，不一定是全面的。数量多并不意味着就是全面的，也许因为思维很简单，实际上更片面。

确实，我们生活当中每天都有很多个案，关键不在于找到一个符合自己价值判断的个案或者与之相反的个案，而是能不能清醒地认识到找到的个案在所有的整体结构里处于什么位置？这一点是需要有意识的，因为经验研究或者实证研究都只能接触一些片面的东西，所以就需要意识到这些片面的东西在整体中处于什么位置，它在哪些方面具有代表性，哪些方面不具有代表性。我觉得这种意识可能是更重要的。所以陈瑞华教授和苏力教授分别找了不同的案例，应当说这个问题在现实中都有很大的代表性。

比如，在中国这样一个巨大的转型社会，面对剧增的社会矛盾，法院能不能承担起这么大的压力？如果法院没有审判委员会这一套机制，法官需要直接面对这些压力，他有没有这个承受能力？他承不承受得起？法院的院长是不是愿意承担法官的错误？因为在中国所有的权力构架里，最后所有的责任都是由院长来承担。其实这样一个问题我没有研究过，只是充分认识到它的复杂性，所以问题恐怕没有那么简单，并且问题并不出在价值判断上面，而是出在事实判断上面，也就是我们是不是从不同角度去认识这个问题。我们每个人都在盲人摸象，有的人摸到的一块大一点，有的人摸到的一块小一点，所以我们还要去反思自己看到的现实在整体结构里处于什么位置，这一点可能是比较重要的。

侯猛教授谈到的价值冲突确实是存在的。但有时候很为难的地方恰恰在于，我们知道社会和法律不一致，法律很多地方有问题，这些立法者也知道，但立法者在很多时候就是要通过立法来改变社会，如果没有立法来改变社会，我们的社会将永远处于过去的样子当中，不会得到改变。所以像妇女解放、男女平等、所有人权平等一些公认的先进理念都会体现在法律里面，并且通过法律来改造社会。

所以有时候要谈事实和价值的维度，其实并不容易。它不仅仅是一个简单的像习惯法应该保留或者不保留的问题，它背后还有各种权衡。我们需要社会在什么地方稳定？它应该在什么地方？这背后应该是有一个整体性的价值判断。这是我对陈瑞华老师的一个简单的评论，但我想这样的问题也是不可能有唯一答案的。

接下来，我想提个相关度不是太大的问题。在您刚才讲的三种研究路径中，对前面两种，也许是为了表达的原因，否定是比较多的。最近几年我们做了社科法学和法教义学的对话，就我的认识来说，这些对话有很大程度是策略性的。我并不否认法教义学的意义，但真正的对手不是我们对话的对象，而是另外一个我们不想去对话的东西，我们专门回避它。比如，自中国 20 世纪 80 年代后到现在的传统法理学的现状，就是“在天上飞的”。

法教义学还不能完全上升为“在天上飞的”，他们其实也会考虑现实问题。我们的对手不完全是他们，或者说我们认识到法教义学是我们的同盟者和竞争者。我们在面对具体问题的解释时可以是竞争者，但面对一个更大的东西时可能是同盟者。那么更大的东西是什么呢？也许是流行在法理学里那些不着天地，完全没有一点生命力，也没有多少现实意义的话语。您怎么看待这几个因素或者几种不同研究方式之间的复杂关系？

陈瑞华：目前所谓的法教义学在民法、刑法、宪法这三个学科运用的比较多。第一，我不在乎你叫什么名称，也不在乎你做什么研究，而是在乎你的理论贡献是什么。比如，目前刑法学界号称从德国引进一些制度，那你的理论贡献是什么？这种理论贡献不是简单地从德国引进一些概念，而是这些引进的概念和理论能让我们对一个案例、现象或判决书的分析比传统理论更有说服力。用民间最通俗的话来说，是骡子是马拉出来遛遛。

第二，从德国引进的这样一套概念体系的分析方法能超越德国学者吗？如果超越不了，不又回到我们当年写博士论文的老路了吗？这又是一种基于个人兴趣与好恶所做的简单移植与介绍罢了。而且还必须考虑一个问题，今天的法官、检察官和律师所使用的法律工具已经有三十多年，从 1979 年刑法典出来以后几经修改，修正案每年都有，但基本的构成要件体系没有发生变化。以德国所谓的教义学为框架结构，把三阶层论筛选进来，那怎么面对我国的法官和检察官事实上是用四要件来做判断呢？在一定程度上，我们运用法律进行裁判，法律因而也是一种消费商品。消费者不用你的商品或者没有机会用你的商品，就没法检验你商品的价值和质量，你怎么就自负地认为自己的商品质量就那么好？你从哪里来的自信相信这个理论会超越原来苏俄的那个理论？

所以目前我们以刑法为例，法教义学与原来从苏联那里抄来的四要件在方法论上没有本质区别，很多判断没有经过两个检验：第一，没有经过中国司法实践的检验；第二，没有证据证明现有理论比原有理论更高明、更可靠、更有效、更能解决问题，你还得回到解决问题的老路上去，而不是说纯粹个人的好恶。确实，理论发展到一定程度，会出现各种学派，好像百花齐放、百家争鸣了，但不要被表象所迷惑。

判断一个理论有两个标准：第一，有多大的解释能力来解释问题和现象？第二，能不能在解决问题中给我们提供新的思路？这两点做不到，我们怎么相信你？我有时候写论文经常引用鲁迅先生那句话：世界上本没有路，走的人多了，也便成了路。本来没有理论，为什么你要提出理论？为什么要大家都引用和接受你的理论，乃至形成学派？就是因为你的理论有说服力，你的理论能解释现象和问题，你的理论能帮助我们解决问题、走出困境，我们得拿这样一个检验标准来衡量。

我举几个例子。仅针对法教义学这个现象，而非针对个人。比如，中国现在最难办的“口袋罪”，有一个学者能说清楚吗？1997年刑法修改时，取消了投机倒把罪和流氓罪。但你会发现这些“口袋罪”也像审判委员会一样具有顽强的生命力。首先，投机倒把罪取消后，现在又有一个非法经营罪。法官就告诉律师，这要在过去就是投机倒把罪，跟今天的非法经营罪没什么区别。

第二，原来流氓罪现在叫寻衅滋事罪。某网络作家得罪了某著名教授，教授埋伏在网络作家上下班的路上，砍了他一刀就跑了，有专门的武器、适用对象和作案手段，结果经过鉴定是轻微伤。轻微伤只是治安案件，只有轻伤才构成自诉案件，重伤才是三年以上的公诉案件。怎么办呢？最后竟然给教授定了寻衅滋事罪。什么叫寻衅滋事罪啊？传统的寻衅滋事罪是从流氓罪那里来的，就是五六个小伙子喝了酒，在街上玩、吹牛皮，突然来了一个女生，这边拽一下女生的头发，那边拍一下女生的肩膀，这边拽她的自行车，那边就偷她的书包，还有的对她进行骚扰，后来女生报案，这才叫寻衅滋事罪。它有明确的作案对象、作案手段和作案目的。而今天很多敏感案件都定成了寻衅滋事罪。

没有人研究这些“口袋罪”产生的原因。他们更关心的是三阶层论、期待可能性、疫学因果关系等一些中国人都听不懂的理论。我一听那个疫学因果关系就来气，中国人都看不懂，不知道什么意思，现在好像窜到民法里边去了。疫学因果关系就是不会说中国人自己的话。中国人的问题非要用西方的理论来概括，为什么就不能创造自己的理论呢？

再比如，今天中国刑法学界面临的头号挑战是刑民交叉和行政法刑法交叉。现在中国有三分之一的犯罪在刑法上都是先构成行政犯，违反行政法，由于情节严重，才转换成了犯罪，结果辩护律师都认为这是行政违法，违反行政纪律，不构成犯罪，而检察官认为构成犯罪。标准是什么？到现在没人研究这个。刑民交叉，像我研究过的合同诈骗罪，10 个有 9 个半都是冤假错案。合同中轻微的欺诈现象，最多导致合同无效，却被定为合同诈骗罪。

除了合同诈骗罪，还有票据诈骗罪、骗取贷款罪、贷款诈骗罪，一共十几个诈骗罪。这实际上是用诈骗罪概括不了的。我觉得刑法学界真的应该考虑不要动不动就价值判断，动不动就教义学，还是需要引入社会科学的思维，研究为什么发生？什么东西制约着它？这会使研究变得更深刻，而且能让刑法学界和其他学科进行对话。

我特别喜欢把法学跟医学作对比。艾滋病号称人类的疑难杂症，现在完全攻克艾滋病还做不到，只要一提谁得了艾滋病就是绝症了。请问在艾滋病的病因没有找到的情况下，你敢开药吗？有些中医敢开，吃了该中医八年的药，碰巧好了，但下一个却死了。因为该中医没有原理，只有经验，只能适用于这个个案，不能适用于下一个个案。为什么他的药能治疗？他提不出原理。这也是中医学目前面临的一个挑战。当然这里面也有争议，很多搞中医的人坚决捍卫他们的科学性。为什么我们对中医颇有微词？就是因为它没有上升到理论高度。今天我国面临的问题同样如此，有那么多的经验和教训大家不去研究，反而奢谈什么法教义学。所谓的法教义学就是一种标签和符号，背后可能掩盖了一些学术上的竞争关系。我这里不是鼓吹社会科学或纯社会科学，而是说，工欲善其事，必先利其器。方法永远是手段，不是目的，能够解释现象、解决问题、提供新思路的，我们都可以拿过来，都可以把它视为一种好的方法。

这里我还想对社科法学做一点评论。社科法学应该说走出了一条捷径，把社会科学的基本原理和方法拿过来研究法学。我对这个方法也是信之不疑，并且也在运用这种方法。当然，我运用得也不太好，因为过去受到的这方面学术训练太少。大学本科阶段没学过社会学和经济学，社会科学的研究方法（训练）几乎没有，都是通过自己阅读来自学，在痛苦的反思中慢慢转型。所以现在我要求自己的研究生必须学社会学和经济学，这是社会科学最成熟的两个学科。不一定要学很多具体知识，但可以学一些方法。所以社科法学引入到中国是非常必要的。

在目前，它是一种好的方法，但我们操作这些方法的人存在一些值得反思的地方。第一，对部门法的了解需要加强。我始终坚持一点：部门法以及部门法所代表的实践是社会科学引入法学方法永恒的、取之不尽的来源。过去有些大师级的法学教授和法学家的论文和著作里是离不开部门法的。英国著名法理学家哈特（Herbert Hart）写的《惩罚与责任》把刑罚和侵权当作切入点，并上升到理论的高度；新自然法学派的代表人物富勒（L. L. Fuller）研究合同、契约、侵权；伟大的法官霍姆斯和卡多佐（Benjamin N. Cardozo）也都研究侵权、合同、违约、责任、程序、正义等。卡多佐甚至还研究非法证据排除规则，并且有一个经典的判断：因为警察违法你就放纵犯罪吗？他对非法证据排除规则提出了挑战，认为这也代表了程序法的一种思维方式。

他们都是天才般的理论家，但没有一个离得开一个或多个部门法。尽管目前部门法的理论不发达，但它是我们研究的对象。有志于做法学研究的人，不管是从事宪法学、法理学或部门法学，一定要找到一个或两到三个部门法作为研究的切入点，这样才能接地气。

第二，对西方法学界的一些论断也要有一个科学的态度。现在的法教义学过多偏信西方的一些概念和理论，并把它们作为推理的前提。还有一些研究法经济学的学者走向经济学帝国主义，认为经济学是社会科学的鼻祖，只有经济学才是科学。在对部门法有点歧视的氛围中，他们自己不知不觉就变成了西方法经济学的抄袭者、介绍者和移植者，满眼都是经济学的那套概念。我说中国的问题那些概念（经济学）解释不了，他说解释不了也得解释，因为这是我们的看家本领。总体来说，目前社会科学引入到中国来，法经济学有点一枝独秀，法社会学的引入还有点薄弱，但其实社会学和经济学都是比较完整和成熟的社会科学体系。

我还要对法学研究的第三条道路做一点评论。我所讲的从经验和问题出发，提出理论，然后与西方理论对话，并不排斥任何一种方法。即使研究对象是法律条文，它也是适用的。我们研究的对象包括两个：法律文本，即法律条文；法律现象，即法律实施的现状。一份判决书、一个有争议的案例、一个现象、一组数据、一种思潮等，都可以成为法学研究的对象。只不过，法教义学比较偏重研究法律文本，社科法学偏重研究法律现象。但不管研究法律文本还是研究法律现象，都应该从研究的对象中发现问题，在问题中发现规律、提出概念。

我举个例子来说明在法律文本中发现规律、提出概念。我现在研究的很多对象都是法律文本。经过对文本的解读，我发现中国目前跟任何一个国家的公法领域都不相同。我们有三大公共处罚体系：行政法追究行政责任、刑诉法追究刑事责任、以劳动教养为龙头的特殊的行政制裁体系。虽然收容遣送制度和劳动教养制度被废除了，但行政制裁体系并没有消失。比如，对卖淫嫖娼者收容教育最短六个月，最长两年；对吸毒成瘾者没有经过审判、辩护和任何的司法权利保障，就直接强制隔离戒毒，剥夺自由；对犯了严重过错但不构成犯罪的未成年人，有工读学校；对精神病人犯了严重危害社会的行为但不构成犯罪的，有强制医疗。

我们通过分析法律文本和多学科交叉，就可以提出概念和理论。我的一个博士生受到启发，在此基础上写成了一篇博士论文，并作为专著出版，产生了一定的影响。书里面就提到为什么在中国不能实现一元化。因为中国有两个特色在全世界是独一无二的：一是中国不会把一个轻微的、小额的盗窃变成盗窃罪，我们的入罪标准有数量的限制；二是我们的入罪标准还有情节因素的限制，情节轻微的是民事违法或行政违法，不是犯罪。因此，中国构建的三套体系经过三十年的法制建设，尽管中间环节在削弱和减少，但基本没有变化。

社会科学永远是研究人的行为，要想改变人的思想和行为，就得改变一定的激励机制和惩戒机制。比如，对于刑讯逼供的治理可以加大成本。下午 6 点以后，一律不许刑讯逼供，天黑即休息，早上 8 点才开始，每 24 小时给 8 小时的睡眠时间，并且可以让律师在场，律师就坐在旁边什么话都不说，当一个见证人的作用，这样就没有刑讯逼供的机会了吧。比如，还可以降低收益。口供只能是证据资料，不能转化为立案根据，用口供自愿法则加以限制。另外可以使代价变得更加高昂，只要打一巴掌，都构成刑讯逼供罪，而不是致伤或致死才入罪，目前的入罪门槛太高了。这些不是我的立法建议，只是举例。

综上所述，我是想说一个观点：对法教义学也好，社科法学也好，我都是欢迎的。**学术就像一个市场，提供的产品越多**

元、越多样化，这个市场就越丰富，读者就像消费者一样，自有他的鉴别力。标签、口号、符号都不重要，重要的是能不能解释问题、解决问题、提供方案，如果能够有独到的贡献，我们就愿意接受你的思想。

三、价值判断

陈虎：理论产生的途径有两个：价值如何客观化，经验如何规律化。法学是以正义、人权等价值为研究对象的，这是法学不能回避的一个课题，那我们如何去研究这样一种主观价值非常浓厚的对象？如何把价值问题客观化？

陈瑞华：目前的硕士论文和博士论文几乎都有一章来研究某某制度的理论基础或者正当性基础，这其实就是价值判断。

过去价值判断有两个来源。一个是西方的，西方说这个好就好。这种研究方法没有经过思考和检验，拿过来就用了，这是绝对不行的。第二个是基于个人的偏好。北大的白建军教授就经常发现有人写文章是“我认为”。你认为希特勒的纳粹制度是好的，这只是你的个人偏好，很难达到客观化。价值虽然是主观的，但价值的提出要想使观点被接受，引起读者的共鸣，就需要一定的客观化。不然的话，希特勒的观点是好的、公平的、正义的，作为个人偏好无所厚非，但写到文章里就危害社会了。做价值研究一定要避免动不动就把西方的（判断）拿过来就用，避免把个人的偏好、兴趣和主观性很强的判断拿过来就用，这都是不行的。学术乃公信，写出来的论文、发表的观点和思想要想跟大家对话，就得有说服力，太主观的东西没有说服力。

关于如何使价值判断和研究客观化，我提三个建议。第一，研究现有的价值思潮。比如，可以将目前中国的几种价值思潮概念化，概括出几种类型进而模式化。经典的成功范例是美国斯坦福大学帕克教授（Herbert L. Packer）在1968年做的两个模式的研究。他根据美国联邦最高法院领导的正当程序法律革命和当时出现的两种价值思潮，提出了两个价值理论：犯罪控制模式（crime control model）；正当程序模式（due process model）。帕克教授的这篇论文发表在宾夕法尼亚法学杂志上，引用率超过一万次，被称为继贝卡利亚以来在西方又一座刑事司法的理论高峰。这篇论文后来被编入他的代表作《刑事制裁的界限》，由北大梁根林教授翻译，法律出版社出版。这篇论文还可以在虞平和郭志媛两人编译的、北京大学出版社出版的《争鸣与思辨：刑事诉讼模式经典论文选译》一书里找到。

使价值研究客观化的第一种方法就是把价值变成思潮，研究思潮是什么、思潮的内容是什么、思潮为什么会出现、它的影响是什么、今后的走向如何。比如，目前中国兴起了程序正义的思潮，但重实体、轻程序的思潮仍然存在。就可以研究这个原因是什么？兴起的思潮的影响在哪里？一句话，把价值变成客观存在的事物，不要总是说“我认为”。你认为并不重要，而是要更多的用“我发现”，从而避免过于主观的判断，这样离社会科学也就更进一步了。

第二，研究中国目前在法律条文和司法实践中新出现的价值比传统价值有哪些进步和发展。所有的制度改革，包括司法改革，都是与价值思潮的革命相伴而生的，离开价值思潮的革命不可能出现新的制度变革。比如，在刑诉领域，传统的价值是三元价值：追求结果的正确合法是实体正义，又叫结果的正义性；追求程序正义，又叫过程的正义性；追求效果，又叫效益或效率。一直到20世纪末，西方和中国所有的主流话语都是这三大思潮和价值。

下面我举几个例子，这三个价值能解释吗？少年司法改革的兴起，在一个未成年人接受审判的过程中，适用圆桌审判，变得和原来法庭审判的布局不一样了，一边是律师，另一边是监护人，需要给予他们特殊保护，法庭更多的是温和的教育。原来的审判，被告人剃光头，穿黄马甲，坐在法庭正中央。现在男性被告不被剃光头了，可以留长发，还可以穿便装，但离律师仍然很远。另外，社会调查报告的宣读包括犯罪的原因和经过、改造的可能性、未来回归社会的可能的评估、适用缓刑的可能性等。

还有 2012 年出现的附条件不起诉制度，6 个月到 1 年的考验期，考验期内未犯新罪、遵纪守法就不再起诉。这些是追求结果正确吗？不是，跟结果无关。这是追求程序正义吗？不是，在教育他，早就把他变成罪犯了。这是追求效率吗？追求效率应该追求速决，一天就完成了，哪还要经过这么多的教育、感化和挽救。于是就有人提出第四种价值理论：关爱与治疗的价值。我举这些例子是想说，发现一种新的价值，就需要把它提出来，比如刑事和解作为一种法律制度，涉及关系的修复和矛盾的化解，蕴含着社会和谐的价值。

第三，发现传统价值的适用范围和边界。传统价值仍然可以研究，发现它的边界和适用范围，使之变得更加精确和客观。正如我刚才谈到的程序正义在一些领域能适用，在另一些领域不适用，这就给程序正义划定了边界和范围，使它更加客观化。总之，价值本来就是一个主观性很强的研究领域，但只要我们秉承一种科学的研究方法，从过多强调“我认为”走向“我发现”，把价值当成一种客观层面的现象，我们也能做出贡献。

侯猛：通常认为法学是权利之学、正义之学、价值之学，尤其是我在教法理学时，会讲到自由、平等、人权、正义、秩序、正当程序等。有人会说这是法律人思维的重要组成部分。回到陈老师之前回答的关于法教义学的定位问题。比如刑法，我们应该多研究非法经营罪、寻衅滋事罪等这些罪名的“为什么”，但对于刑法学者来说，他认为“为什么”的问题不是那么重要，因为包括刑法学在内的法教义学和法解释学的主要功能，是构成一个知识体系来训练学生养成法律人的思维，“为什么”的问题不是他们研究的主要问题，这是法学院本身的功能。

在这个意义上，法教义学包括法解释学内部的一些基本术语，是我们理解部门法很重要的钥匙，也是构成法律人思维的很重要的一部分。虽然我是做社科法学的，但法教义学（更准确地说是法解释学）的作用是非常大的，只不过是它选择了你不喜欢的德国的那套东西而已。您之前提到过法律人的思维，而这恰恰是法教义学的那套东西，这里我想请陈老师回应一下。

陈虎：我跟侯教授的观点是部分一致。我一直以为法解释学是法学院的基本功底。

陈瑞华：法教义学这个词把它搞坏了。其实就是一种法解释学，就是解释法律条文，揭示法律条文的立法原意，使它能够与实践的联系更密切。因为法律是拿来用的，但很多很抽象的法律往往难以运用到纷繁复杂和千变万化的个案当中，这就需要法律人来解释它。我的观点跟刚才两位并没有实质区别，我也认为从解释学的角度来说法律是一种必然的现象。我们即使做诉讼法、写论文，也需要对法律的原意和立法的精神作出解释。

但我的一个观点是，如果把法教义学改成法解释学，可能它最大的贡献是揭示法律条文的逻辑结构和所要达到的立法意图。但其最大的缺憾可能是没办法把法律条文放在社会的大背景下加以考察。这可能涉及柏峰教授所提到的社会需求、社会变迁和社会转型，我们可以对它作出解释。但现在，传统的法学、法教义学或法解释学放弃了这个功能，仅仅把自己变成教书匠，承担法学教育的功能，其集大成的成果就是教科书，但教科书又能发挥多大作用呢？

中国的法律传统决定了你对法条的解释对司法实践没有太大的影响，唯一的影响只是学你课程的学生。这样的一种教科书对法律的解读究竟能发挥多大作用？能形成多大的学术市场？我们必须考虑。我曾经和几位优秀的刑法学家对话，请教他们为什么对法解释学（法教义学）那么痴迷？他们说我们想改造一代人，让所有法学院的学生接受我们的思维方式，将来他们当了法官和律师，就可以用我们的话语进行辩论了。

我说难道就不想研究法律与社会的关系吗？难道就故步自封地研究那些法律条文？社会那么丰富多彩，难道不更应该研究法律的实施状况吗？**“法律的生命在于实施而不在于颁布”**，这是我的第一句名言；**“权利的灵魂在于救济而不在于承诺”**，这是我的第二句名言。在条文上写了那么多权利，所有法律的逻辑再严密、解释得再透彻，得不到适用也毫无价值。

法解释学最大的局限性就是只关心法律条文的表述和承诺，而不关心法律在实践中的实施状况。这是社科法学崛起的根本原因，也是社科法学为什么能部分取代法解释学而不是完全取代它。因为法解释学能奉献一本一本的教科书，它有它的生命力。但它要想说服人，让人更加信服它，则是非常困难的。

以证人出庭作证为例。有一位年轻的学者从解释学的角度解释证人出庭作证，写了两万字的论文，发表在《法学研究》上，内容包括证人出庭作证是贯彻直接言辞原则、证人出庭的集中表现、证人不出庭的例外和法律后果，几乎把立法者想说但没说的东西全都解释出来了。一个最高人民法院刑庭的法官看了以后，认为这篇论文毫无价值。我问何以见得？他说刑诉法里就只有一句话，证人在三种情况下应当出庭作证，前两个我不说了，最后一句“法院认为有必要的”就否定了两万字论文的全部。所以现在证人仍然出不了庭。你要想真正研究这个问题，就必须考察为什么中国证人不出庭。

这样一种研究法律实施状况和问题发生原因的论文和解释法律条文的论文在研究角度上是不一样的。但找到问题病根的研究是不是更具有针对性？解释法律条文带有一定的主观性，往往不一定解释得那么准，也不一定能找到问题的要害。所以结论很简单：**法律的生命是实施，权利的灵魂是救济**，只要接受这个信条，社科法学就是我们研究的选择，我们要研究法律的实施状况。

陈柏峰：您对理论和经验的态度和社会学的华中学派是高度类似的，比如都强调进入田野的时候要悬置理论，要从经验里提炼出理论。他们有自己的一套概念，只有这个内部的人，才能够明白。这些概念与一般的社会学都不一样，因而他们也遭到了很多批评。

陈瑞华：我对于社会学的华中学派了解不多。结合你这个问题，我想说的是：研究没有禁区。我不仅仅认为只有经验值得研究，法律条文文本、法律现象甚至一个小案例都是研究的对象，比如，念斌案是我国庭审实质化的一个实验，非常值得研究。还有一个判断是，只局限于描述现象的研究是毫无意义的。社会科学最大的使命是发现规律，提出理论。今天的法学研究就是太缺少理论了。法学教育恢复30年来，各个法学学科里有多少概念是中国人自己的？有几本教科书或专著能提出我们自己的概念？这说明我们的原创性还有待加强。

对话王亚新：程序法视野的法律实证

一、法社会学进路

陈柏峰：您1995年在《中外法学》发表过一篇法学研究方法的文章——《法学研究的另一思路》①，专门提倡对有关法的现象进行社会学的研究，着眼于现实中法律制度的运作过程，力图根据实证材料对其作实然性的描述。您是民诉法的教授，在京都大学学的也是民事诉讼法，那是什么原因促使您从法社会学的角度去分析问题？是留学经历，还是别的什么原因？

王亚新：应该说还是和自己的经历和兴趣培养有关。我1979年考上北大完全是十分侥幸的事情。当时我们以为学校就是写诗，也就是现在所说的“文青”。那个时候做“文青”是我们所有人的“中国梦”，因为如果写个小说，当个诗人，不仅有名声，还可以抒发自己的任何感情，同时还会有很多漂亮的小姑娘给你写信。跟你们一样，我那时候刚20岁出头，哪热闹

① 王亚新：《法学研究的另一思路》，《中外法学》1995年第3期。

就往哪奔。所以报的是中文系，想的是上中文系就可以当诗人和作家，现在看来是个笑话。但当时我在贵州考，贵州只有四个北大的名额，其中两个法律系、一个考古、一个图书馆学，最后为了选学校和专业，还是选了有两个名额的法律系。但如果真正说喜欢，直到现在我最喜欢的还不是法律。

这个回答也许还不够全面，再说一下后边的情况。在某种意义上，法律也满足了像文学或其他人文学科的性质。为什么呢？（法学有些）像经济学和社会学这些典型的社会科学以物理学、自然科学为标准典范，形成规律性的预测；但反过来，像哲学、心理学和文学可能又是很虚、很玄的东西；法学正好在这两个交叉之间，既有点像自然科学，也有点像社会科学。在这个意义上，法教义学和社科法学的产生与法学这个学科的特点有很大关系。就像我们从来没有听说过规范经济学或社科经济学一样。我当时可能偏重于实证和社科，现在开始走向另外一边，与人文学科、历史学、神学等都有关联。

尤陈俊：在 20 世纪 90 年代中期，大多数学者偏向于法律规范研究，但您那个时候就开始偏向于社会学研究，特别关注中国法社会学这个实践的面向。是因为受日本留学环境的影响，还是因为中国法律现实环境的影响？

王亚新：这个问题跟刚才那个问题还是很一致，但更加深入一些。坦率地说，我当时在日本，作为一个中国人在外国研究中国的民事诉讼，更多是一种描述，就是你认为中国应该怎么样，外国人不敢辩解。如果研究一种规范，你不会描述美国人认为中国应该怎么样，人家不会相信，因为美国人对这方面完全没有信息，有信息的是中国，这就是我们所说的“实”。但另一方面，在日本，整个法学以解释学为主流和中心，我也受到一些潜移默化的影响。但我自己感兴趣的和所受影响更多的还是对规范现象的描述，这是我回来做真正的实证调查的背景。

另一个背景是我20世纪90年代末回国时，中国当时的民事诉讼法学还没有到要做法解释学和法教义学的阶段。但借用社会科学方法做深度分析与描述，对它进行内在理解，是非常重要的。这不仅是向外国讲中国的故事，还是在中国向中国人讲自己的故事。那时我刚刚从国外回来，如果将外国的理论直接用于中国，别人肯定有意见，况且那时候翻译的几本著作也还都是属于规范教义学。我要讲中国的民事诉讼，但当时大部分学法律的人没做过律师和法官，所以就想先去看看真实实务的状况，包括走访基层法院，和当事人、律师、法官交谈等。

尤陈俊：您在1995年发表了提倡实证研究的文章。从1999年开始，您对中国的基层法院和中级法院做了很多实地调研，在《北大法律评论》《中国社会科学》《中国法学》等刊物上发表了很多建立在实证调查基础上的理论文章。到2005年，您又牵头写了《法律程序运作的实证分析》这本书。[①] 我比较好奇您为什么会选择基层人民法院和中级人民法院作为调研对象，而不选择在高级人民法院或最高人民法院调研呢？背后有着怎样的考虑？

王亚新：这个还是与我做法律规范分析的研究有关。对于没有当过当事人、没有做过律师和法官的人来说，一个案件怎样进入程序，怎样操作，可能都是不清楚的。所以对这些东西进行描述是我的出发点。给学生讲道德的和应然的规范以及法条的规定应该怎么样，我往往觉得并不满足，必须去了解法院

---

① 王亚新、傅郁林、范愉、徐昀、朱芒合著：《法律程序运作的实证分析》，法律出版社，2005。

怎样操作一个案件或者当事人怎样应用法律。高级人民法院和最高人民法院的案件非常少，很多都是上诉案件，并且民诉的大部分案件主要是书面审理，都不会开庭。所以只有到基层人民法院和中级人民法院才会看到最根本的东西，这是很重要的一个背景。

另外，这也跟我 90 年代刚回来时有一个小小的共同体有关。我和朱苏力、贺卫方、张志铭、梁治平都是很好的朋友，有一些很紧密的学术活动。甚至不限于法学界，像张维迎、汪晖、王绍光，我也都认识，大家可以坐在一起进行深度对话。当然，我虽然不是中心，但也参与了一部分的活动。当时很重要的一个研究方向是研究中国社会本身，尤其是基层社会。朱苏力当时所做的一些研究到现在也是社科法学传统很重要的一个根源。这些信息我们都是共通的。

二、定性 vs 定量

陈杭平：在中国社会背景下，定量研究以法律现象或司法制度为研究对象，研究价值在哪里？它的司法运用的实践性在哪里？

王亚新：社科法学也好，实证调研的定性和定量也好，都是一种相对的概念。我们其实也尽量用了定量方法。比如，要激励一个法院或法庭，要了解一般情况，总是会定一个量，比如以一年或几个月的样本情况作为典型参照，然后以某一个时间段的案件量和案件内容作为主要的自变量，再找出因变量作为参照系等，这就比较像定量的办法。再比如，做证人出庭的研究，就得算一个案件内有多少个证人证言，证人证言的证人出庭多少次。有时候很难定量，什么叫作一个证人一个证言？

一份证人证言还是两份证人证言？这些都得拿数量说活。不数就没有数量，也就不能拿数量说话，这是很重要的一个方面。

但另一方面，我们在做法学实证研究时，定性方法的重要性甚至超过一般的科学。比如，所谓证人很少，证人出庭也就少，证人证言相比其他证据种类就更少的问题可以从数量上分析出来。但结论反而很奇怪，证人证言其实非常重要，这不是通过对比它的量或所起的作用得出来的，而是要对比它在案件里的动机。证人本身出不出庭已经不重要，我们要去关注他的动机，这决定了证人证言的重要性。

当我们去调查时，我们的出发点就有证人出庭特别重要的前见，但最后追索起来，这个前见跟审判方式的变化有关。以前的审判方式是调解，调解解决问题不就成了吗？查清事实不就行了吗？什么方式根本不重要，谁是证人、当事人或基层可依靠的干部等，这些都不是问题，证人的概念本身并不重要。反而是教材中强调的证人和其他诉讼参与人不一样，证人必须出庭，这些话语背后的动机特别重要。我们要通过这样一种反推，把自己的“先见”或“前见”暴露出来之后，才能对证人的意义加以定性研究。

尤其是参照以前的判断，似乎还是在质上而不是量上见分晓，但有明显的提高。比如，以前十件里没有一两件，现在十件里有四五件，这在量上基本没有意义，但从刚才讲的那种定性分析上看，它就开始有重大意义了。定性的重要性在于不断反思自己的价值和参照系，回到调查最根本的层次。虽然有一些实证调查，也有大量的现象、台面数据和所谓的“第一手资料”，但怎样透过这些，看到在理论层面更加抽象、更加重要、对每个人都有指导意义的东西？这显得特别重要。这就是定量和定性之间很重要的关系。

陈柏峰：实际上王老师是从价值上去讲的，主要是说社会面临这个问题的背后所反映的价值问题，也就是结构性的分析发生了变化。比如，一般的学者在讨论证人证言时，就会盯着这个问题看，而看不到整个问题背后的结构发生了变化。按照王老师的说法，实际上在过去的诉讼或解决纠纷的机构里，证人其实是很好找的，而且大家也很容易去做，有什么事情和疑问，问一下当地的干部，大家就把实情说了，它起到的功能就是新诉讼法里证人的功能，只不过没有人贴上一个证人的“标签”。一旦新的制度化的诉讼结构需要一个制度化的证人出现的时候，大家就不出庭了。这些变化是我比较有启发的地方。

由此，我引申一点：定性和定量的问题其实一直都是有争议的。从客观的角度来说，没有孰优孰劣的问题，只有合不合适的问题，可能有些问题用定性更合适一些，有些问题用定量更合适一些。但在一个转型社会里，定性方法更重要，因为转型社会首先就需要认识这个社会的性质。要认识一个社会，如果一上来就用定量，那就很有可能像很多中国学者那样，把自己背后所想象的结构性东西强加给社会。

转型社会的变化是日新月异的，往往会导致我们不了解现实。如果不去调研，是不了解现实的，我们所想象的现实是媒体告诉我们的。所以定性方法在转型时期相对而言可能是更需要的。一旦社会稳定之后，我们对社会的基本性质和基本问题掌握得比较好了，然后随着研究更加深入和微观，很多细微的东西不是定性能解释的，那时候定量可能更加适用。美国社会现在比较稳定，所以定量科学非常发达。各个学科定量研究是主流，但往前三四十年不是这样的，那时候定性方法用的很多。

尤陈俊：2007 年，王老师曾在清华组织过一个“法律实证研究”的会议，其中讨论的一个主题就是定性和定量方法各自的优劣。我记得会上刘思达就特别强调，就中国法律社会学研究总体而言，定性应该优于定量。您刚才解释的理由主要是社会结构还不是很稳定。但另一方面，国内学界很多研究者甚至国外的研究者在中国做研究时会有很大感慨，认为中国社会用于做定量研究的数据很难找。即使找到了相关数据，这些数据用起来也有很多问题，因为里面有很多水分。您在 90 年代中期就看到研究既有定性的也有定量的，十几年过去后，您觉得当年和现在的情况，至少在数据利用和获得方面，有大的变化吗？您觉得中国的“大数据时代”和以往相比而言，有哪些进步？哪些是对我们更有利的条件？

王亚新：坦率来说，这个问题真的不适合由我来回答。因为从 2008 年之后，我就基本不做实证研究了，都在做规范研究或法哲学研究。我研究的信访、法院的经费省级统管、司法教育、司法改革等内容完全可以用上大数据。现在有一些很好的条件，法院拥有大量的数据。比如，关于员额制，就可以把法院所有的管理和工作环节都细化，然后输入电脑，运用一定的软件进行处理，最后决定哪些工作可以分解到什么程度，需要多少时间和工作量，以此作为法官工作量、员额制或者说分工的依据。无论是工具上还是统计上，这比起以前都大大方便了。

现在有些数据比以前靠谱。比如，我 2005 年到甘肃去调研婚姻问题。我发现当地所有的婚姻案件没有一件判离婚的，都叫解除非法同居关系。因为在当地结婚，只要彩礼和办酒两道程序都做完了，父母之命、媒妁之言，就算是结婚，当地的老百姓是不会去扯结婚证的。但这个问题闹到法院，没有任何国家的认证，最后都得算是非法同居关系，有的几十年了，孩子和家产都得重新分。我们当时真的很吃惊，如果在那个情况下讨论离婚率，讨论婚姻和非法同居的比例，问题就会很大。但今天这种情况恐怕已经改变，结婚都得去政府办理结婚证。

这就是数据分析，我现在不做了。社科法学和法规范学一开始就跟以前不一样，它们有比较明显的自然分工。比如，在刑法领域，犯罪学和刑事政策等内容显然只能采用社会学、人类学和心理学等知识去研究，单纯研究规范没有意义。美国早就这样了，中国直到最近几年才开始成形，以前根本不可能。对以前的“坦白从宽，抗拒从严”进行定量研究很困难，但现在犯罪学和刑事政策学自然而然地从规范的刑事法中慢慢独立出来。包括民诉也有这样的特点，只要做司法制度研究，包括员额制、司法财政和法官工作量的分解等，都必须使用社会科学。

但我为什么从 2008 年之后就没有把精力放在这一方面呢？因为从 1998 到 2008 年相隔的十年之间，社会发展迅猛，民诉的法教义学（我叫作法解释学或法的规范分析）开始真正接地气了。现在每天都有数万个判决在我们大地上产生，这些上千万的海量判决每天都是接地气的。在这样的情况下，如果做大数据，当然也是很丰富的。但可能更重要的是像美国和日本那样纯粹的法规范分析在中国大陆开始成为可能，这也是接地气的本土资源。

在这个意义上，定量和定性都是大有用途的。一方面，现在手机上都有合同软件，只要稍微改一下数据就可以交易。但更重要的一方面是，定性研究的难度变得更大。在定性中分离出一点，就是法的规范分析，分析怎么解决实际问题，法的一种技法或技术开始变得重要。社科法学跟法教义学的对话和争论也是在这个背景下开始成长起来的。

三、社会与法律的转型

陈杭平：在十几年前的那种社会条件下，您做实证研究只能亲自跑到现场、深入现场，尽管困难重重也得克服。现在大量关于司法裁判的信息能够通过网络获得，客观条件的改变是支撑研究方法转型的一个很重要的原因。除此之外，刚才您所说的似乎也暗藏着更深层的关于社会结构转型的大背景。您的研究方法的转变是否也有这个方面的原因？

王亚新：对的，这个问题是我想进一步展开的，也是对柏峰和陈俊的一个回应。刚才提到的非法同居和离婚案件在边远地区是很有趣的，除此之外，我 1994 年在《中国社会科学》上发了一篇文章《论民事、经济审判方式的改革》①。这篇文章是典型的社科法学的方法，但处理的是关于诉讼模型或模式的规范问题。这个问题涉及根本模式的转变，这和社会转型是密切相关的。它反映的技术性问题的背后有政治、经济、文化转型的价值观，只是当时我认为这个转型才刚刚开始。另外，我还用了一些审判模型，最后得出了一个有点应然的结论。

我是 1992 年或 1993 年的时候写的这个文章，在我还没有从日本回来之前，苏力就已经谈到了这个问题。1994 年审判方式的改革只是在大城市和中心城市展开。到 1994 年《中国社会科学》第 1 期发出来之后，大概在 1995 年的时候，全国人大就正式开始着手改革，而且声势浩大。这就是调解型（政治解决纠纷型）的审判方式向审判型（判决型）的审判方式的转变。从一开始请求怎么提，到举证责任的分配，一直到作出判决、判

① 王亚新：《论民事、经济审判方式的改革》，《中国社会科学》1994 年第 1 期。

决以后的结果等，这是一种很刚性的改革。它是在 80 年代后期提出来的，然后在 90 年代中期正式推进的司法改革中铺开了，这样一直到 2008 年。我认为这样一个转型已经大体形成了框架，这是一个技术性的转变，背后其实有着整个社会的转型。

比如，20 世纪 90 年代我在日本写博士论文时，曾回贵州做过调研，包括查卷宗和收集数据。当时根本就没有多少案件会开庭，也没有多少东西需要举证，都是法官一肩挑，深入群众调查研究，“当事人动动嘴，法官跑断腿”。如果当时把这些例子讲给美国人和日本人听，他们是完全不可能理解的，但我最后能够成功告诉他们，为什么中国必须这样、应该这样。但回国后，重要的是我要透过当时的社会现象看清楚中国将来会怎么走，这些问题就远远不只是技术层面的了。以前不需要举证的，现在需要举证了，这就涉及整个社会背后的人际关系和交往方式。

再比如，那时候我发现，很多借贷关系案件都是没有借条的，都需要法官调查取证，最后查清真相。哪怕是没有任何借条，没有完整的证据，最后案子也判了。这样的案子我查了很多，80 年代的千把块钱可不是闹着玩的，但根本没有借条，同村的一般也不讲究这个。这只要看看费孝通的《乡土中国》就会明白。

但现在发生了翻天覆地的变化，现在谁敢借 10 万元不打借条？所有的人际关系在某种程度上都相对瓦解了，很多温情脉脉的东西已经被收起来了，人与人之间的关系已经逐步陌生化，这是现代化的一个规律。有人感慨现代社会很糟糕，田园牧歌式的社会已经一去不复返，但你要明白，现实就是一条不归路，交往方式和交易方式已经发生改变，最后每个人都拿着借条，也就没有了罪恶感。所以审判方式的改革最后是社会的高速变革，刚性的实体法变成和费孝通所说的乡土社会格格不入的外来东西，如果强硬推行，会导致乡土社会本来的好处也没有了，得到好处的全是一些“刁民”。这样一种技术是现在每个老百姓过日子都需要惦记和在意的。

现在每天都在产生大量案件，增长是非常迅速的。即使是很小的案件、很小的标的额，也要请律师和法律工作者提交证据，承担举证责任。这样的变化在短短20年内发生了，所以从那时候起，我开始认为在中国做法解释学和法规范学研究的时机已经成熟。这一切都是与我们每天的生活息息相关的。我从中找到了意义，找到了好奇的新视角，所以我现在的主业就不是社科法学，而是法规范学的研究。

陈柏峰：中国社会和中国司法经历了一个重大变化，审判方式的变化是和整个社会结构的变化同步的。比如，最近发生的十堰法官被刺事件，我听过很多实务工作者的看法，我自己的直觉和他们的看法也比较类似，觉得如果这个案子的法官稍微费点劲问一下，恐怕不至于此。因为案件事实比较明确，劳动关系也比较容易确定，不至于能够黑白颠倒。有没有我们审判方式转型过快的原因？您怎么看？

王亚新：针对这个事件，《南方周末》刚刚采访过我。① 我是各打五十大板，从当事人、律师、劳动仲裁、劳动监察、法律援助等方面进行分析，但我认为案件的判决基本没什么破绽。就像刚才你所讲的，大家都陷入了一个怪圈，而这个怪圈需要用各种不同的社会方法去接近。社科的和价值的方法都非常重要，但现在法解释学的方法往往比较欠缺。为什么这么说？因

---

① 南方周末：“捅向法官的刀 十堰法官被刺事件调查”，载南方周末网，http://www.infzm.com/content/111803，最后访问日期：2017年1月12日。

为仔细看一审判决就会发现，当事人和他的律师提的请求跟我们现在看到的不一样，比如一个合同，一般看的都是很具体的东西，但判决书不可能都是这样的写法。他要的是 4 万多元的双倍工资，这是基于不签订劳动合同而产生的法律后果；除此之外，他还要 8000 多元的加班费和拖欠工资的赔偿。在我们现在来看，这些请求都应该有对应的事实。比如，针对双倍工资，需要考虑什么时候进去、什么时候出来、一天工资多少、多少天等；针对加班费，需要考虑加班的基数和天数；还要考虑针对工资拖欠的相应事实，这样才完整。最后经媒体调查才知道，通过劳动监察的干预，拖欠的工资已经付过了。就一般的劳动诉状而言，他们的事实并没有讲清楚，比如谁跟谁有劳动关系。是法官不让他讲清楚？还是他们在庭审过程可能已经讲清楚了，但我们不知道？至少从判决书来看，有很大的缺失。

比如，别的合同案件，一个请求、一个事实都是很详细、很清楚的，最后得出的判决才会稳妥。如果前面的基础都不稳，判决的结论自然就不可能正确。那当事人能全部依赖法官吗？我估计不能。法官没有问过吗？我看不见得，至少其中一个证据是有复印件的。尽管很多人提到举证责任倒置问题，但我不同意很多人所说的举证责任在务工单位，不在原告方。这是错的。举证责任绝对在于原告方，因为要被告去证明没有劳动关系是十分困难的。即使不能全程举证，但就启动而言，也需要由原告启动之后，才有可能将责任转移给被告方，让其承担不利的后果。如果被告认为根本没有合约，那原告就最好拿出相关材料来证明和反驳，但现在没有任何这方面的材料。所以我们就完全有必要质疑这个法官，不是你非要调查问题，而是要按照现有法律规定，分别向原告和被告问清楚，最后也能解决这个问题。现在看来，这些他都没做，原因是什么呢？

与其他领域相比，劳动关系争议这块很难做法解释学。因为它有过多的政策考量，甚至地方上价值的争论都反映在这一块，包括两家用人单位，法院就畏首畏尾夹在中间，连起码的技术活都没法做扎实。结果就造成这样一个现象：有的劳动者闹得凶，就多给一点；闹得少，就少给一点。企业认账都是有很多压力的，劳动者能忍的就不给他应得的钱，使其感到很冤屈。各方推来推去，没有矫正的程序，结果造成这样的悲剧。为什么合同、侵权、集资不会发生这种现象？因为它们已经经历过太多这样的事情。所以我现在更加强调法解释学的重要性，这是一个非常有意义的案件。

尤陈俊：基于社会结构发生的变化，您 1994 年就提出从调解型向审判型转变的论断。现在这个论断有了坚实的社会基础，但回过头来看这十几二十年，最高人民法院对审判方式的改革也是一直在探索，前几年出现调解回潮，现在又提倡职业化。您作为一位诉讼法学者，怎么看待在过去十几年以来调解型向审判型转化的大趋势下，出现两个不同审判类型的现象？

王亚新：这种回潮是十分正常的现象，从调解型审判向审判型审判转变，然后呈波浪式发展，我们经历了很多风险。但不能忽视的是，国家太大、人口太多、流动性强、地域差异大、社会发展不平衡等都是题中之意。就法律而言，无论地域差别有多大，手机、电视、自媒体等带来的信息共享和传播，对于理解中国当代变迁是非常重要的。

我想强调的是，虽然法解释学的作用不断增加，但还是解释不完。同时，需要社科或其他进路来研究的问题太多了。尽管转型进进退退，但我觉得它很难改变大趋势。现代社会的变化同样会带来诸如非法同居变离婚这类新问题。

即便今天有些东西发生了变化，但有些东西还是无法做。比如，像返还彩礼的纠纷属于实体和程序交织的问题，没有对应的法律条文，无法做法解释学或规范分析。这是因为在社会激烈动荡变迁的过程中，很多东西已经发生转型。像婚姻和彩礼会发生交集，在很多地方，女人可能是一种财产，甚至她的贞操也是一种特殊的财产。但在大多数地方，这些完全不能是财产，女人的主体性、女性主义或女权主义等问题就会出来。在这两极之间，就是刚才所讲的彩礼要不要返还的问题。法官要考量两个人是否同居甚至是否住过一个晚上等因素。住过多长？有没有小孩？彩礼当初是谁拿到？是父母还是本人拿到？应该返还多少？这些无穷的细节在不同的地方完全不一样。这种类型的纠纷很多，怎样去解决？

当然这样的纠纷在城市很少，但问题还是很多。比如，婚姻赠与是否合法，在婚姻法解释出来之前就是一个问题。任何一刀切的东西，包括女权主义所主张的“我的身体我做主”，古时候和现在也部分存在的“女人是一笔财产”的观点等，都是同样的逻辑。再比如，父母会说，我养孩子那么大，当然是希望得到的越多越好，但其中可能还有更多的变种，比如在父母拿了钱，对象没有拿到或者父母被媒人坑了等情形中，彩礼怎么分？这些问题完全不可类型化。所以像自杀这样的社会科学或哲学的思考，可以从社会学或神学的角度加以研究，但法解释学就是碰不了。

四、社科法学 vs 法教义学

陈柏峰：您提到有很多问题适合用社科法学或实证、经验方法加以研究。从执法来说，可能 80%的国家法律是通过执法系统来观测的，跟法院没有多少关系，但为什么法学家做经验研究都集中在司法领域，而社会学家基本都不关心法律问题呢？当然这不是绝对，但的确很少。您怎么看待这种现象？

王亚新：这个问题我恐怕很难回答。因为我自己是研究程序法的，程序法如果要做社科方面的研究，就是有关司法制度和司法改革等方面，所以包括民诉、刑诉和刑法领域的刑事政策学，做的都是同样的东西。但你提的这个问题我非常赞同和支持，我们确实需要有多样的研究路径和研究对象，完全没有必要只限于司法领域。

为什么大家都集中在司法领域？这可能与法学界的人才培养方式有关。比如，美国顶尖的法学家都是有社科和规范分析的双重背景，而且地位更高的高等法院的法官也往往具有社科与人文学科的背景，但我们现在法学院的教师和学生的背景都过于单调。但现在这个情况会有改变，这个改变不是靠别的，而是靠我们自己。我们不做司法，可以做点别的，只要做下去，学术生态就会慢慢平衡。这是我要回答的第一点。

还有两点我要特别强调，可能也牵涉到我现在为什么愿意做法解释学，而你们为什么愿意做社科法学。第一，这存在一个自然分工的问题。做法解释学的人越来越倾向于微观的、工匠的、技术性的工作。这些工作和老百姓的结婚、做生意、继承、坐车、就医等日常生活息息相关。我最大的理想就是在现代社会做一个合格的工匠。这种工匠在西方是不得了的，称为“天职”或“profession”，它们其实跟一种技巧和技能是紧密相关的。在另外一个层面，社科法学可能更加接近宏观的、战略意义的、对于国家发展有重要意义的研究，我非常支持这一点，但由于个人背景的不同，我个人的兴趣已经完全转换了。

第二，这种区分还和研究领域有关。比如，农村问题可能就无法做规范分析。时下关于土地问题、私有制问题、财政制度等的争论在其所属领域都非常重要，我们保持对这些问题的关注也有自身的价值。但在你们做的一些战略性研究之下，我们也能够做一些与老百姓日常生活接地气的研究，同时，我还能够从这些研究中找到求知的乐趣。我特别爱读你们的东西，这和学术生态越来越完善是有相关的。所以这个分类或分工绝不是什么坏事，它是社会进步的表现。

陈柏峰：我补充一些想法。社科法学其实不应该由我们来做，而是应该由社会学家来做。美国很多法社会学家的经典著作都是由社会学家做出来的，而中国没有。这可能与法学和社会学的规模有关。中国号称有 600 多所法学院，但可能只有六七十所社会学系，规模很小，不抵法学的十分之一。但美国情况不一样，美国的社会学系跟法学院差不多，可能会略少一点，但少不了太多。政治学也处理法学所关心的问题。因此，对于本来不应该由我们来承担的工作，社会科学并没有做得更多。

陈杭平：您的研究方法或志向可能发生了改变，但之前的研究对您今后做法解释学研究仍会带来深刻影响。在中国社会仍然处于急剧变迁转型的过程中，具有中国特色的法解释学或规范法学应该是什么样子？应该朝着什么方向努力？

王亚新：社科法学、传统法理学和法教义学之间存在差异，需要形成对比。但我现在更想强调的是，它们到了一定阶段要互相交叉和交融。

其实我当年从国外回来时，就是要做法解释学的研究，但并没有想这么快就做，而是想以后培养学生做。2001 年出了

《社会变革中的民事诉讼》① 一书后，我认为将来要做两件事：做系统的实证调查和写程序法教科书。当然，教科书到今天还没有完成，但实证调查已经完成了。当年在日本读博士时，我并没有真正下功夫在规范分析上，而是花在方法论、描述中国情况和调研调查上。后来又有机会再做调查时，我把整个德日的民诉理论梳理了一遍，在此基础上，我终于可以写一本属于自己的教科书了。

这个过程是不同于社科法学的另外一种研究方向，但其实也是相互促进的过程。为什么这么讲？因为我们都有一个共同的敌人——学术泡沫和学术腐败。这是社科法学和法规范分析都想解决的问题，但它在转型期间是不可避免的。比如，日本明治维新后五六十年才开始有法解释学的基础，真正开花结果也是20世纪50年代以后，前后用了约100多年的时间。再比如，德国的实体法和程序法也是经历了中世纪普通法时代、罗马法时代、分离状态、潘德克顿学派、德意志帝国统一，一直到19世纪才真正开花结果。这都要经过很长时间的转变。所以真正的社科法学和真正的法教义学都需要变成中国自己的东西，既能够服务国家战略，回答人类共同命运的问题，又能够解决老百姓的生活问题，回答怎么谈恋爱、分财产、做买卖等问题，而在这个过程中，争论是必要的。

这是一个学术共同体形成的必要过程，而且这种学术生态的多样性，不仅有一种类似进化论的自由选择，还和社会怎么看待泥沙俱下的现象有关。但我相信历史是进步的，时代是开放的，我们具备的知识、视野和反思能力能够解决很多共同的问题。只要有信念，任何事情都能够做得尽善尽美。而我自己

① 王亚新：《社会变革中的民事诉讼》，中国法制出版社，2001。

想要做的是一个既不妄自菲薄、也不自我膨胀、踏踏实实过自己日子的合格工匠。能有这样的日子也是一件非常幸福的事。

尤陈俊：中国的法教义学很大程度上以司法为中心，程序法也往往强调以审判为中心的改革。如果我们关注程序法，会发现大多数诉讼法专家比较关注程序在审判中的运行。但在我的印象中，刑诉法学者和民诉法学者较少关注审判结束后的执行，可能刑诉法学界对执行的关注更多一些，而民诉对执行的关注远远要比刑诉少，这背后是什么原因？

王亚新：我是比较重视执行问题的，而且写了好几篇关于执行的文章，一般发表在最高人民法院执行局的内部刊物《执行工作指导》上，还专门要求我的博士学习执行，以及以后要开设执行法的课程。这是因为执行在德国、日本和英美法都处于边缘。但在中国，执行在社会、经济和法规范方面都具有重要意义，因为很多问题既是实体性的，也是技术性的，同时又是社会性和政治性的，它有巨大的特殊性。即使今后退休了，我也会找一些学生专门做执行问题，并且不局限于规范分析的角度。因为执行是解决中国各种相互交织的问题的重要切入口。比如，审执分离的改革就是一个很重要的多学科交叉的研究领域。这是一个我保持好奇心的研究方向，这个方向其实早就有了，只是一直在调整。

五、学术翻译

尤陈俊：王老师和其他很多民事诉讼法的研究者都不一样，您对很多问题有着非常长的历史关注，跟我们谈了很多历史的、传统的、文化的东西。我觉得王老师对中国法学界一个非常大的贡献是组织翻译了很多非常优秀的、对中国法学界影响非常大的法律史著作。[①] 您作为研究诉讼法这样一门非常当代的学问的学者，怎么会花那么多的精力去翻译这些法律史的著作？您是基于什么样的考虑？

王亚新：这个问题有点私人化，但确实有趣。其实我平时基本不看和不买法学的书，买得最多的是历史的书，看得最多的是史学方面的文章，而且我现在最爱看自然史、科学史和社会史等方面的文章，比如，戴蒙德（Jared Diamond）写的《枪炮、病菌与钢铁：人类社会的命运》和《大崩坏》[②]。与此相关的文明史、救荒史、西方科技传道等都是我现在非常感兴趣的。这些只能是个人的兴趣和爱好，毕竟当年也是一个文学青年，我还是爱看文学，但更多的是看历史。这些东西对我的法学研究特别有帮助，也因此结识了滋贺秀三先生和寺田浩明先生。

这个技术性的处理靠不靠谱？跟老百姓的感觉对不对路？跟实务界法官和律师的想法对不对路？有时候对于一个问题，我们不可能做那么多的实证调查，但如果从历史上鲜活的场景去了解里面的东西，尤其是各种各样的档案和资料，你就会从中找到怎么去接中国现在的“地气”的方法。因为我们永远都是在传统和文化中传承，文化的重要性怎么强调都不过分。在这个方面，我的确特别沉迷。有时候去看一些完全不同的东西，关键的时候往往能派上用场。

---

① 王亚新教授主持编译的著作主要有：［日］棚濑孝雄：《纠纷的解决与审判制度》，中国政法大学出版社，1994（2004年新版重印）；［日］滋贺秀三等：《明清时期的民事审判与民间契约》（合编、合译），法律出版社，1998；［日］谷口安平：《程序的正义与诉讼》（合译），中国政法大学出版社，1995（2003年出版增补本）；［日］寺田浩明：《权利与冤抑：寺田浩明中国法史论集》，清华大学出版社，2012。

② 贾德·戴蒙：《大崩坏：人类社会的明天》，廖月娟译，时报文化出版（2006），简体中文版见［美］贾雷德·戴蒙德《崩溃：社会如何选择成败兴亡》，上海译文出版社，江滢、叶臻译，2011。

尤陈俊：您当时组织翻译这些书的时候，怎么会选择滋贺秀三、寺田浩明、岸本美绪、夫马进这四个人？我可以理解您选择滋贺秀三和寺田浩明，因为滋贺秀三是那一代人的领袖，寺田浩明也是东北大学法学部的教授。夫马进我大概也能理解，因为他也研究过很长一段时间中国的“讼师”。但就我个人而言，我不太能理解您为什么选择岸本美绪的著作，因为她主要研究古代文化史。

王亚新：我读这些人的东西是很杂很泛的，因为日本学术的特点是跨专业和跨领域，包括史学和法学。比如，岸本美绪教授就是一位跨领域的学术组织者，她组织过一个研究契约的项目，由分别研究印度、中东、东亚、法国、英国的日本专家组成，探讨不同文化中的契约的起源。岸本美绪教授不仅参加了很多法制史的讨论，而且还专门阅读了我的日文专著《中国民事裁判研究》，给我发邮件。同时，她还送给我她写的一本很厚的书——《白银如何流入中国》，是关于明清时期经济史的定量分析。我翻过，但没有本领全部看完，因为是日文，有很多图表和数据。那时候读这些东西很痛快，直到今天我还是很爱读这样的东西。

日本还有一个很好的传统，就是关于中国的明清史和地域史的不同研究叫合署，需要一起住几天，这个连传统中国都没有。我们现在开始尝试，找自己的学生做一个专题，然后反复修改，难度很大，但在日本已经是体制化了。接触一个，就会接触一些，最后我都有兴趣。尽管夫马进在京都，但直到今天我都没见过他，因为他在文学部，曾写过一本关于善会善堂史的书①。善会善堂是中国古代的慈善机构，这是我们一般人都想不到的，后来好像还拿到了日本学术院的大奖。我根本就没法读懂它，但因为要写讼师，所以就和我们的研究主题对上了。和他们在日本的这段时间，其实是一种在知识的海洋里自由荡漾的感觉。但很遗憾，现在日本法学界已经没有这种气氛了。

尤陈俊：刚才王老师提到日本学界学风的一个转向。最近人大法学院刚刚召开了一个“中日韩三国法律职业和法律教育的国际研讨会”，邀请日本专家进行介绍。其实现在日本的法科大学有职业化的趋势，在比较偏远的地方，有的法科大学已经关门了。在日本的法科大学当中，他们也在质疑“日本的今天会不会是他们的明天”。这是同样有意思的现象，当然，这是一个题外话。

---

① 中译本为［日］夫马进：《中国善会善堂史研究》，伍跃、杨文信、张学锋合译，商务印书馆，2005。

对话吴汉东：在知识产权与法学教育之间

一、知识产权漫谈

陈柏峰：和吴老师对话有两个主题：知识产权和法学教育。我们先从知识产权开始，这方面我是外行，可能我的问题也是外行。在实践层面，随着信息技术的发展，盗版和山寨产品非常广泛，不仅是在新兴的经济体，在全世界均是如此，即便是在过去对知识产权保护比较好的国家，现在也出现这种趋势；在思想层面，哥伦比亚大学法学院的莫格伦（Eben Moglen）教授发起了反知识产权保护的“开源运动”，他认为凡是值得复制的都值得分享。实际上，这个运动在全世界范围内的影响都非常大。

在这种主张下，很多人把软件的源代码全部公布，大家都可以去抄袭这些源代码，而这恰恰和过去知识产权的保护理念背道而驰。由于在实践和理论上有这种趋势，有人甚至激进地认为知识产权将来会终结。或者说知识产权至少会走向多元，出现保护和侵权并存的局面。您怎么看待这种种象？

吴汉东：我们现在已经进入21世纪，这是一个知识经济和网络信息的时代，给人们的生产、生活和交往方式带来急剧的变化。英国文豪狄更斯在《双城记》里曾说："这是一个最好的时代。"正是因为有了网络技术，地球变成了地球村，信息在全球范围内更为广泛和便捷的传播，我们足不出户便可以晓天下事。同时，他也说："这也是一个最坏的时代。"因为互联网技术对知识产权，特别是对传统的著作权制度带来极大的冲击，它改变了过去创作者、传播者、使用者三者之间的权利义务关系。现在流行这样一句话：网络版权纠纷急剧增加，版权公司"痛心"，因为总是被侵权；网络公司"揪心"，因为天天当被告；版权律师"开心"，因为打官司需要请律师。

网络技术和网络空间对传统制度带来了挑战，我们需要直面这个现实。但我认为著作权乃至整个知识产权存在的合理性根基并没有动摇。知识产权学人的任务是反思和批判，但不是根除和埋葬。那种主张信息共享，主张版权作品在网络空间不受保护地自由传播的思潮从来就没有停止过。正像民法中的一句法谚：权利是可以放弃的，但义务是不能违反的。因此，**未来的知识产权制度应该是一种多元制度的融合。既要注重独占权利的保护，也要允许信息公开、知识共享等其他创新制度的建构**。我在《法学研究》上发的一篇文章《知识产权的制度风险与法律控制》①，运用民法学、知识产权法学和社会学的相关理论对未来知识产权制度的建构提出了一些自己的看法，比较全面地反映了我的学术思想。

熊琦：现在知识产权被视为显学，我们有知识产权学院、知识产权专业和知识产权的就业方向。但知识产权为什么要缺

① 《知识产权的制度风险与法律控制》，载《法学研究》2012年第4期。

一个“法”字？“知识产权法”和现在火热的“知识产权”之间到底是什么关系？

为什么我要提出这样一个疑问呢？首先，从学生的角度出发，很多学生在报考知识产权专业和询问知识产权学习方法时，都会问一个问题：“我不懂技术，能不能学习知识产权？”这是很多向往知识产权的学生很恐惧的一件事情，他们觉得知识产权非常“高大上”，自己要是不懂技术，怎么可能学会呢？其实其他的法学，比如环境法，也一样需要懂技术，但为什么恰恰是知识产权专业把技术问题提得那么高？

第二，从学者的角度来讲，基于对如今知识产权学界的观察，知识产权和传统法学在研究上已经渐行渐远，这可以说是我自己的一个忧思。现在法学领域所讨论的法教义学、社科法学和法学方法等基本不会邀请知识产权学者参与，好像他们研究的不是法律，不需要用到法学方法似的，而且传统领域的法学学者也极少涉及知识产权的研究，知识产权的学者也避谈或不谈传统法学的内容。本来按照我的理解，知识产权法应该是法学中的一个部门法，它扎根于民法学。吴老师和我本人都是民法学博士，知识产权法学和民法学其实有很深的渊源。但如今传统法学学者和知识产权法学者在相互认识和学习上有困惑，在研究方法和范式的贯彻上有分离。

吴汉东：这是两个非常宏大但很有现实意义的问题。第一个问题代表了很多学生的疑惑。我想谈两个观点：一是关于知识产权的学科定位，二是关于知识产权人才培养的基本模式。我记得 2004 年教育部与国家知识产权局联合发布的《加强高校知识产权工作的意见》里就提到“提高知识产权的学科地位”。换句话说，在此之前，知识产权法是法学门下的三级学科，归属于二级学科民商法之下。十多年过去了，在教育部公布的新的专业目录中，知识产权已经成为与民商法并列的法学二级学科。与此同时，在管理学的门类之下，知识产权管理与工商管理也成为平起平坐的二级学科。

当然，知识产权领域还可以开设知识产权政策和知识产权贸易等。曾几何时，知识产权学人有自己的学科梦，想把知识产权打造成与法学有相同位阶的一级学科。对这个问题，我慎重思考过，但并没有贸然提出此类主张和采取行动。目前整个学科设置有理工农医、文史哲、经法管、艺术学、教育学和军事学共13个学科门类。如果把知识产权法律、知识产权管理、知识产权贸易、知识产权政策上升为或归并为知识产权，作为一级学科，它应该归于哪个门类？这是一种追求，但在目前并不现实。

第二点是关于知识产权人才培养的基本模式。中国现在的知识产权人才培养有一种多元化和系统化的发展趋势。比如，本科专业设置从最初的几所学校发展到现在的54所。但请大家注意，一流的法学院和多数政法大学只涉及研究生层次的知识产权人才培养。当国家教育部高教司的有关领导征求我的意见时，我说："我相信很多学校不做知识产权人才的本科培养，但我本人是一种开放的心态，不反对人家'试水'。我认为知识产权人才应该是复合型、应用型和高端型的人才。本科培养可以作为试点，但应该以研究生和博士生的培养作为主要方式。"当然，这里的研究生和博士生包括法律和管理。没有理工科背景的学生肯定可以学习知识产权。比如，我和熊琦博士经历相似，本科、硕士和博士都是学习法律，最后一样可以研究知识产权。在德国，知识产权的法官和律师都是学法律出身。况且未来我们还要设置知识产权专门法院，也会仿效日本和我国台湾地区的做法，聘请技术法官。所以无论有什么样的知识背景，都可以学习知识产权法，但要为自己设计良好的知识结构，很好地塑造自己，不仅要懂法律，还要吸纳必要的多学科的知识要素。

第二个问题是关于做研究的问题。知识产权不能与民法学渐行渐远，作为知识产权学人，应该与民法同行，“且行且珍惜”。高水平的研究文章，特别是涉及法律问题的文章，是离不开民法的原理、原则、制度和规范的。知识产权问题的研究如果离开了民法，就会变成无源之水和无本之木，找不到应有的学科归属。而且，知识产权工作者会由此失去一个共同对话的学术平台。所以，我在几十年的教学和研究生涯中，一直在努力把民法学和知识产权很好地结合起来。

我的体会是知识产权问题的研究应该以民法理论为基础，以多学科的知识为背景。我写了很多文章，研究了知识产权的政策科学问题、人权问题、风险控制问题、法经济学问题、无形资产管理等，但万变不离其宗，始终没有离开法学或民法学的基点。

熊琦：吴老师刚才是从学科、人才培养和研究的角度来论述的。这告诉我们什么道理呢？如果你是学法学的，就得把“法”这个字在知识产权领域里做到极致；如果你是学管理的，就得把管理学在知识产权领域里做到极致；如果你是学贸易的，就得把贸易在知识产权领域里做到极致。它既然是一个融通型和海纳百川型的学科，就应该允许各学科的方法贯穿其中。俗话说，精通精通，唯有精才能通。无论是学法学还是管理学，只要扎扎实实、一步一个脚印学好自己这个学科，把自己这个学科在知识产权领域的优势发挥出来，而不是一开始就贪多贪广，我们就能做到由精到通。

陈柏峰：熊琦讲的其实我不太同意，我响应吴老师的号召，但吴老师讲的我也不那么赞同。虽然我们从哪个学科出来，就会从这个学科去考虑问题，但就问题和研究来说，学科只是为了我们方便，最后它要指向的是问题。如果学科成为问题的主义，那这个学科可以不要了。

现在知识产权在传统体系里不一定能找到很好的位置，但很多分类都不一定符合逻辑。比如，政治、经济与社会的分类只是为了我们方便，谁也说不清分类的界限到底是什么。知识产权法确实脱胎于民法，属于民法的一个范畴。但从研究方法上来说，知识产权法是越来越脱离于传统民法。知识产权从传统民法脱离出来后，传统民法成为法教义学的领地，但知识产权法更多是和公共政策联系在一起，尤其是现在的疑难问题。

而且我要质疑吴老师一点，吴老师刚才提到德国、我国台湾地区、日本都有很有特色的知识产权法院或知识产权制度。但在今天，知识产权更有创新力或制度更具创新性的地方，可能恰恰是在美国，包括证券法、金融法、知识产权法等很多法律。在美国，知识产权的问题更多的是一个公共政策问题，需要公共政策的判断。当然，我也不认为吴老师的研究是法教义学，可能更多靠近社科法学，但您自己又宣称属于传统领域，这到底有没有矛盾？

吴汉东：现代学科的发展在朝着两端延伸和扩展，这是一种非常有趣的现象。一方面，学科的精细化产生了一些新的分支学科和独特领域。另一方面，学科也在向融通化方向发展，天体力学、生物化学、法社会学、法经济学等都是多个学科之间的嫁接和融通。因此，我们不能忽视学科发展的这两个维度。

就知识产权而言，一方面它脱胎于民商法，但现在独立于民商法，这反映了它在向精细化、专门化、独立化方向发展。另一方面，知识产权又和经济学、管理学、社会学、政治学、人权科学乃至一些技术科学相融合而存在。知识产权的公共政策问题仅仅只是其中一个问题，而不是全部问题。我们现在的研究应坚持自由探索与问题导向。那如何来考量和设计知识产权制度？比如，制定知识产权公共政策体系、实施国家知识产权战略，这都属于政策科学的理论范围；但我们也注意到，比如侵权责任法第 36 条关于网络技术服务提供者所承担的法律责任，就是一个知识产权法律规范的适用问题。① 知识产权问题具有多样化和复杂化的特点，需要运用不同的研究方法，不能一概而论。

徐涤宇：一个可能更根本的问题是，到底怎么来界定我是一个法律人？更具体地来说，知识产权到底在何种意义上属于法学？何种意义上属于管理学？何种意义上属于经济学？法律人可以分为两大类：一类是实务的，又可以分为立法者与法律适用者（包括法官、律师和代理人等），主要面向实践问题；另一类是理论的，同样对应着问题，要么是对立法问题进行批判，要么是对司法问题进行批判。

首先，法律是裁判规范，也就是说，司法者本身没有立法任务，不需要进行价值判断，只需遵守立法者发布的命令，运用法律人的法言法语和法律解释，保证法律得到正确适用，至于是恶法还是良法，这是立法者的问题。法律从来就不是首先约束老百姓的，而是首先约束裁判者。

在这个意义上，法官面对知识产权案件要做的事情，就是如何将案件事实放到立法者规定的规则的事实要件部分去，从

① 《中华人民共和国侵权责任法》第 36 条："网络用户、网络服务提供者利用网络侵害他人民事权益的，应当承担侵权责任。网络用户利用网络服务实施侵权行为的，被侵权人有权通知网络服务提供者采取删除、屏蔽、断开链接等必要措施。网络服务提供者接到通知后未及时采取必要措施的，对损害的扩大部分与该网络用户承担连带责任。"

而得出结论。当然，你们会说这很机械。但如果每一个法官都能够赋予自己立法者的角色，动不动就进行公共选择或价值判断，把自己打扮成公平正义的化身，那么他在个案中毁灭的是普遍的规则。所以我很反对用所谓的公共选择或经济学、伦理学，甚至公平正义为借口，对法律人本身的一种任务（也就是司法者的任务）指手画脚。

其次，立法者首先要进行良法和恶法的判断，因此必然要考虑到社会问题、经济问题、效率问题、公平正义问题等。这是立法者在进行价值判断。他制定的规则，只有经过道德伦理的、政治意识形态的，乃至经济学的、效率的、公平主义的所有考量之后，才能成为一个好的法律。从立法论的角度来说，是可以进行多学科交叉研究的，包括公共政策、制度经济学、伦理学、管理学等。

因此，我们需要对法学理论研究的任务进行定位。要么服务于法律的正确适用，成为解释论；要么服务于立法，成为立法论。吴老师既能把视野放宽，从管理学、经济学等诸如此类的学科出发，站在一个战略的高度对立法进行批判，并思考如何制定一套非常好的知识产权制度；同时，他对法律实务也有很大的影响力，你走到哪个法院或哪个知识产权局，要说不认识徐老师，肯定是百分之百的可能，但要说不认识吴老师，那是百分之百的不可能。

所以，基于民法学科的角度，作为法律人首先要做的是，承认法律人最基本的标准，是能够在解释论层面用规范的法学理论进行研究，能够坚守法律人本身的正义。也就是说，法教义学永远是我们的正义。当然，我不排除用其他方法在立法论上进行研究。

吴汉东：非常感谢徐涤宇院长为我做的辩护，但我并不完全赞同你的观点。我在很多场合谈到法学教育时，多次提到“法律职业共同体”的概念，立法者、司法者、律师和法学教授都应该有共同的法治理想、共同的法律知识结构和共同的法律技能。之所以称为法律职业共同体，是因为他们有这三个“共同”。在很多法治国家，他们的角色可以互换，不像在中国是一定终身。

但知识产权职业共同体比较复杂，它具有传统法律职业的立法、司法人员和律师，但也有很多人从事知识产权行政管理和企业管理。2011 年国家提出建构中国服务产业的四大支柱体系，其中一个体系就是建立知识产权的服务体系，包括知识产权的信息、咨询、代理、评估、商务化服务，还有培训等等。[①] 这是一个特殊的职业共同体，它不完全是法律人才，还包括管理人才和经济人才。

我看了一个资料非常有感触。2013 年美国品牌实验室公布了世界品牌 500 强，[②] 中国有 25 个品牌入列，这与我们作为全球第二大经济体、最大进出口贸易国、最大工业制造国的地位是不相符的。这 25 个品牌微不足道，而且其中很多都是资源性和垄断性的企业。仅仅进入前 100，没有进入前 50，排名最靠前的是中央电视台、国家电网、中国工商银行、中国移动。

品牌实验室评选委员会的主席是著名经济学家和诺贝尔奖获得者蒙代尔（Robert A. Mundell）[③]，其中一个评委是耶鲁大学的教授，他谈了一句话：“瑞士手表带动了瑞士品牌，韩国三

---

① 中华人民共和国知识产权局：《国务院：建立完善服务业知识产权服务体系》，参考链接：http：//www. sipo. gov. cn/ztzl/zgzlz_x/xgbd_x/1060514. htm.

② 美国品牌实验室：2013 年《世界品牌 500 强》排行榜，参考链接：http：//www. worldbrandlab. com/world/2013/

③ 蒙代尔，1932 年 10 月出生于加拿大安大略省，著名经济学家，1999 年诺贝尔经济学奖获得者，哥伦比亚大学教授。

星电子彰显了韩国品牌。中国最有发展前途的是家电业，也许能够成长为未来的世界品牌，但中国缺少具有国际水平的品牌运营的专家。”什么是品牌运营的专家？肯定要对知识产权和无形资产的管理和评估非常娴熟。所以很多知识产权领域缺的是一种复合型、高端型和国际型人才。

熊琦：刚才三位老师谈的是两个问题：一是知识产权法学与知识产权在法学学科内与学科外的问题，二是法学内的立法与司法或者说立法论与解释论的问题。一个是“敌我矛盾”，一个是“人民内部矛盾”。

我先谈谈第一个问题。刚才徐老师说在法解释学层面尽量不要引入多学科的背景，在立法论层面上可以。我想谈的就是，为什么会有这么细密的学科分工或知识分工，法学内部学科分得这么细，法学之外其他方面亦然。

第一个原因是人的理性有限。21 世纪是知识爆炸的时代，很难有像康德、黑格尔、柏拉图那样百科全书式的学者出现，大量的学者是一种专、精、尖人才，因为学科和知识的积累已经到了一个人穷尽一生无法完全掌握的地步，这就需要有学科和知识的分工，从而使某些学者能够投入到他最擅长和最热爱的领域中去，为这个领域做出贡献，我十分赞同陈柏峰老师的提到的问题导向。

第二个更重要的原因是，学科分工为研究问题提供了一种特殊的方法和视角。多学科研究和多维度解读就像做手术的无影灯一样，可以把一个问题放到不同的角度去照射和研究，让它无死角。因为从一个角度出发，即使光线很强，照射很深，也会留下死角。这是任何一个学科都无法避免的。没有那种可以解决万事万物的万能学科，任何学科既然有它的独到之处，也必然有它的弊端和死角阴影。学法学研究知识产权法也好，学经济学研究知识产权经济也好，学管理学研究知识产权管理也好，大家要有自信，相信自己的学科不可替代，而研究这个学科的问题需要大家知识共享。

法教义学和社科法学在知识产权法领域的运用，其实是一个学科内部的立法论和解释论的问题。这同样是知识和学科的分工。立法论首先要确认的是立法所调整的对象和问题，为其树立基本的价值观，为规则设计一个底线，这属于立法价值问题。因此，立法者的研究视野可以更广、研究角度可以更多、引入的学科也可以更多。而司法解释论的学者是将现有立法运用到现实社会问题中，他必须遵循已设定的立法价值和利益分配机制，在这个框架内，针对具体问题，将抽象的条文化解为具体的判决，但这种情况不能说机械，因为解释绝对不是机械的。

所以，社科法学和法教义学一个很重大的争议，或者在知识产权立法论和解释论中一个很重大的问题就是，要不要在解释论中过多引入价值判断。在立法论中引入价值判断是通说，徐老师同意，陈老师应该也同意。但在解释论中应不应该过多引入价值判断呢？

刚才徐老师认为如果在解释中过多引入价值判断或多学科视角，会破坏法律作为事前规则的稳定性——同案同判，特别是知识产权的问题，因为知识产权的客体是无形财产，关于财产价值的评估和损害赔偿的标准是一些法官自由裁量权很大的领域。它不像你弄坏了我的手机，我的手机用了多久、值多少钱，这些基本上能够评估出来。但你侵权了我一部电影、下载了我的一首歌，那么你如何判断这首歌和这部电影的价值？又该如何赔偿？无形财产作为客体的边界非常模糊，权利范畴不太稳定，在损害赔偿的问题和解释的问题上，法官具有很大的自由裁量权。法官需不需要根据自己的理性判断和个案中的主观动机进行独立裁量？要不要引入价值判断实现法官造法？我也想追问吴老师这个问题。

吴汉东：记得早些年间，北京大学的郑胜利教授提出一个知识产权法定主义的话题，① 崔国斌博士在《中国法学》上也写了一篇专门评述法官造法问题的文章。② 在民法学子看来，知识产权法定主义和物权法定主义是一个思路。在我看来，凡是支配权和绝对权，都应该采取法定主义原则，特别是在大陆法系国家。郑胜利教授好像是学工科出身，能够得出这样的结论，真的是难能可贵。

提出这个问题的起因是中国在加入世贸组织前后，面临着与知识产权国际公约接轨的问题。一些法律落后于现实需要，不符合相关国际公约的规定。因此，在很多案件中，一些法官就创设一些规则，通过个案的审理来创制出某些权利或权项。我保守认为这是不合时宜的。最高人民法院可以根据现行法的精神和原则，对某个案件作出司法解释，那么这个司法解释具有适用于所有案件的效力。但不宜由法官在个案中创制新的权项，这不符合中国法的传统。

陈柏峰：我看了吴校长讲课后的一篇文章，其中谈到知识产权的私权属性和国际政治属性。过去大家对权利属性关注较多，对国际政治属性关注较少。您提出这个新观点和那次授课有没有直接的关联？

吴汉东：坦率而言，熊琦对我的这种研究思路也许更熟悉

① 参见郑胜利：《论知识产权法定主义》，载《北大知识产权评论》第2卷，法律出版社，2002。

② 崔国斌：《知识产权法官造法批判》，《中国法学》2006年第1期，第144页。

一些。我虽是学民法出身，但历来主张要用多学科的视野来看待复杂的知识产权问题。在这一个半小时的讲课中，我就谈到了这个主张。

具体而言，我讲了知识产权的三个基本属性：第一，从私人视野来看，知识产权是知识财产私有的权利形态，这更多是借用民法学的理论；第二，从国家视野来看，知识产权是公共的制度政策工具，这更多是从政策科学而言；第三，从世界范围来看，知识产权是国际经贸领域的基本规则。我用了私人产权、政策工具、贸易规则三个不同的属性描述了知识产权的基本属性。

知识产权的研究其实不限于以上三个视角。在经济学看来，知识产权是一种信息财产；在管理学看来，知识产权是一种无形财产；在人权科学看来，知识产权也可以视为一种特别人权。所以可以像用一个多棱镜那样来看待知识产权。但我秉持这样一个基本观点：知识产权首先是一种法律制度。是否保护知识产权？给予什么水平保护？国家立法者有政策考量，进而可以通过私权的制度设计来实现促进知识创造和知识传播的政策总目标。所以我概括出知识产权法的二元立法宗旨：保护私人产权与促进知识广泛传播，这与传统民法有所不同。

熊琦：大概在十年前，当时世界知识产权组织的主干事鲍格胥博士（Appad Boggsy）针对中国的知识产权事业曾说：“中国用 20 多年的时间，走完了西方国家 200 多年才走完的道路。”这句话至今仍被频频引用，作为中国知识产权事业发展的出自外国专家的一个评价。

但可以反过来看今天中国的知识产权现状。比如，前两天马云成为中国首富，他所领导的阿里巴巴也成为仅次于美国谷歌公司的全球第二大市值的互联网公司，但阿里巴巴每年都会上美国的301报告。这个报告是每年4月底由美国贸易委员会公布的关于知识产权盗版侵权的重点观察国家和重点观察对象。

经历了近30余年的制度建设、行政保护和司法推进，中国仍然被西方国家质疑。一些研究人员认为，这三十余年的知识产权保护并没有对中国经济的高速发展带来有益助力，反而在某种程度上提高了中国经济发展的困难程度，中国仍然属于主要依赖投资驱动、资源驱动和劳动力密集产业驱动的经济发展模式。短时间内要改变和扭转这种发展模式，事实上非常难。

而官方对知识产权保护所取得的成就的宣传正是对西方质疑的严正回应。在中国转型的过程中，您对知识产权事业的前景怎么看？

吴汉东：首先我要声明，我不太赞成刚才熊琦老师引述的那位人士对中国知识产权事业的基本评价。从国际上来看，发达国家对知识产权是典型的实用主义态度和顽强的国家利益立场。知识产权制度产生和发展到今天，不过四百年的历史。不像所有权、债权和继承权可以追溯到古代社会。美国和日本号称是知识产权强国，在它们的历史发展过程中，对知识产权的保护都有一个从低水平保护到高水平保护、从选择保护到全面保护的漫长的过渡期和准备期。

美国1790年效仿英国制定了著作权法和专利法，到19世纪，美国版权保护水平也非常低，要求外国人的作品在美国出版才享有美国版权。要求外国人申请美国专利所缴纳的费用，欧洲人是美国人缴纳费用的两倍，英国人是美国人的十倍。那个时候他们有国民待遇吗？日本在明治维新以后，1875年制定专利法，长期不保护化学物质专利，一直到1965年才保护药品专利。对包括中国在内的发展中国家而言，没有这么长时间的准备。

中国的知识产权制度从 20 世纪 80 年代起步，90 年代初完成，仅用了十多年的功夫。而且，一开始就要求我们按照当时国际公约的高水平保护来制定知识产权制度。由此产生了 1992 年中美第一次知识产权冲突，当时我刚好在美国留学，在报纸上发表文章批评美国。他们是在《伯尔尼公约》[①] 制定后 103 年才加入的，而现在美国强大了，便要求高水平的保护。

对中国来说，我们用了十多年的时间建立了知识产权制度；用了 20 年的时间实现从本土化到国际化。原国际知识产权协会主席和斯坦福大学法学院的波顿教授（John Barton）曾说："发展中国家与发达国家在知识产权方面的差距不在于制度本身，而在于运用制度的经验不足。"这种情况对中国带来了很大挑战，一方面，中国取得了最惠国待遇，世界市场向中国打开；另一方面，中国要接受国际公约较高水平的知识产权保护。

接下来，我想评价一下加入世贸组织十多年来中国的知识产权事业处于什么水平。首先应该基本肯定，同时并不讳言矛盾和问题。加入世贸组织十多年来，中国以 9.2 万亿美元的经济规模成为全球第二大经济实体；以 4.5 万亿美元的规模成为世界最大的进出口贸易国；以 19.8%的份额取代美国成为最大的工业制造国。伴随着中国经济社会发展的是知识产权事业的进步。

第一，就发明专利而言，据 WIPO（世界知识产权组织）统计，2013 年全球有效发明专利是 230 万件，中国占 27.8%，美国占 23.1%，日本占 14.6%，韩国占 8%。十年前讲发明专利申请，美国是全球的三分之一，中国只有它的三分之一，所以现在我们在量上首先实现了超越。

---

① 《伯尔尼公约》，全称为《保护文学和艺术作品伯尔尼公约》，是关于著作权保护的国际条约，1886 年 9 月 9 日制定于瑞士伯尔尼。

第二，从版权来看，这几年，版权产业的发展达到了前所未有的高度，包括版权的增长率和对 GDP 的贡献率。2013 年版权产业的贡献率占 GDP 总量的 7%。在中国，GDP 占有率能达到 5%的产业就是支柱型产业。

第三，从商标来看。无论是注册商标申请量和累计注册商标量，还是有效注册商标量，我国商标数量十几年来一直是世界第一。也正是因为有了知识产权，植物新品种和集成电路布图设计都有了很大发展。

同时，我们也要看到存在很多问题和矛盾。《中共中央关于全面深化改革若干重大问题的决定》强调加强知识产权的运用和保护。这说明运用和保护是中国实施国家战略两个最突出的短板，是必须解决的关键问题。21 世纪的第二个十年，中国要从世界大国变成世界强国。

强国之路需要创新驱动发展，而创新驱动发展的基本方略必定是知识产权。从国际经验来看，无论是近代英国和现代美国、日本，还是当代韩国，走的都是这条路，中国走的也是这条路。所以中国要善用知识产权制度，在未来的七八年间必须解决这两大问题：

一是运用问题。取得知识产权不是为了好看，而是为了促进生产力的提高和实现经济社会的发展。有两个数据应该引起我们的反思。第一个是中国发明专利的数量和规模尚可，但质量和水平有差距，中国的关键技术和核心技术没有专利或者专利不多。第二个是实施和转化的问题。据世界银行统计，中国包括专利技术在内的科技成果的转化率只有 20%。相形之下，美国 68 个知识产权密集型产业对全美经济增长的贡献率达到 34%，出口份额占到 60%以上。

二是保护问题，我认为问题更大。坦率来说，公民意识对知识产权认同度较差，整个社会没有形成尊重知识、崇尚创新、保护知识产权的法律文化。在知识产权法律执行方面，问题更多。

比如，97%的商标侵权案和专利侵权案，79%的版权侵权案，由于不能按照权利人的利益损失和侵权人的非法所得，也不能按照许可使用的合理倍数来计算，只能由法官进行裁量，这就是法定赔偿。平均一个案件专利赔8万、商标赔7万、版权赔1.5万。只有30%的案件才能达到权利人的赔偿请求。这么低额的赔偿不足以遏制侵权人的盗版和假冒，也不足以弥补权利人的损失。

再比如，美国从1992年到2012年的专利案件赔偿额平均是450万美金。柯达由于“立拍得”的一次成像技术侵犯了宝丽来公司8个专利，打了8年诉讼，赔了9.8亿。在苹果诉三星侵权案件中，三星涉案侵犯6个专利，其中3个外观设计和3个发明专利，被判赔5亿美金。因此，中国应该加大知识产权保护力度。

为什么把和版权、专利和商标相关的产业称为知识产权密集型产业？这是因为这类产业以权利的存在为基础，以权利的交易为纽带，以权利的保护为后盾。

陈柏峰：听吴老师讲话，我有两个很深刻的体会。第一个是他脑子里装了很多数字，信手拈来。可能好多人都做不到，像我就做不到，要我谈点意见可以，但要我立刻拿数据作证，很难做到。

吴汉东：我曾经评价过苏力教授写的《送法下乡》和陈小君教授对农村土地的研究，包括你们写的法社会学的文章，我都看过，应该肯定你们的研究方法。但我们缺乏的是什么呢？

法学研究过去比较注重规范分析，但现在要引进经济学和管理学的研究方法进行实证分析，凭数据说话。我过去很会用条文这一套方法，但这对于知识产权是不够的，如果不拿数据说话，就难以说服人家。

二、法学教育探析

陈柏峰：吴老师给我的第二个深刻体会就是他讲话很有激情，这也是我第一次近距离的感受。我是 1998 年到中南读本科，当时吴老师是我们的院长和校长，到现在（2014 年）16 年时间，他一直是我们法学的学科带头人。当然，在座的徐老师现在还不能叫带头人，他现在叫守门人。

作为带头人，您觉得在学校里到底要教什么？学生要学什么？这个困惑是从我自己的个人经验来的。我给同学们讲课的时候都会给他们讲：“在大学要务虚，不要想以后走上社会该怎么办。在学校的任务就是学习，学习那些看起来没有用的东西。”但我们往往也会有这样的体会，比如，到社会上接触实践部门，就有院长或庭长会说：“法学毕业生整体还不错，但就是上手慢了一点，来了半年才慢慢会写判决书，法学院的法学教育是不是应该给我们培养更完整的、一来就能给我们写判决书和应对庭审的人才？”您怎么看待这个问题存在的张力？

吴汉东：柏峰揭示了法律学子如何塑造自己的问题。在法律界，我自称是与法同行、以书为伴 30 多年了。在法学园地里，首先要入门，其次在此基础上要出世，要把握好这两个不同的意境。在学院里，基本理论和基本技能都需要掌握。具备很好的理论功底和完善的知识结构，对法学学子非常重要。

坦率而言，我接触的知识产权并不是坐而论道，而是非常务实。高，可以顶天，低，可以立地。我非常赞同柏峰刚才谈的观点。研究生和博士生过去会为了挣学费而要去做兼职，但现在助学金和奖学金足以弥补上学的各种开销，在这种情况下，学生应该全神贯注读书，在这里用一句我认为有点启示性的格言来告诉大家："人生的路很长很长，但关键的就是那几步。伟大的目标必须全力以赴来追寻。"

熊琦：本科生、硕士生和博士生有这样的问题其实很正常。因为社会的浮躁和功利不可避免要侵入到校园生活中来，导致我们坐不下来、看不进去。我自己也给本科生和研究生上课，每次给大一学生讲民法总则的时候，第一节课的第一个问题，我提出来的并不是民法是什么，而是法学学什么。

法学不是学法条。从技术层面来看，法学训练的是我们的法律思维，**如果说有一个学院学习的东西必然会过时，那肯定是法学院**。因为哲学院的学生现在还可以讨论康德和黑格尔，但法学院的学生学的必然是今天的法律，等到毕业的时候，法律可能会被修改或被新的法律替代，这个时候难道大家还要回来继续学和重新学吗？当然不是。因为大家在法学院已经掌握一种法学方法和法学思维，这种思维和方法才是大家将来安身立命的核心竞争力，才是法科学生区别于其他非法科学生而拿到法律从业资格证书的重大区别和重要优势。这是从职业条件和职业规划的角度来看待大学学习的。

大学学习的第二个方面，就是如陈柏峰老师所言，要学一些没有用的东西。现在千万不要说这本书有没有用，将来能不能为我创造财富，让我找一个好工作，大家千万不要这样想。为什么呢？因为大学的第二个目标是人格的塑造。如果人格提升了，在将来的生活中应对困难和问题都会比较从容和镇定。

我在这里推荐大家去看登载在《三联生活周刊》上的《在

哈佛学什么》[1] 这篇文章，它就是专门针对哈佛大学的学生和学科设计，谈到哈佛大学作为一个世界顶尖的和一流的大学，在培养人才上为什么要设置许多戏剧、文学、文艺的课程，而不是说像我们现在某些教育家提倡的那样，把整个大学教育变成一种职业教育。刚进入法院不会写判决书或不会做一些事情很正常，这些操作性和程序性的东西本来就是去实务部门参加工作后慢慢上手的。

大学不是教育的结束而是教育的开始，它告诉你的是如何独立地自学一些东西。到了那个地方两三个月或半年之后，你的优势就可以体现出来，因为你有一种法律思维，当掌握了这种程序性的东西后，就能够独立判案，独立分析问题、发现问题和解决问题。这是我自己作为一个年轻法学教育者的一点感慨。

徐涤宇：我追随吴老师 20 多年了，从 1988 年进入学校学习，1992 年留校，他一直是我的领导，从他身上我学习了不少东西。在我看来，吴老师不仅仅是一个法学家，也是一名法学教育家。

法学教育家一般分为三个层次：第一层次是园丁式的，一般影响他所认识或成为他学生的人，也就是我们所说的“桃李满天下”，这很多老师都能做到；第二层次是制度设计型的，这一类型的法学教育家能够把自己的理念影响到制度设计上，因为吴老师本身也是教育部法学教职委的副主任委员和中国法学教育的顶层设计者之一。从这个角度来说，他可能是对中国法学教育有影响力的、在时空上更超越的人；第三个层次是思想型的，他可能超越时空，不仅仅影响这个时代和空间的特定的

① 《在哈佛学什么》，参考链接：http：//www. lifeweek. com. cn/2013/0627/41233. shtml。

法学职业者，还可能会影响下一个时代和另一个空间。

昆德拉有一本小说叫《不朽》，里面谈到不朽分为两种：一个是“小的不朽”，一个是“大的不朽”。“小的不朽”就是让认识你的人记住，“大的不朽”就是让不认识你的人记住。这种教育理念可能贯穿于他几十年的教学行政管理，甚至包括制度设计层面。

我对法学教育的理解是这样的：首先，大学教育是不是一种职业教育？我刚才已经说了，法学教育的第一个任务肯定是职业教育，因为法学培养的大多数人以后会精神抖擞、斗志昂扬地为权利而斗争，为中国的法治事业而斗争。如果作为一个职业法律人连最基本的技能都没学会，那就是不称职。在这个意义上，学生要以司法考试为目标，才可能成为一个法律职业人。但中国的职业教育是远远不够的，按吴老师的说法，现在几个人就能办一个法学院或法学专业，职业准入门槛是很低的。

在西方国家，即使是一种职业性教育，在大学阶段也可能和我们一样，很多学生听一个教授讲课。当然，它也融进了一种学徒式的教育，比如用案例去讲课。据说在德国和中国台湾地区，在课后做的最多的就是针对一个民事案例寻找请求权基础。如果我是一个法官或律师，我应该从什么角度切入？如何寻找支持我的请求权的法律规范？这不仅是他们必须熟练掌握的技能，也是一种他们自发形成的在学习之外为未来职业方向进行的预演。

但这还是不够的。现在学生特别多，尤其是有些老师上课很有激情，课堂一下子容纳四五百人。这其实不符合学徒式的教育模式。即使在西方发达国家，法律的学徒式教育真正起作用是在学习毕业之后。他要进行第二步的就是通过法律职业资格考试，获得初步的从业知识。但请大家注意，这时候才真正进入职业阶段，他需要进入司法培训所或各种律师事务所实习，不达到一定的经验，就不能出师而从事这个职业。

在我们国家，从某种意义上说，法学的职业教育一般把任务全部交给了大学。因此，大学培养出来的就是像南方职校一样的厨师级的法律人。也就是说，学什么的都能进，只要是本科文凭或大专文凭就可以参加法律职业资格考试，它没有准入资质的要求。这种情况会同时造成法学本身和大家就业的迷茫。但我们的法学教育又能怎么样呢？只能跟着这个指挥棒走。

但我相信，到底是培养学理型的（法科学生），还是培养马上就会写判决书的，二者不是截然分开的。中国的法学职业教育有些类似于一种驾校教育，大家觉得考试难，宁肯去考驾校，因为拿到驾照可以给老板开车，找工作就容易一些。

一方面，我们进行精英式教育，从树人的角度来看，就是你说的务虚，把法律人的理念精神和法学院的气质锻炼出来。另一方面，也要进行职业培训。我们的道路还比较漫长。当然还有一些学者像柏峰和熊琦一样，立志于在法学研究方面做出成绩和贡献，他们也是我们需要的。从这个角度来说，大家也可以以他们为志向和标杆前进，但这方面的人才是越来越难得，从事这一块的研究竞争也比较激烈。总的来说，法律教育务虚是一块，务实肯定也是一块。我们怎么走下去，也是在慢慢摸索。

吴汉东：改革开放后，中国的高等法学教育经历了30多年的历史，发展到今天确实令人惊诧，我们大概发展出了全球最大规模的法学教育。从中专、大专、本科、硕士到博士以至于博士后，恐怕是世界上系统层次最为复杂的法学教育。经过教育部和法学教育指导委员会十多年的励精图治，我们把法律教育界定为以本科教育为起点，建立了本科生、硕士生和博士生的人才培养体系。这是符合法律人才的培养需求的。

但现在的问题是规模扩张太快。在 21 世纪初，全国是 200 多所法学院，到今天为止是 650 多所法学院，在校学生 70 万，其中本科生近 40 万。因此，要想提高法学教育水平，提高每位法科学子的核心竞争力就显得特别重要。在此我觉得有两对关系要处理好：

一是法学教育的普及化和精英化的关系。现在我们已经进入高等教育大众化的阶段，适龄人口的入学率超过了 27%，所以法学教育也随之扩张得非常厉害。在现代法治国家，法学教育门槛是高的，培养标准是严的。所以我们无论是做老师，还是当学生，可以没有社会精英的派头，但一定要有社会精英的追求和气质。因为你这一辈子是为神圣的法律事业而战，不同于一般社会职业者的担当，所以要做国民表率和国家栋梁。

二是法学教育的本土化与国际化的关系。在中国举办法学教育，理所当然是为中国的社会发展与法治进步培养专门人才。这种人才必须是立足于本土，为中国的事业而奋斗。在当今这种情况下，还要具备国际视野、熟悉国际法则，把本土化与国际化很好地结合起来。我曾经说过："中国高校的竞争说到底是人才的竞争，人才竞争的关键是青年教师的竞争。"

对话张志铭：法学研究中的“规范”

一、为何是司法研究

陈柏峰：今天的主题是法学研究中的“规范”。张老师不仅涉及传统法学的规范研究，还涉及实证研究，并且做过编辑，所以，这个“规范”实际上具有多重意思。您 20 世纪 90 年代就在《中国社会科学》《法学研究》等刊物上发表了很多文章，涉及审判方式改革、律师职业、司法判决的结构等很现实的问题。您是怎么把目光放在这些问题上的？受到什么影响？

张志铭：在很长一段时间里，我比较偏向形而上学，对法学理论的基本概念和范畴比较感兴趣，比如我在《中国法学》上发表关于法律关系的文章。[①] 但到了 90 年代之后，我突然觉得研究理论的人不能太形而上学，浮在半空，再高深的理论都必须落地。

于是，我选择以中国的律师业和律师制度为主题开始研究。

---

① 张志铭：《中国社会主义法律关系新探》，《中国法学》1988 年第 5 期。

我在 1993 年写了一篇文章《当代中国的律师业：以民权为基本尺度》[①]，通过大量的数据来描述、刻画和研究这些问题，这篇文章在 1994 年发表。所以，我的成名作不是发表在《中国法学》上的《法律规范》，[②] 而是《当代中国的律师业：以民权为基本尺度》。

做学术研究一定要抱团取暖，不能学而无友，否则就会觉得孤独。那时候贺卫方、夏勇、高鸿钧等学者感觉得做点什么事情。在这种动力驱动下，贺卫方教授写出了他的成名作，继而从 90 年代初开始对司法进行研究，但在某种意义上，到现在为止他还没有突破他那个时候的观念和境界。我特别喜欢这种实践性和应用性很强的志趣，所以一路走来，我做了律师职业的研究，后面做了司法改革方面的研究，后来又陆续关注其他的一些问题。

我这个人的特点是不愿意“炒冷饭”，基本上就像猴子掰玉米一样，觉得已经是我的了就会扔下，再去开垦一片，这样一路走来，不断垦荒，基本上是一片一片地开，无形之中就连成了片。既有法律关系、法律价值、法律规范、法治、法理等理论导向的，也有人权、司法改革、律师职业、法律解释等实践问题导向的，现在回头看来就像开荒种地，相对于法学界的其他学者，我可能是开荒种地最多的。

陈柏峰：您既做过编辑，也在法院做过法官，这些经历对您关心现实问题有没有什么影响呢？

张志铭：在法学界里，我的经历算是比较复杂的，工种和

---

① 张志铭：《当代中国的律师业：以民权为基本尺度》，《比较法研究》1995 年第 1 期。

② 张志铭：《法律规范三论》，《中国法学》1990 年第 6 期。

单位换得比较多。编辑是以审核报告为依据，而不是科研，写不出好的审核报告，就不可以做副编审和编审。但现在很多科研单位实际上是以科研发表来评定职称。即使有人做了主编，也没有作为编辑的意识。真正的编辑是以“为他人作嫁衣裳”为荣，以推出他人为荣。如果要谈我对中国法学的贡献，其中一点便是我做编辑时，确实推出了很多新人。这既是非常难得的经历，也是一种机缘巧合。

北大毕业后，我在河北石家庄桥西区人民法院待过三个月，1989 年又在河北易县法院待过将近一年的时间。那时都是办案子，我在桥西区和易县办的都是大案子。后来我又到检察官学院做过一年的编辑，在法学研究所做了十年的科研，最后到了人民大学。所以孩子就提醒我说：“老爸，你真是要注意呀！一个人老是换单位，就说明他不适应社会。这要真正好好反省下自己。”我自己参与的（领域）确实比较多，但这或许也符合浙江人学以致用、知行合一的特征。

尤陈俊：在很多人的印象中，中国的法理学是一个比较高大上的学科，以至于有人批评说法理学不接地气。今天探讨的一些法理学作品有很多很虚的、很形式化的概念和大词。但您的研究好像从 90 年代初开始就和很多学者不太一样，比如您在 90 年代后期就已经开始关注司法改革，可以说迄今为止，您是中国法学界中关注司法改革最多的学者之一。您当时基于什么理由选择司法改革作为关注点？法理学其实有很多领域，为什么您会选择司法改革作为您重点研究的一个领域？法理学的研究者应该怎样看待法律现实与理论研究之间的关系？

张志铭：在中国最早关注司法的是贺卫方。我和他基本同步，当时我和他一起去他的老家做调研，他选择的是司法，我选择的是律师制度。他的成名作《通过司法实现社会正义》[1]就提出了法院方面的内容，其实这些观点他早就已经在文章中提出来了，只是后面在报纸上出现就引起了大家的注意，产生了公共效应。

我写的关于律师业的那篇文章对中国的律师业做了一个总体性的刻画。中国的律师业总体呈现出一个社会化的过程，体现出“去国家化和专业化”这样两个前后相继的环节。具体来说，律师业先从国家当中脱胎出来，之后逐渐回归到社会，变得越来越专业化，从而依托专业化的而不是国家的法律工作者来解决在社会中遇到的问题。

虽然这文章是在 90 年代写的，但其对中国律师业发展轨迹的刻画到现在都不会过时。而且直到现在，中国的律师业基本还是在这样的路径上，还没有深度解决律师业走出国家的怀抱之后进入社会，如何在社会生根发芽的问题。在这个转变的过程中，它遭遇了很多问题，而这些问题也是它必须解决的。如果认为辩护制度也是司法制度的一部分，我现在对司法的关注就是从那个时候开始的。

但真正地对法院和对以审判为中心的司法的关注，贺老师比我要早，他以司法研究见长。所以当时在 90 年代初，我们四人被称为“京城四少”，贺老师叫“贺司法”，我当时做（法律）解释，所以叫“张解释”。当然，研究律师也给我带来了很大的学术声誉。因而我对现实问题的关注可能与大家一样，都是与生俱来的，特别注重行动、实践与知行合一，选择的方向也比较刻意，希望能够学以致用，解决现实生活中的问题，这可能也与地缘文化有某种关系。

---

① 贺卫方：《通过司法实现社会正义：对中国法官现状的一个透视》，载夏勇主编：《走向权利的时代》，中国政法大学出版社，2000，第 209—284 页。

尤陈俊：您、贺卫方老师和朱苏力老师都是理论法学学者，但很早就开始关注司法改革，是什么原因使得本由诉讼法研究的领域却被法理学学者抢先研究？当然有人会认为这是因为法理学的一些内容没法去研究了，所以才开拓这一块。您怎么看待这个问题？您当年是觉得法理学确实没有什么好研究的了，还是从法理学的视角出发去发现部门法学没有发现的问题？

张志铭：中国的司法问题为什么一下成为大家关注的核心？甚至在一段时期，央视的《今日说法》节目其实就是“今日说司法”。这个问题非常有意思。如果回顾起来，司法项目的推进与福特基金会的资助有关系，那个时候中外的学术交流比较频繁，国外很多法官和法学教授都不约而同地选择了中国的司法来讨论和交流，其中包括美国联邦最高法院的肯尼迪大法官，当时我还和他一起主持过会议。当然我们接受的都是现代的法学教育，我们讲的现代治理实际上是司法治理，比如英美的法治实际上是司法主治。

我们也在思考中国的司法治理问题。90年代初，“包裹式”司法已经难以为继，法院是在政府部门中最早遭遇这种问题的。比如，我当时在河北易县的法院，一个法院一年只有一万块钱的经费，它完全没法回应当事人的诉求。我们那时候到深圳去就是厂长跟着，所有住宿费用都由当事人掏钱，所以当时发生了一些“吃了原告吃被告”的情况，由此导致社会对司法的严峻关切，但那是不得已的选择。从历史上来讲这是一个种种因素导致的机缘巧合，但现在却变得很有意义。

另外，我们刚开始不是做项目，而是做“当代法学名著译丛”的学术翻译。当时由江平牵头，中国大百科出版社出版。比如我们翻译的《法律与革命》可能是1949年以来引证率最高的一本著作。当时书的选取特别有意思，是季卫东的老师——

棚濑孝雄在日本钦定的。他曾经是世界法哲学学会的主席，也是京都大学特别出名的教授。那时苏力刚回来，我们去北大找了他，他翻译了波斯纳的《法理学问题》① 和布莱克的《法律的运作行为》②。

到了 90 年代初，夏勇和我们开始一起做一些实证研究，如果按照现在社科法学的视野来看，当时的实证研究太粗糙了，甚至算不上实证研究，但当时敢于亮出这面旗帜其实是很不简单的。那个时候做了一个“社会发展与公民权利保护”的项目，分为 11 个子课题，其中我做律师业，贺老师做司法业，还有其他人，当时包括梁治平在内的很多学者围绕这是不是真正的实证研究做了评论。但不管争论的结果怎么样，现在回过头来看，这个项目确实给中国的法学界留下了很深远的影响。

我们那时真的有一种家国情怀和人文关怀，司法研究就是在那个阶段出现的。当时我写了一篇关于审判方式改革的几个问题的文章，对从职权主义转向当事人主义提出了质疑。我认为审判方式不应该是从职权主义转向当事人主义，而是应该在职权主义模式里增加当事人主义的因素，更加体现现代司法的民主要求。贺老师和朱老师也都写了文章。但如果要提到中国的司法改革，贺老师组织的一篇“三人谈”③ 不得不重视，这是最早在司法改革的意义上讨论中国的司法问题。

二、法学中的规范研究

杨知文：很多人都讲法学研究应当以“规范研究”为中心，

① ［美］波斯纳：《法理学问题》，苏力译，中国政法大学出版社，2002。

② ［美］布莱克：《法律的运作行为》，唐越、苏力译，中国政法大学出版社，1994。

③ 贺卫方、朱苏力、张志铭：《关于司法改革的对话》，载刘军宁、王焱等编，《市场社会与公共秩序》，生活·读书·新知三联书店，1996。

您1990年在《中国法学》上发表了关于“规范三论”的文章，[①] 提出了法律规范的结构特征，还指出了规范性的特征不仅体现在法律概念、法律规则、法律原则等方面，还体现在法律适用层面。如何理解规范研究在法学研究特别是法理学研究中的地位？

张志铭：我在1988年写了一篇文章《经验实证和价值追求：中国法学发展的价值取向》[②]，当时觉得中国法学的真正发展必须是两个维度：一是规范和价值层面，二是经验实证层面。在法学界，我自己研究的是解释学，后来很多人觉得我不属于社科法学阵营。

实际上我是一个“平衡论”者，对法教义学和社科法学有同样的偏好，但也同样不以为然。我自己做法学研究特别喜欢玄想，当时就提出了“自然的主体地位”问题，主要涉及自然物的权利问题，比如猪、狗、猫是否有权利？因为涉及生态伦理学方面的内容，当时就特别前卫，现在看来也是特别重大的观点。

现在认为法律规范是社会规范，但我觉得这个提法不对。法律规范是社会生活规范，而社会生活规范不仅处理人与人之间的关系，还处理人与自然的关系，甚至还调整自然物质之间的关系。[③] 整个法学至少在理念上还没有超过我们那个时候。所以我一直认为法律不是调整社会关系，而是调整社会生活关系。

社会生活关系包括人与人、人与自然，甚至在某种程度上还涉及自然物质之间的关系。但这种观点可能会颠覆整个法学

---

① 张志铭：《法律规范三论》，《中国法学》1990年第6期。

② 张志铭：《价值追求和经验实证：中国法学理论发展的取向》，《法学》1988年第12期。

③ 张志铭：《中国社会主义法律关系新探》，《中国法学》1988年第5期。

的大厦，因为基于经典作家所述，法律规范是一种调整人与人之间关系的社会规范。而自然权利就是指自然作为主体的权利，意即什么东西能成为主体。只要具备“自在和自觉”两种属性就能成为主体，这需要破除“人类中心主义”的观点。第一，自在没有问题，但要破除一种依赖于人的利益的自在；第二，它也是自觉的，需要意识到这个东西。所以从我个人研究出发，以规范中心应该以问题为指向，发现哪里有问题，我就研究哪里，并没有特别明确是规范指向还是价值指向。

在国内，我比较早进行规范研究。而且，那时我的文章特别有骨感，观点都很前卫，因为当时并没有特别多的文献资料可以依赖。比如 1990 年写的《法律规范三论》讨论了法律概念和法律原则的规范性问题，这与以后讨论的“法律不仅仅是规则，还是原则”的观点不谋而合。我感觉除了规则之外，法律概念和法律原则也具有规范性，所以当时那篇文章就取了这样的标题。那时最大的乐趣就是玄想，现在回过头来看，还真是特别有意思。

我写了法律关系后，有一次和江平老师坐在一起，就自然物的主体问题展开了讨论，我还讲了这个观点。江平老师当时眨了眨眼说：“这个观点还不是很好理解。”但大家不要忘了，我们的环境法原来一直把自然当作人的权利客体对待。最近一两年，环境保护才真正有种革命性思维，这种思维体现在把自然物当作不依附于人的需要、自在与自觉的主体存在。只有这样对待自然物，人类的生态问题才有出路。如果只是把它看作人类的权利客体，我们永远都不能解决生态恶化的问题。现在回过头来想，这种看法在 20 多年前就已经成形，但我对规范的关怀其实没有你们那样刻意。

陈柏峰：对于规范法学和社科法学，您确实是通吃！您对法律解释和法律实践的一些问题都有比较深入的研究。那您怎么看待这两种方法论之间的关系？

张志铭：我做研究其实是问题指向的风格，没有用标题去刻意设计。所以，回过头来看我的成果，比较有代表性或前瞻性的作品往往是一二十年前关于法律关系、法律规范、律师业、法律解释等的研究。最典型的是《当代中国的律师业》这篇文章，当时法学界都采取定性研究，而我这篇文章采取的是量化实证研究，用数据和表格来分析问题，尽管现在看起来很粗糙，但当时在大家看来很有新意。

这篇文章里提出的一些关于律师业的观点很具有前瞻性。比如较早提出了“法律职业共同体”这个概念，对应的英文为 legal community，我在投稿的时候，贺卫方和高鸿钧还对这个词的翻译有争议，community 可以译成社区、社会或法律界，怎么能翻译成“法律职业共同体”呢？当时他们争得面红耳赤，都比较认真，但我还是坚持叫“法律职业共同体”。再比如，文章提出中国律师由于资源短缺与匮乏，所以导致他们必须“走关系”，以寻求制度外的便利。

像现在提到的规范法学和法律解释，如果追溯起来，大家可以借鉴我在 1988 年写的《经验实证和价值追求——中国法学发展的价值取向》这篇文章，当时我就谈到“注释法学”是有问题的，但法学的传统就是注释和教义学。那时没有文献支撑，但我觉得法学正经的路子是法解释学和法教义学，所以到了 90 年代初我开始研究法律解释，可能就有这方面的渊源。

但这些研究都没有为中国法律发展和法律实践亮出一面旗帜，而你们现在亮了这面旗帜——社科法学。后来 1998 年我又在社科院研究人权问题，专门选择了欧洲人权法院判例法中的表达自由，因为当时这是世界上最先进的司法实践，又涉及法律解释的问题。

陈柏峰：针对法学解释方法，苏力认为解释方法很丰富，而且每一种方法后面都有很多技术。但这一套方法并不能体系性地告诉我们在遇到疑难案件的时候该怎样用？他认为使用这套方法的实际过程是先有结论，然后再想方法进行合理化论证。这些解释方法并不能让我们准确寻找更适合的方法，而只能让我们在已经知道合适方法的情况下去说服大众。

张志铭：苏力质疑法律解释方法的有效性，这与他所有的文章在风格上存在某种默契。读苏力的书，会发现他是一位将自己的角色定位于哲学家的质疑者，通过讲述一些习以为常的东西来揭示其中蕴含的问题，但他从来不会给出一个肯定性答复。所以常常会看到有这样的表述，明明是带有贬义，他却声明不带贬义。中国的语言习惯是这样的，若想要无懈可击，就别说，一旦说了，就露出马脚，不管谁问他，答案始终只有一个。因此我一直觉得苏力不是一个建设者，而是很好的提问者。他的文章是一种质疑，给人很多的启发。

我在文章里对苏力的观点提出了批评。我认为法律解释方法必须引起我们的重视，正像那句名言所说："法律不是放在那里供你理解的，而是要通过你的理解和解释变得行之有效。"因此，法律解释永远不是比谁解释得更好，而是比谁的解释更加有效，法学界很多研究法律解释的学者不明白这一点。

什么叫更加有效？就是在一定的制度条件下，它更具有制度上的依据，更具有正当性，更容易得到职业同行的认可。法学是正义与不正义之学，它关心的是公平和正义的内容。从古希腊开始，研究法律的都是"一本正经"，这并非没有意识到"一本正经"在智识层面上有什么不足，而是意识到人类社会是一个文明社会，它在很多事情上必须“一本正经”，必须解决基于某种共识的正当性问题。所以不是比谁的脑子更好，而是谁的东西更符合大众的共识，更能够转换为实际行动。

波斯纳是一位特别好的评论家，他看每个人的缺点时总能一针见血，在这方面充分展现出自己的才华和智慧。苏力也特别推崇波斯纳，但波斯纳不是一个建设者，当他出主意的时候也会显得很蹩脚。在某种层面上，苏力也有这种能力，苏力讨论的很多内容可能不是很确凿，比如审委会的存废问题，大家可能都愿意顺着这个思路去讨论，但讨论案件其实只是审委会所有职能中的一项，这种权能的存废并不涉及审委会的存废问题。更进一步说，我们不应该讨论审委会的存废问题，而应讨论这种权能应该以怎样的方式去行使。如果真正深入分析，就不会这么笼统地和粗略地提问题。

再比如，对于中国到底需要多少律师的问题，直到现在我们的认识还停留在很粗浅的层面上，到底是什么决定律师的数量？是法律需求？还是律师需求？真正决定的是有效的律师服务需求。对于很多改革，我们都没有明白真正的问题到底是什么。

每次读苏力的文章，总是会启发我思考和注意某种现象，但在建设性的意义上，恰恰是他的薄弱点。苏力老说自己当过兵，有很丰富的社会阅历，但如果真是这样，他就不会在强奸幼女的讨论上说：“你跟一个女孩发生关系，你都不事先看看她的身份证，你都不知道她多大，就跟人家发生关系，那也太不负责任了吧！”对于这种评论，我们似乎说不出什么，但就是觉得这种说法好像很不对劲。

古罗马法学家乌尔比安说过：法学就是解决神事和人事的，所以我们必须对人世间的事有更透彻的了解。如果社科法学以后做成了这样，它可能会启发我们从规范的角度去思考问题，但社科法学到底能提出多少有建设性的东西呢？黑格尔曾说："凡是现实的，都是合理的；只有合理的，才是现实的。"虽然现实存在都会有用，但现在法学界的很多人都基于有用性去谈应然性，意即因为它有用，所以是应当。我并不是否定这种看法，**只是觉得在谈应然性的时候，应该基于更大的时空坐标**。可能他讲得会非常有道理，但人类毕竟不是在这样一个小坐标中来思考中国社会，如果是这样，那基本上是"机会主义"的。

陈柏峰：这个问题涉及法学界的一些公案，可以进一步讨论一下。

张志铭：这个话题涉及对具体学者的评价。在某种意义上，我们可以评价公众人物，当然也可以放到更加一般的意义上来讨论。

第一，法学界现在呈现出一种很好的现象，一方面，社科法学确实很成气候；另一方面，也有一拨人回归法教义学的传统，注重像法解释学这样的领域。处在转型时期的中国社会要求我们在价值问题上重新思考，以前是正确的，现在不一定正确；以前是合理的，现在不一定合理，所以要重新审视我们基于传统的很多认识。在这个意义上，"就法论法"是不对的。

就中国法治建设的进程来看，立法已经告一段落，现在最大的使命是法律要付诸实施。法治首先还是依法办事，但法学界已经把法治演绎到大家不知道什么是法治的程度了。所以现在最大的问题在于法治到底是什么？法治就是要守法，对于一个真正的法治主义者来说，好的法律要遵守，坏的法律也要遵守。当然，在出现整体法律制度溃败的时候，可以基于自己的良心选择不守法，然后接受不守法的惩罚，这没有问题，但在局部的意义上，我们决不允许个体在违法的基础上展示自己的自由意志。中国的法治发展到今天，当务之急就是要将法律付诸实施，而这也是法学院承担的第一使命。那么法律的好坏问题或者法律之外因素的考量问题，有没有必要呢？当然有必要，这会使得我们更好地审视很多法律问题，看得更加真切，但这不应该成为主流。

第二，从法学的主导性观念来看，法学的课程安排、学术研究、科研布局等，都要回归到教义学传统。换言之，所有思考问题的出发点都要回归到现实有效的法律，而不是讨论法律的好坏问题。在这个意义上，法学教育和法学研究确实在法学的价值取向与法律的现状之间有一个平衡，这也是转型社会的特点。一旦转型完成了，即我们在很多大是大非的问题上达成了某种共识，重要的问题就是将法律付诸实施，而不是每个人都去质疑法律的善恶和合理性问题。

所以在转型社会的大背景下，法教义学和社科法学各有千秋，相得益彰。但从法学发展的整体脉络来看，无论是社科法学还是解释法学，都没有什么新奇之处，因为法学从来都注重规范，既有注重法律本身的，也有注重法律之外的，正如苏力所说：“法律的和关于法律的。”在转型的背景下，无非是用这样的称呼将这样一个历史性的分野重新展现出来，各自在各自的方面进一步展现出自己深刻的一面，这对中国的法治实践和法治发展都是有益的。

尤陈俊：法学研究中的“规范”应该如何理解？社科法学和法解释学是如何处理规范问题的？

张志铭：我们可以追寻一种更精准的术语表达，但有时候要就事论事来谈。比如我们研究的重心是以“规范”为聚焦点，还是以“规范”之外的考量因素为聚焦点？在我看来，法学研究由此分为两脉：

一脉从奥斯丁开始就把思考问题的出发点建立在实在法之上，即立足于法律规定本身；另一脉认为不能局限于法律本身去思考问题，而要考量很多法律之外的因素，甚至在更极端的意义上，还会思考法律本身的可靠性问题。这种区别与我们的行为选择有关。我们是立足于现行有效的法律？还是站在一个更加超越的立场上，把法律当成一种简单的参考、线索或其他更合理的东西？

这是一个思路上的基本分野。我们所讲的“自然法”其实就是高级法的内容，充满神圣主义的色彩，这意味着法律本身是有效的，法律必须被信仰、被信服，甚至被盲信。当然，社科法学认为法律本身不可靠，有的试图从价值上质疑它，还有的从实效主义的角度质疑它，即法律是这样规定，但现实生活又是怎样的。而教义学把法律当作教条，认为法律必须被遵守。

对于法解释学，很多人实际上读不懂拉伦茨的《法学方法论》，因为这本书的翻译本身有问题，它应该翻译成《法律方法论》而非《法学方法论》。要读好这本书，一定要调整好自己的预期，因为拉伦茨开篇就提到：“法学方法论是以一个国家现实有效的法秩序作为自己思考问题的前提。”它是一种基于实在法的思考。在我接触的很多学生中，他们都读不懂拉伦茨的书，因为他们老是带着法律批判的立场去看问题，基本预期和作者有出入。

我曾经做过“涉黄”法律规制的研究，因为作为一个法律人应该研究现在关于“黄”这个规则本身的合理性和有效性问题。[①] 在做研究的过程中，我发现必须要解决一个前置性问题：

① 张志铭、李建新：《“黄”在当代中国何以成为问题》，《政法论坛》2012 年第 2 期。

到底什么是“黄”？在很长一段时间，“性”就是“黄”，但到现在“黄”已经不能和“性”画等号，而是一种“性”运用不当被认为“黄”。所以，这种社会规制涉及“黄”本身，我们需要解决一些前置性问题，形成正本清源的认识。如果简单坚持传统的教义学立场，只讨论现在关于“黄”有多少规则以及规则的解释适用问题，那肯定是不行的。因为这不是一个得利的立场，而是一个特别有局限甚至是反动的立场。在这个意义上，我们确实需要在不同的领域就事论事。

在我看来，社科法学要注意两方面的问题：第一，必须对法律的前置性问题保持警惕。换言之，对于整个社会和很多价值判断，我们要保持反思和批判；第二，对于法律实施的效果，也要保持警惕，即法律制度的设计是否行之有效，是否具有针对性。引入社会科学的立场进行审视的原因，就在于它能够破除我们对现有实在法的迷信，增进法律制度的有效性和品质。在中国转型的大背景下，这两种立场都有必要，尽管这种必要性可能会偏向一头，比如涉黄规制问题，首先要解决前置性问题，如果不解决前置性问题，教义学传统根本无从谈起。

三、法学学术研究的规范性

杨知文：您的经历和很多法学研究者不一样，您能否结合做编辑的经历，谈一谈对学术规范问题的看法？

张志铭：我们刚刚讨论的是学术是否应该以法律规则或法律为中心的问题，现在讨论的是学术研究本身的规范性问题。这个问题对中国当下而言太有必要了，因为中国的学术界发展到现在，有很多学者经常是“伪智”，呈现出来的是学风浮躁和学术不规范。

当然，这种话题也可以说是一种技术上的话题，比如现有在很多学位论文在技术规范上不达标，包括引证体例、参考文献、目录编排等各种各样的问题，这就是学术不规范。写论文和写文章完全是两码事。法学界基本上认为写文章就是写论文，文章有各种题材，而论文只是文章题材中的一种。或者更进一步讲，所有文章都必须有论题，而现在有很多文章没有论题。什么是论题？对象不是问题，问题不是论题，论题不一定有含金量。

一方面，当你写下一篇文章的标题时，基本上都有对象，但这种对象是否一定都有问题呢？那可不一定。我们生活在一个寻常和确定的社会中，看到的东西在 99% 的意义上不认为有问题，但它们都是我们的对象。另一方面，我们要发现问题，但发现的这个问题一定能成为论题吗？

论题是建构的结果，主要有两种方式：一种是关于这个问题有争论，争论之后形成分野，产生不同的 argument（论点），在不同的 argument 的交叉点上我们可以提炼出论题；另一种是我们发现了一个问题，但它还没有被大家所认识，而这个问题一旦被大家所认识，肯定会产生认识上的分歧。因此论题肯定是由不同的看法形成交叉点，然后在这个交叉点的基础上形成的，论文就是在这个意义上产生的。以前我做编辑时，好多文章都没有论题。如果一篇文章有清晰的论题，我就觉得作者的学术素养不错。现在很多文章仅仅只是文章而不是论文，所以我自己既发论文，也发文章。

对于规范化，我们可以看一些美国的法律评论非常实用的做法。比如，如果写关于法治的文章，外国学者通常会罗列出同行的看法 1、2、3、4、5 等，这些已有的认识和看法构成了关于法治问题的传统智慧（traditional wisdom），然后他会说 1、

2、4都是对的，3和5在什么情况下有问题，我这篇论文只针对3和5两个问题展开讨论，我认为它们是错的，然后解释错误的原因，所以论文写得是“眉清目秀”。但我们所说的学术规范性其实并没有规范性，文章只是一篇文章而已，发表的目的是想评职称或其他，并不是基于知识增量或认知增量的提高，当然我还谈到方法和论题的问题，在这方面我也做了很多。

学术规范性很重要，一篇学术论文必须要有参考文献、注释、引证。第一，学术文章不能只是我认为怎么样，因为太阳底下无新事，很多问题在这之前已经被讨论过，如果你都不研究人家的看法，那写出来的文章谁看呢？第二，学术文章要有注释，这是更进一步的要求。我们通过看注释就能判断这篇文章有没有价值、值不值得看。对于国内研究这个问题的、有分量的文献，作为研究者应该心知肚明。所以我经常跟我的学生们讲：“关键性的文献一篇都没有，引入的都是一些边边角角的东西，怎么会有价值呢？”这也是规范性的问题。第三，学术引证体例现在有各种版本，《法学研究》《中国法学》《法学家》各成一体，但我认为一篇论文的引证体例必须前后一致和统一，这是最低限度的要求。

学术规范性上的问题特别多，主要问题不是研究者自己不清楚、做不到，而是根本不愿意去做。现在写文章是出于功利，纯粹为了发表。我们那时候写文章有一种家国情怀，将立功、立言、立德称为“人生的三部曲”，其中立言最难。古人甚至提到“为天地立心，为万世开太平”的高度。所以这不仅是一个技术性问题，也是社会性问题。

袁方：刚才张老师也提到了“法律职业共同体”这个词，其实有些杂志的读者群体并不全是学者，也要考虑到律师和法官。他们要关注上级的最高指示，这对他们开展工作有指导性意义。如果我们只发表知名学者的文章，主要是了解和关注您的粉丝会看，而他们不一定会看。有些杂志主要是要打通实务界、理论界、学术界，增强整个法律职业共同体的内部联系，因此杂志的很多栏目都是由律师、学者和法官共同讨论一个问题，而不是纯粹由学者在那里研究。

张志铭："打通"只可能是想象。官就是官，学就是学，我们和实务界打通关系，就会产生一些"官学"或"学官"，这就是现实。比如，海牙国际法院里的每位法官都学有专攻，他们在各自领域里都是国际知名学者，所以海牙有一个很出名的杂志出版社，它会以自己的名义出版一个文章系列，如果一个学者的文章能够被推荐在那个系列里出版，就奠定了他在国际上很尊荣的地位，但这是非常难的。

就我个人的看法而言，中国法学教育的学术训练和投入还达不到那个水平。现在改变不了这些问题，只能等到下一代或下几代再解决，但我们从现在开始要意识到这样的问题，编辑也要有这样一种意识，像冰雪融化一样地慢慢去认识"正确"。

尤陈俊：其实我们的学术规范到现在为止还没有很好地建立起来。中国学术界在 90 年代初就开始强调学术规范的问题，这几年也有变化，比如文章的注释越来越多了，这是一个比较好的方向。我觉得学术环境在慢慢变好，包括各种刊物的环境。

比如，美国的"双向匿名审稿制度"越来越多地被引入到中国刊物的审稿中，一旦严格实施，在操作良好的状态下，作者的身份在匿名审稿阶段是未知的。如果匿名审稿、学术规范等这些技术环节越来越得到重视，很多官员是写不出来这种符合要求的文章的。虽然技术不是最重要的，但它至少能够保证学术规范的重建过程。美国的一些顶级刊物会严格区分一些文章的类型，而我们中国的刊物一年发表的文章很难有一篇是严格意义上的article（论文），因为这些文章往往会以“我认为这个问题是什么”的形式出现，而article是需要在一个学术传统里去讨论这个话题，比如前面的学者持有的看法、他的不足之处、我会以什么方式去填补他没有说过的话等等。

加强这种技术性规范的建设能够把中国的学术规范慢慢向前推进，因为用这种方式可以拒绝很多人情稿，虽然在中国这个人情社会，任何人都很难免俗，但我们怎样基于学术公心用技术性的方法拒绝人情稿，就显得很重要。有些刊物可能档次很高，但里面文章的格调很low（不高），这种现象在当今社会非常多。所以我认为学术规范的重建，对在座各位一代人来说是一件好事情。

然而在中国法学教育里专门讲授学术规范的课程非常稀缺，中国法学院很少有老师去讲授写论文的课程。所以很多人其实是在模仿。在没有学术辨别力的情况下，如果找的模仿对象比较好，就可能学得好；如果找的模仿对象比较差，那可能一辈子就围绕着比较差的人去模仿，学术能力也会变得比较低。总的来讲，当今中国的法治建设处于过渡时期，学术规范在往好的方向发展。您怎么看待这些趋势？在中国现阶段，您觉得学术刊物与学术知识生产之间是什么关系？一个理想的学术刊物对整个法学学术的生产有哪些具体的影响？

张志铭：总体上看，中国学术的规范化在不断完善，这是不可否认的。我刚才谈的很多问题只是对现在的现状还不满意，但一路走过来，这种进步还是很明显的，包括我们很想引进美国的“统一引证体例”。很多人都在提问题并且在做研究，学术作为一种产业会越来越像样，但这种改进能不能更快、更好一点？毕竟人生苦短！从这个意义上来说，我们不得不直截了当地指出一些问题。

我刚才谈的一些问题可能对我并没有什么影响，或许正是因为有这些问题，我才“如鱼得水”，在某种程度上，我和我的学生都是既得利益者。然而作为一位学者，我更希望学术能更像样一点，如果学术不像样，学者的人生价值会被贬损。对于更多的学者来说，发表文章才是硬道理，尽管发表的文章没有多少人去看，这不就是现实吗？在国内很多法学院评职称，只看有没有在核心期刊中发表文章，而不关心文章的内容，也几乎没有人关注文章是否遵循学术规范，这就是中国学术界的一种浮躁。同行评价都是没有的，但实际上真正的评价就是同行评价。

所以，这么多年我们一直力求通过匿名审稿制度等一些外在的制度规范来提升学术的规范化。如果每位学者都真正对待学术，这些制度就会发挥应有的效用；如果学者自身都没有这种意识，所有的制度都只是制度而已，看似有效，实则效用大打折扣。比如匿名审稿其实是一种非常个性化的方式，一方面，它并不像我们想象得那么匿名；另一方面，每个学者都学有专攻，在不同的领域，也许并不能提供一个公允的和客观的判断。因此，“学术民主”这个概念是不成立的。

对话季卫东：法学家时代真的到来了吗

一、研究转向

陈柏峰：您是改革开放以后第一批从事法律社会学研究的学者。1984 年您本科刚毕业时，选择法律社会学作为研究方向是出于什么考虑？

季卫东：20 世纪 80 年代初对你们来说可能会觉得有些陌生。那是充满希望的一个时代，中国的改革开放进入城市是在 1984 年。在这样的背景下，法律专业的同学都感觉到未来将会发生很大的变化。那时在北大，我们穿的都是差不多的衣服。无论男同学还是女同学，要么是黄军装，要么是蓝色或黑色衣服。北大食堂非常拥挤，所以经常会蹭上一些玉米粥。

当时虽然物质条件比今天差，但大家的精神世界是非常丰富的。几乎每天都可以看到各种各样的沙龙、读书会、演讲会、诗社等招贴的广告。像我的同班同学查海生，就是诗人海子，当时就是参加北大诗社，不知道从什么时候起他变成了一个具有划时代意义的诗人。我记得当时确实是如饥似渴。北京早上天非常冷，但等着图书馆开门的队早就排得很长了。那时也没有太多可以看的书，包括有些课本都是老师的手抄本或油印本，但氛围非常好，我们都关心国家的发展。那个时代确实是非常有意思。

在这样的背景下我开始进行研究。大一读的法学理论，是完全照搬 20 世纪 50 年代从苏联继受的理论体系。维辛斯基的法律定义是我们必上的第一课。① 当时我听了之后，感觉到不满足，所以在课程结束后写了一篇批判维辛斯基的文章，并在 1981 年的“五四科学讨论会”上宣读。那时候不像现在这么思想多元，这篇文章出来之后引起了轩然大波，在老师和同学中引起了非常激烈的讨论。

在讨论会之后，齐海滨老师就过来跟我聊，我们的朋友关系其实也就是从那门课开始的。当时也有一些研究生批判这篇文章的倾向，认为有悖于马克思主义的基本原则。但不管怎样，当时是一个开放和改革的时代，尽管有这些不同的意见，大家还是和整个法学一样在往前走。在这个过程中，我对从统治阶级的意志角度来定义法律表示疑惑，这时候大家就会注意客观条件是什么，这是一个客观性的问题。

这个时候我开始关注充满意识形态、阶级基础、社会条件等要素的社会结构。这是我往法社会学方向发展的非常重要的契机。如果要寻求客观性，就只有在科学中寻找，这时候就会对社会科学产生兴趣。我发表在《法学研究》上的第一篇文章

---

① 维辛斯基关于法的定义是：法是由国家政权制定或认可的，反映统治阶级意志而由国家的强制力保证其实施的行为规范的总和，其目的在于保护、巩固和发展有利于统治阶级的社会关系和社会秩序。参见苏联科学院法学研究所科学研究员集体编著：《马克思列宁主义关于国家与法权理论教程》，中国人民大学 1955 年版。

《法律与科学技术》[1] 就可以看出有那个时代的特征。作为科学的法学，这种精神在他们身上是很明显的。当然，法学作为规范学不是科学，某种意义上它是一种治理技艺。但在当时的情况下，我们需要寻找一些客观的、跟人们主观意志相对立的东西，自然就会往科学的方面倾斜。后来对仅仅从统治阶级的角度来看法律表示疑惑，那么就会关注社会中的其他阶级和人群，他们的意志和诉求能否反映到其中。这个问题也是很自然的，这时候你会关注到社会阶级之外的共同性。所以在这个意义上来说，一个是科学性，一个是共同性，这两点是关键，必然是关注的。

在这样的情形下，1979 年，被压抑了 20 多年的社会学开始在北大恢复。费孝通先生和袁方先生经常在北大举办一些活动，我也去参加，同时也经常去社会学系蹭课。那时正好在进行第一次全国人口统计，讲人口学的东西比较多，倒没有觉得有特别大的收获，但这使我对社会学本身产生了非常浓厚的兴趣，决定了我今后的选择。

我的这个心路历程，其实在那时的北京大学校刊上已经发表过一次了。当时我就提到：中国法学未来的突破口在于法社会学。因为既然认为过去的法学理论是一些教条性的东西，那么要想突破苏维埃时代的法律理论教条，必然得从社会现实中寻找事实根据。这是一个比较朴素的逻辑。当然，我到国外之后才知道有教义学、法教义学和法社会学之间的对立。

尤陈俊：您 1984 年去日本留学，但在 80 年代后期发表了一些很有影响力的论文，比如 1987 年和齐海滨老师发表的《系统论方法在法学研究中的应用及其局限》以及 1988 年和赵震江老

---

① 赵震江、季卫东：《法律与科学技术》，《法学研究》1984 年第 1 期。

师合作的《论法律社会学的意义与研究框架》。[1] 您当时在日本留学，如何与国内学界互动？这些研究成果如何发表在国内期刊上？因为那个时候期刊上的很多论文没有注释或者有注释，也基本看不到专门性的法学研究作品，严格来讲并不是论文。

当时您转向法律社会学可能和北大的氛围有关系。其实我们注意到一个非常有意思的现象：在 80 年代初期，北大法律系可能有一批思想比较活跃的学生摆脱原来的教条做研究。根据您的描述，为什么当年在北大法律系里会有沈宗灵教授和赵震江教授选择在原来的法理学里做新的尝试？

季卫东：那时整个中国正好一下子开放，可以看到各种思潮在北大校园里激荡。当时这篇论文发表之后，齐海滨是比我高一届的学长，也来和我交流。后来也有很多老师和我联系，比如，沈宗灵教授认为这篇文章非常敏锐，但题目太大，对于本科生来说，难以驾驭。还有的老师专门和我谈这篇文章的发展前景、意义和存在的问题，等等。这对我都非常有意义。

在某种意义上，我当时在北大引起了特别的关注。而且我后来参与了一些国内学术活动，很多年轻学者都认识我，他们老看到我的东西，以为我一直在国内。尽管我在 1984 年 10 月出国留学了，但一直没离开中国语境。这是很重要的，尽管不是有意而为，不是对人生的刻意设计。大家将来如果有机会出国留学，一方面，出去之后最好有所作为，另一方面，也要继续保持对国内学界的关注和交流。

当时我是带着这样一个问题去日本留学，所以自己选择了法社会学。那时候法社会学并不是很突出，当然这也有一些其

① 赵震江、季卫东、齐海滨：《论法律社会学的意义与研究框架》，《社会学研究》1988 年第 3 期。

他因素。我既然对这个问题感兴趣，就到北大去翻书，很厚很厚的书。当时我注意到，20 世纪 40 年代庞德的书有很多发展观，提到了社会工程学和通过法律的社会控制等理论。我也阅读了一些三四十年代出版的社会学著作，有时还可以看到吴文藻先生的印章盖在上面，顿时感觉能够直接与先哲进行心灵的对话，当时就觉得很有意思，也很有新鲜感。

当时中国改革开放刚刚开始，法律现代化是全国非常关注的一个问题。所以，我首先关注的就是中国的经济发展和现代化法律发挥什么作用等方面的问题。我开始阅读诸如《法与发展运动》《第三世界法学》等著作。至于后来写的文章涉及法律文化，是因为在异国环境中，文化冲突首先会让你感觉到文化自我认同的问题。

特别是当时我去日本的时候，中国和日本的差距非常大。1985 年日本在筑波举行了世界科技博览会，展示出了最先进的科学技术，震撼确实非同一般。但当时中国的交通工具节奏是非常慢。当时教育部包机把我们这批留学生送到东京，然后分头坐新干线到各个地方。我坐新干线从东京到京都，当时感觉它的速度太快了，根本承受不来，因为当时中国的节奏是非常迟缓的。今天中国的节奏太快了，情况正好相反。

所以我感觉到的第一点是现代科技和现代化的问题，在中国必须推进现代化，法律在其中能否起到一定作用？我感觉到的第二点是中国文化为什么会使中国的现代化进程这么曲折，对这个问题产生兴趣。

刚去京都时，我的老师正在哈佛大学讲课，等于我有大半年的时间没有任何人指导。没人指导当然有好处，但另外一方面会受到各种各样的束缚。那时我自由阅读各种文献，其他教授也很自由地和我交流，这对我拓展视野非常有意义，上课也是无拘无束的。老师还没回来，我就想不仅要读万卷书，还要走万里路。所以我就利用一个寒假到东京去，因为对于读书中遇到的重要问题，想直接向作者提问交流。当时我是穷学生，尽管主要的路是坐地铁，但有很多路是走的。当时也不会打出租车，结果走坏了一双皮鞋。

但这个过程很有意思。比如，当时我也不了解千叶正士教授，但看了他的东西后，就想向他讨教。结果他正好在筹备世界法哲学与社会哲学大会，他是筹备委员，正在物色参会人选，要找中国人来参会。我说中国最代表法理学的学者有沈宗灵和孙国华两位老师。后来我也提供了一些其他信息，他听了半天说，你也来讲讲怎么样？那时我还是研究生，刚刚到日本去，日语还不是很流畅，更没有用英语写过文章。但初生牛犊不怕虎，这是一个难得的机会，因为这个会是第一次在亚洲举行，世界各大流派的法学家都会聚集在神户。当时也没有深思熟虑，我就答应了。

当时大会是文化主题，专门讲法律文化，所以我就先用中文写，然后拿着汉英和英汉词典自己翻译。现在我肯定受不了，但当时研究生阶段也有时间，就这么硬着头皮提交了，后来居然引起了日本人的震撼。当然，大家都知道日本人读写非常厉害，口语不怎么样。我在北大虽然没出过国，但口语发音还不错，就在会上宣读了文章。因为中国刚刚改革开放，他们接触的法学家全都不会英文，有一个能自己写英文、能用英文说的已经觉得很厉害。

而且，我和沈宗灵老师被安排在同一个会上，当时（这样安排）出于各种考虑，因为（我们）都是中国的代表。结果各主要法律流派的法哲学家全部都到这个会上去了。当然，他们肯定会发现我存在不少问题，但就像我鼓励同学们一样，他们也给了我一番鼓励。那次会议后就有神户大学的教授找到我，让我第二年到他们学校任教。没想到三年之后（1987 年），我真的到神户大学任教了。确实我没想到后续会有这样的变化。所以年轻人还是有无限的机会，就看你善不善于把握。

关于法律文化的这篇文章就在这样的背景下写出来了，1986 年寒假时我把中文稿带回到国内。当时正好改革的气氛很浓，我参加了一些沙龙，正好碰到贺卫方老师。贺老师直接让我把文章交给他，后来就发表在《比较法研究》上。[①] 之后就是我和齐海滨、赵震江一起研究法社会学，着力推动一个新的学科领域，申请国家项目。

尤陈俊：80 年代其实北大做了一个很领先的工作，就是 1988 年在沈宗灵教授的主持下，由山西人民出版社出版了第一本名叫《法律社会学》的著作。[②] 您作为当时的亲历者，现在回过头来看，怎么评价 80 年代法社会学领域取得的一些成就？有哪些教训值得汲取？

季卫东：在 80 年代，中国原有的一些研究还有很多未令人满意的地方，不能适应时代需求，需要有所突破，而突破就需要寻找新的方法。前面讲到的从社会结构寻找突破是一个比较朴素的想法。我到了日本以后，了解和接收到大量新的信息，这个时候我们要推动法社会学运动，于是我写了《论法律社会学的意义和研究框架》[③]，然后寄回来，在赵震江和齐海滨老师的打磨之下，发表在《社会学研究》上，当时还是比较早的。

① 季卫东：《中国法文化的蜕变与内在矛盾》，《比较法研究》1987 年第 4 期。

② 北京大学法律系法学理论教研室、中国经济体制改革研究所法律室编，《法律社会学》，山西人民出版社，1988。

③ 赵震江、季卫东、齐海滨：《论法律社会学的意义与研究框架》，《社会学研究》1988 年第 3 期。

虽然现在看起来整体上是粗线条的，但也是法社会学运动的大体框架。因为当时我在日本，所以有些具体的和初期的工作没有参加，只能由沈老师和赵老师发挥领袖作用，当时齐海滨老师也是非常强有力的推动者。第一次会是一个关于社会实践与法学理论的研讨会。那时候并没有明确提出“法社会学”的概念。后来在 1986 年的会上提出了一些争论性的观点，包括面对社会现实，如何对原有理论提出批判等。

1988 年召开第二次会议的时候，我正好回国了，他们就说你一定要来。我当时正在日本写了一篇论文，以破产法试行为经验素材，探讨法律反思机制，并结合社会现实对卢曼的理论进行分析。① 当时这篇论文出来后，在日本法学界产生了一些公共效果。卢曼提出“学习的法”的概念好像没有实证的研究，我能不能找到实例？中国的法律试行好像就提供了一个实证例子。具体来说，以破产法为素材观察法律的反思机制，其实就是通过企业的破产来透视整个经济体制的问题。所有的问题都可以在破产过程中找到，这在方法论上是很有创新的。

日文版本出来以后，我把它翻译成中文并在这个会上宣读。再加上齐海滨教授讲话很有感染力和煽动力，也很有诗情画意，讲到这个方法的新鲜性，就好像一个新的研究范式出现了。这个时候确实产生了一些影响。总体来说，在当时的情况下，法学论文整体上方法比较陈旧，观点都是千篇一律，基本上没什么注释，因而这篇文章就像是一个异军突起的研究。当然那个时候，梁治平老师对东西方法律文化的研究对法学界的冲击也非常大，但他更侧重于人文精神方面，而我更强调社会科学方面，两者形成了互补。

---

① 季卫东：《法律编纂的试行——在事实与规范之间的反思机制》，载氏著《法治秩序的建构》，中国政法大学出版社，1999。

二、学术贡献

程金华：我想补充几点感受：第一，季老师的很多观点是启蒙性的。尤其是《法律程序的意义》这篇在当时更是石破天惊，因为那时的法学研究对程序是没有什么概念的，后来才发现程序竟然如此重要。

第二，季老师的文章当然属于法理学、法社会学甚至属于破产法的问题。但他绝大部分的文章都有时空穿透感，他关注的不仅仅是法学问题，还是中国社会秩序问题。而秩序问题是法学领域上建构的，而且自新中国成立以来到现在都没有解决，当然国外也有。不管是对中国历史的了解，还是在日本留学和任教，同国外的一流学者交往，季老师的这种空间感都是很强的。

第三，季老师的很多学术超出了法社会学和发文章的角度，具有非常强的公共性。他不仅仅是和法学学者对话，比如1993年他与崔之元教授的对话就是华人学术界的一件幸事，他们有些文章在我国香港的《二十一世纪》上发表。同时，季老师还在《战略与管理》上发表文章，那时候所讨论的问题到现在还在讨论，甚至更重要。季老师不是研究纯粹抽象的理论，而是和中国法律秩序建构的具体制度结合在一起。这对于理解季老师的学术非常重要。

第四，季老师的理性建构和批判式的建构非常明显。当然，也有一些学者解构和解释得很好，但很容易滑向一种危险境地。因为历史或现实是可以被解释的，但现实本身不能够正当化自己。现在不少法学学者在对现实进行解释的同时，还用现实去正当化自己，这是需要格外警惕的，包括我自己现在做的实证研究。季老师的文章一直在保持一种批判的和冷静的建构。

您觉得自从《法律程序的意义》发表以后到现在，中国的理论界和实务界对法律程序的看法进步了多少？您之前还提到新程序主义——“通过秩序和程序维护价值共同体”。问这个问题，也是对您自己从 20 世纪 90 年代到现在为止的学术生命很重要的回顾。

季卫东：程序论的提出源于一开始对维辛斯基法学理论的批判。法需要走向社会性，但到了一定阶段，就需要一个整体架构，这时会发现改革非常难。大家如果读我当时写的《中国法文化的蜕变与内在矛盾》①，就会看到中国文化是无所不在的、变化的、充满弹性的，而且它本身会存在矛盾，因此会感觉改革很难。

在整个中国法治现代化的过程中，我们始终围绕价值问题相互纠缠和争论。“文化中国”呈现为意识形态和组织一体化，这是借用刘小枫的观点。当两者结合在一起，如果要进行改革，就会和意识形态发生冲突。所以，在具有古老文明的中国语境下，首先需要解决意识形态的问题，这是根本性的价值体系问题。

我之前提到过“把复杂问题化为简单问题来处理”。这个思路是在阅读思考的过程中逐步深化的。当时有一位老先生到京都访问，我和他谈到了我做的这个研究，顺便说了这个想法。他觉得这个思路非常好，从法律程序和程序正义的角度来突破，一定得写篇文章发表。

大家都觉得这问题很值得研究。但当时我首先得完成博士论文，在博士课程结束后，我就拿到了神户大学的 offer，成为

---

① 季卫东：《中国法文化的蜕变与内在矛盾》，《比较法研究》1987 年第 4 期。

副教授，那一年就需要开课，压力太大了。这边博士论文还没写完，那边还得上课，累得根本没时间考虑。后来我终于把第一年的课讲完了，然后马上申请到斯坦福法学院做访问研究，同时在那里结束博士论文的扫尾工作。在博士论文写完之后，是那种无法想象的轻松感。尤其是在阳光明媚的土地上，满地都是松鼠，每个人见到你都笑；没有上课的压力，也没有人监督你，所以那时候状态非常放松，我就决定要写这个。写的时候真是一发不可收拾，非常投入，这是很有意思的过程。《法律程序的意义》就是在这样的背景下写出来的。

我用日文写的论文，包括《中国法文化的蜕变与内在矛盾》也是这么写的。因为当时我只有日文的语言处理机，然后用日文的发音拼出汉字来。但现在没有这种毅力了。当时，七万多字的文章经过压缩发表在《中国社会科学》上，后来贺卫方老师又在《比较法研究》上全文发表，这也是比较罕见的。这要感谢老朋友齐海滨，因为我在准备写论文之前跟他说过这个思路，他当然很支持，并且一定要我写出来。我说："这里连语言处理机都没有。"他说："你手写稿子，写完之后我帮你打字。"当时有美国最早的第一代计算机专用的汉文，然后找到在那里留学的北大学生帮忙打字。我写出来一部分就邮寄给他，他就在那边帮我打字。这个工作就这样做下来了。

后来整个法学界陷入沉寂，对于中国的路究竟在什么地方，大家都很迷茫。当时国内需要寻找共识，中国才有进步发展的可能性。而我认为程序就是共识。正好卢曼也有一本主题一致的书。我从那本书里得到很多启发，就把相关内容也揉到文章当中去。文章出来以后，齐海滨老师就联系各个方面，包括周其仁、黄宗智、王绍光、崔之元、胡平、吴国光等，我们就一起讨论这个问题。[①] 后来这些讨论记录也发表在各大杂志上。[②] 这些人都一致认为这个问题非常有价值，包括经济学人也非常认可这一点。在这样的背景下，程序论后来在国内发表，确实产生了很大的冲击波。我那时候感觉不到，但读我文章的人能感觉到，感觉很困惑，突然我们又有新的路可走了。

虽然写的时候确实很兴奋，但我知道这是一篇重要文章，也反映了我当时的思想。我也没想到 20 年之后它的被引用率一直高居第一位，而且始终还在增长。现在变化很快，一篇论文如果不断被引用，有 10 年生命力一般来说就算不错的。这篇文章至少提出了一个真问题：中国本身强调关系和实质价值的传统和程序论根本上是不相容的，程序公正并不是一个新概念。当我建立这个关系后，反过来说明正因为这样所以才需要程序论，为它找到一个结合点，这就是它的意义所在。这就使得一个被认为是完全现代西方的观念具有了中国蕴涵。很显然，把中国网络中的互动关系通过程序进行编码，就会导致程序的观念结果为社会所接受。我觉得中国很难接受它，事实上也是如此。

所以可以看到，一方面，制度化、法律化、程序化等概念已经成为主流。另一方面，也确实存在问题，程序并没有在现实中被落实。很多中国的改革话语中会用“程序”这个词，但它并不是程序，而是用来控制流程的行政技术，比如案件的流程管理指的就是程序化控制，这个“程序”其实是行政技术的

---

① 指 1995 年 4 月在美国普林斯顿大学召开的“文化中国：转型期思潮及流派”研讨会。

② 上述这场研讨会的文章在《二十一世纪》《天涯》《读书》和《公共论丛》等杂志上发表过，例如崔之元：《再论“第二次思想解放”与制度创新——兼答各位评论者》，《二十一世纪》1995 年总第 27 期；汪丁丁：《与崔之元、王绍光再商榷》，《二十一世纪》1995 年总第 28 期。

程序编码而已。有时候我们看到“程序”，比如通过程序来聚集一些社会案件，但“程序”反而把我们排斥在外。这其实不是程序，而是烦琐的手续和层层的形式障碍。程序没有被正确理解也是一种危险。

程序最重要的问题和最核心的过程，就是理由的论证和公开的辩论。我们始终没有看到这个过程在中国占据一个主要位置。因为我们往往从其他角度来理解程序，程序会被扭曲理解为“繁琐哲学”，变成一种“手续”，甚至和权力绑在一起，变成“权力的护身符”。但这并不是程序公正原则的本义。

在今天，程序依然具有重大意义，因为现在权力看起来很强大，其实并不强大，但也会恣意并为所欲为。这时候权力的边界并不清楚，**而程序最重要的功能就是通过公开的理由论证和质变，将反思理性注入程序运行的过程中，使得权力本身具有明确界限、权力运行得到法律规则的制约、权力主体受到社会监督，这才是程序的本质**。

陈柏峰：季老师在20世纪90年代至少有两个标志性的成果：一是发表《法律程序的意义》这篇文章；二是主编“当代法学名著译丛”① 这套书。这套书里，不是所有的书我读得都非常有感觉，但至少有五六本对我思维的训练和理论修养的提升都非常有帮助。您当时是怎么选这十本书的？今天怎么看待它仍然存在的意义？

季卫东：有些事情，当时做的时候可能有些偶然性，未必那么深思熟虑。20世纪90年代初，江平老师主编过“美国法律

① 包括有《转变中的法律与社会》《纠纷的解决与审判制度》《法律的运作行为》《现代化与法》《新社会契约论》《制度法论》《法律制度》《现代社会中的法律》等外国法学著作，由中国政法大学出版社出版。

文库”，这些书基本上集中在美国。可能有的人在我书的序言①里注意到了，我去日本留学真是非常偶然。因为原来学的一外是英语，二外是德语，最初是想去美国或德国，后来不得已改成法国，最后去了日本。当时接到通知的一瞬间我还比较失落，走来走去就走到近邻去了，没有走出亚洲，但到了日本之后，发现还是很有意义的。

我们往往有种观念：要学一门学科就要到发源地去学第一手的东西。这话是有道理。但到了日本，特别是后来还去了美国和欧洲等地，回过头再看，发现日本有两个优势值得我们注意：

一是日本作为非西方国家，要想推进现代化，就需要在不同国家间选择社会制度的参照模板，所以日本特别注重对不同国家法律资料的搜集、研究和比较，比较法非常发达。西方国家就不一样，比如斯坦福大学的图书馆非常好，但里面除了美国以外其他国家的书就非常有限。别的国家我不知道，至少日本的那几本都是到有人到日本访问时，日本学者顺手送的，其实最重要的书并不在里面。因为他们会觉得英语世界最先进，所以不会对其他地方的东西感兴趣，到美国也可能学到最前沿的东西，但很难进行比较。因此，从比较角度来说，从一个非西方国家现代化经验的角度来说，这个事情还是值得的。

二是虽然我们也可以在德国和美国获取经验和理论信息，但会感觉日本人花了 100 多年的时间来仔细咀嚼它，并且进行实验。这其中又有两个方面特别有意思：第一是精密化，有的日本学者一辈子就研究一种思想或一个问题，把它吃透。而我

---

① 参见季卫东：《“当代法学名著译丛”评介（选登）》，《比较法研究》1994 年第 1 期。

们因为高速发展，谁会愿意花一辈子时间就为了把一个人的思想研究透？第二是日本所有的翻译就是由专门研究此问题的人来翻译，准确度比较高。而我们的翻译相对来说比较随意，比如连孟德斯鸠、孟子的名字翻译错的都有。这是完全不一样的。更重要的是，我们可以学习日本人解决问题的技巧，这是非常有意义的。这就是在日本留学的感觉。如果我们光看美国，还是有局限性。

我读了这么长时间的法社会学，也开始任教，这时我感觉需要一场新的法社会学运动。最快的方式就是翻译和介绍，因为要等我们的学者成长起来，不知道要花多长的时间，因此我觉得有必要来翻译这一套书。至于在书的选择上，毕竟我在国外读了很多东西，当然会知道什么理论是最重要的。但我在选择上并不完全是纯学术的，而是将我对中国的理解和中国的实际需要也作为选择的标尺。那套书也不全是法社会学，我选择的是在法社会学里最具有代表性的书，既是法学理论最前沿的，也是在中国语境中可能最有意义的。在我的解说词里也可以看出，这是我有意拉近与中国读者的距离。比如，很多人会对社会契约论和关系契约的关系感兴趣。当时就在这样的背景下选择最前沿的流派和具有相对代表性的学者。另外最好在国别上也有一定的平衡性，美国、欧洲、日本的都有。

虽然我本来的计划是要继续做下去，那只是一个开头，但后来没有精力，而且这毕竟要在国内组织，工作压力非常大。当时我在外面选书和找钱，张志铭教授刚好在国内，帮忙组织内部翻译。这要是继续做下去肯定不止十本，会涵盖更多的方面，比如从法学理论的角度解决意识形态的问题，好像在序里我也提到了这个设想。严格来说是九本，因为霍维茨（Morton Horewitz）关于美国法律制度变迁的一本书一直没有翻译，但非常值得翻译。这本书最初是由齐老师来做，但工作量太大而他又很忙，就一直没有完成。要是换一个学者，在国内时间相对比较集中的情况下，也许就完成了，后来有其他学者补了，但已经不在这个系列之中了。

当时设计的第一点是思想的坐标，以人——法社会学最具代表性的人物——为尺度选择。第二点是知识的最前沿，包括方法论和最新的东西。前面是经典，后面是最新的知识。如果我们要继续做的话，也是按照这个标准来做，但我已经没有当年的豪情了，也因为行政工作的原因没有那么多时间。另一方面，现在已经非常多元化，国外最重要的著作在国内基本都有译本，不像当年社会所赋予的价值那么大。虽然这些书在当时产生了冲击波，但现在看，里面还是有一些很粗糙的地方。苏力、贺卫方、夏勇、吴玉章等译者在当时和现在也都是响当当的。

三、未来展望

尤陈俊：1994 年中国政法大学出版社主持这套书时，其实只有九本。十年之后《美国法律的变迁》① 才由谢鸿飞教授翻译过来。您为每本书写的序都很有价值，后来您把这几本书的序收集在一起，放在《法治秩序的建构》一书里，给我们提供了很多思想资源。我后来选择从事法理学和法律史的研究，很大程度也是因为在读本科时看到了这套书，觉得法学理论也应该这么去做，感觉特别有意思。

其实在 20 世纪 90 年代的时候，您还发表了其他一些关于国

① ［美］莫顿·J. 霍维茨：《美国法的变迁》，谢鸿飞译，中国政法大学出版社，2004。

外研究状况的文章，对美国和整个西方的法与社会的运动做了很详细的评价。比如，在《北大法律评论》上发表的《从边缘到中心：20 世纪美国的“法与社会”研究运动》和在《中国社会科学》上发表的《面向 21 世纪的法与社会》。[①] 我记得您在第一篇文章里说：“20 世纪美国法社会学家经历了从边缘到中心的大致转变，而且在美国法学界会成为一门显学。”

法律社会学目前在中国虽然也很红火，但从学科限制来讲，一直处于边缘化的状况。您怎么评价这种对比的反差？您觉得法社会学以后有没有可能慢慢从边缘脱轨，至少是成为法理学的一个中心？

陈柏峰：我补充一点。法社会学是不是显学很难说。在学术上，法社会学的文章还是很多的。但在整个传统的教材体系中，法社会学的一些内容根本就不重要，甚至很多法学院都没有这门课。这是有错位的。

程金华：我也补充一点。中国的法社会学研究在一定程度上可能存在张力：一方面中国处于转型时期，在中国研究法律就是挖金矿，有很多题目可以做。学问需要认真的、持续的和专一的关注。另一方面，研究的人很多，很难用规范化的方式去界定谁是或不是法律社会学的学者，我在参加美国的法律与社会协会的会议时也面临这个问题。

但反过来，这种体系化在一定意义上可能是更严重的。我们在法社会学领域通过持续对话而聚焦的一个问题所形成的知识共识很少，这本身会对学科造成很大的内伤。面对这种状况，

---

① 季卫东：《从边缘到中心：20 世纪美国的“法与社会”研究运动》，《北大法律评论》第 2 卷第 2 辑，法律出版社，2000；季卫东：《面向 21 世纪的法与社会——参加法社会学国际协会第 31 届学术大会之后的思考》，《中国社会科学》1996 年第 3 期。

季老师除了反思现在，基于对未来中国法社会学的预判，您对年轻的法社会学者有什么建议？

季卫东：首先，从法律职业和法律学的角度来看，法社会学肯定是边缘化的，因为它不是规范的，而是围绕规范、关于规范现象的实证研究和经验科学，与规范存在紧张关系。但自 20 世纪以来，法社会学确实在西方学界产生了很大影响。这种影响在欧洲和美国虽然有相通的地方，但还是有些不一样。

在欧洲，它是在现代法典编纂的基础上形成一整套精致的法典，重要的是如何解释和运用法律。法解释学和法教义学是法学界的主流。但这种强调严格适用法律的教条主义态度在 20 世纪之后受到越来越多的冲击。因为社会越来越动态化和复杂化了，教条主义的态度使法律学与社会产生隔绝，显得比较僵硬，无助于解决现实问题。随着理性主义特别是世俗理性主义的开拓，对法律规范的信仰和制度崇拜的精神结构发生了变化。人们不再相信从自然法推演出来的规范秩序符合上帝的安排。人们的批判理性和对法律的弹性适用逐步加强。这时候法社会学横空出世，它要解决的就是使法律与社会之间的关系得到适当处理。

埃利希（Eugen Ehrlich）的自由法学运动要求法官对于社会局势有正确的研判，在此基础上发现和适用法律，或者用更科学的方法克服法律适用过程中的主观任意性。虽然法官在客观上说所有答案都已经在法律中预先写好了，但从事这个职业的人都知道，这其实是在做一个规范的诠释和创造活动。这个问题是比较大的，法官凭什么来创造活动，他需要有客观的根据。随着科学精神的普及和社会科学工具的发展，大家觉得在进行利益权衡时，用科学方法研究法律现象会有更科学和客观的依据。我们可以看到这个趋势。

在美国，因为法官起到很重要的作用，通过判决来解决法律本身不存在问题。但在这个过程中，存在如何防止和减少判决主观性的问题，特别是教条主义，也是一个问题。在英国，法官类似于主权者发布命令；而在美国，法官判决还是有一套成文法律作为根据，这时候也有教条主义的倾向。霍姆斯提出的“法律的生命在于经验，而不是逻辑”① 就是试图解决这个问题。

美国是一个人工国家，完全是按照法学家的理想设计出一套制度，通过法律的社会控制，以及使这一套制度设计更有科学根据而使其成为社会的主流。所以在美国，法社会学从美国的发展和解决现实问题出发，最后一直登堂入室进入主流。庞德是 20 世纪具有代表性的法学家，他主张的就是法社会学或社会学的法理学。而美国最有代表性的法官，从霍姆斯到卡多佐都是采取这些办法，法社会学在美国具有特殊地位。

对于未来走向，法社会学是一个很广阔的空间。首先，要意识到法解释学是很重要的前提。不要一强调法社会学就否定法解释学，这可能会偏离法律制度建设的现实。与此同时，要防止主观任意性和教条主义的泛滥，这需要有客观根据。尤其中国人原本可能就没有制度崇拜和制度信仰，要让他相信这个，就得拿出科学依据。这可能成为法律制度设计的重要理性基础和正当根据。

其次，在推动改革的过程中，需要对现实进行关照和批判。这需要法社会学提供经验材料，所以它有利于法律规范性和批判理性的发展。比如，现在强调不管怎么样大家都要守法。但大家也很害怕，因为法律有良法和恶法之分，尤其是在不存在

---

① Oliver Wendell Holmes, Jr. , *The Common Law*, Dover Publications, Inc. , 1991, p. 1.

价值观和共识的情况下，因此我们只能从现实中寻找。从这个角度来看，法社会学发挥着非常重要的作用。

再次，法社会学为不同部门提供沟通平台。只有法社会学才有学科交叉的属性，才能扩大法律家的社会影响。比如，经济学家就会觉得法学很重要，最初呼吁法治的是 90 年代的一批经济学家，包括吴敬琏、张维迎、钱颖一、陈志武等。另一方面，在国际社会中，所有的法学交流都基本限定在部门法里。而所有部门法都具有国家主义的特性，以国家为单位，这时候视野会变得狭隘。**只有法社会学才能把所有的法律领域放在一起进行交流。同时，使不同文化的人也可以在这个平台交流，因为这是一个开放的话语空间。从这个意义上说，法社会学在中国有着非常广阔的前景。**

尤陈俊：您最近在一个采访里提出一个非常有意思的观点：中国未来 30 年是法学家的时代。① 您下这个论断大概是基于什么样的考虑？

季卫东：这有点像王婆卖瓜的感觉。法律人没那么了不起，谁能够天马行空就可以改变未来？何况我们的法学在 20 世纪 80 年代还被人批判为幼稚的学问，② 就更没有理由有这样豪壮的发言了。另外，这确实有媒体炒作的成分，因为我是顺口带出这句话。在这个视频里我谈到司法改革，接着提到未来 30 年依法治国的制度建构，在这个意义上可以说未来 30 年是中国法学家的时代。记者很敏感，一下子抓住了这句话，将其作为标题，于是成倍放大了这个概念。但我觉得这也不是坏事：

---

① 上海法治声音专访：《季卫东：今后 30 年是法学家的时代》，访谈视频请见：http：//www.lawsvoice.com/archives/2148.

② 指的是 20 世纪 80 年代，历史学家戴逸以“幼稚的法学”来评价法学。

第一，现在越来越多的法学毕业生就业难，法学专业就业排名末尾成为问题，我们需要有这种职业自豪感。第二，未来30年中国确实面临重要的结构性转换：从自由放任的经济状态走向合法经营，从权力的杠杆作用走向权力运行机制的合理化，从非常任意的社会生活走向有序的社会秩序。毫无疑问，法律在这个过程中会发挥非常重要的作用。

当中央把依法治国作为核心议题的时候，就意味着法治被正式提上议程。在某种意义上说，前30年是经济学家的时代，中国经济发展成为社会共识。经济学家从不同的角度推动经济改革，在这个过程中发挥了重要作用。比如著名的莫干山会议和巴山轮会议。[①] 我们可以看到经济改革已经实现了。

我们希望未来30年是一个法学家改革的时代。如果未来30年是从强调GDP走向强调公平正义的时代，那么法律人肯定会在这个过程中发挥重要作用。当然，能发挥到什么程度取决于法律人本身的作用。中国的经济学家也是在这个过程中成长起来的，比如，林毅夫和周其仁当时跟我们一样在求学，而他们现在在整个世界经济秩序的重构过程中扮演着重要角色。

中国从人治和德治走向法治，是非常革命性的变化和前所未有的变局。这是一件有关中国经济秩序的大事。法律人需要正确定位和对待自己：

第一，思想启蒙当然要做，但要考虑制度的可操作性。因为法学家具有专业人士和公共知识分子两种角色，这两种角色都需要有人扮演，在中国的变迁过程中都很重要。但从法学精神的角度来看，如果法律人在未来中国变革中发挥作用，首先

---

① 中国经济发展史上的两场会议，经济学家发挥了重要作用，一是1984年9月的莫干山会议，二是1985年9月的巴山轮会议。参见《从莫干山到巴山轮——新时期中青年经济学家智库的破冰之旅》，《学习时报》2013年12月30日。

要坚守法律所要求的理念和精神。如果没有这些，就不能担负起依法治国的角色。

第二，接地气。如果一开口就是希腊罗马，讲的都是德国和美国的那一套，老百姓会觉得离他们太远，不是那么回事。接地气对于法社会学来说是非常有意义的。

第三，不能有过于浪漫主义的情怀。只有我们对改革的困难和危险之处有清醒的认识，不能有过于浪漫主义的情怀，才能够去解决它们。

第四，必须有制度上的可操作性。法学家的改革要影响到制度设计和改革实践，就需要考虑现实的可操作性。

第五，满足民众的物质和精神需求。不能以为职业法学家就是社会精英，不用管民众。整体的制度需要这种精神和学识背景，因为这种法学家的精神是限制权力很重要的一个方面。无论何时，都需要考虑民众的需求。这也反映出法治必然是和民主化进程联系在一起的。

我认为把握好以上几点的分寸，保持法学家谦抑的精神。同时，坚忍不拔地坚持原则，到那时中国的法治建设就会成功，成功之后自然而然就是法学家的时代。否则，法学家的时代永远不会到来。

程金华：这个话题也可以通过不同角度加以比较。季老师从宏观角度把握法律家整体和探讨他们应该扮演的角色。2013年初我在《中外法学》发表的文章是回应江平先生在很多年前提出的呼吁：希望更多的法律人从政。① 无论作为法律人，还是作为公民，我是期待的。但作为一个做实证研究的学者，我希望能有比较确切的证据去证明这一点。因此，我做了一些阐释

① 程金华：《法律人从政》，《中外法学》2013 年第 1 期。

性的工作，但整体上来讲这些工作很粗糙，因为很多数据不全。

法律家或法律人在未来的 10 年、20 年或 30 年中应该扮演更多角色，四中全会决定本身就是一个细化的证据，但我觉得作为个体，这种工作和认识都很抽象。假设分工角色是法律学者、公务员、司法官员、律师四种角色，他如何真正通过日常的法律工作，为中国未来的政治转型和社会秩序的建构，做一些正能量的工作？

季卫东：金华教授从四个维度提出理论和实践的关系问题，我想应该从法学建设的实际需要出发来看法律人的四种角色：

第一，从法学学者的角色来看，法学学者要超越社会现实，在一个更广阔的时空中对法律的根本性原理进行根本性的探讨。对他来说最重要的功能有两个：一是提供批判的理性基础。这需要法学学者从比较的视野、从正义观的角度、从学理上对现实的政治和法律制度进行审视和批判。但这种批判不能“见石砸石”，不能只管破坏不管建设，破字当头，立字就在其中。批判应该是有建设的批判，因为法律最重要的就是点点滴滴的建设，不能太着急。

二是法学家在随时需要作出判断和建设的日常现实中，超越这种紧迫感。他有时间进行比较研究，为现实提供一个可供选择的百货橱窗或知识超市，让改革者或实务者能从中选到所需要的东西，这是学者非常重要的一个方面。法官可以从中选择主流学说，律师可以从中选择少数意见或反对学说，选择是自由的。学者要保持超然态度。

从立法者的角度来看，过去 30 年的改革开放在一定意义上也是立法者的时代，因为原来没有法律。所以在这个过程中，立法工作非常繁重。一直到 2011 年，中国特色社会主义法律体系基本建成。全面深化改革意味着新的建设，这时候立法者的时代还没有终结。这可能是对未来30年的一个判断。比如，也许要在新的状况下，就两岸关系和我国香港特别行政区治理的新问题对宪法的制度设计进行调整。

立法者最重要的是要把所有不同的政治和社会诉求转换为制度语言。因而，必须具有一种开创胸怀和承认妥协的精神，才能把各种异议反映到法律当中去，继而加强对各种各样的法律诉求的制度化整合，形成立法技术非常精确的统一的法律体系。这是一个非常多元化和充满内部矛盾的复杂过程。

从司法者的角度来看，最重要的是对法律精神的坚守和维持法律规则的运行。这时候司法者的独立地位、学识、人品等都具有非常重要的意义。当然，这些超然独立的地位和具有特权的身份保障存在前提条件。我们认为法院是一个法律判断的终局性机构，而法官一定非常睿智和具备专精知识，这才能有底气做出以上的判断。在这个意义上，对法官的要求可能会更高。当然，也希望法官具有强烈的精英意识；同时，还要有谦抑的态度。但对法官来说，最重要的还是要做出正确的法律判断，保证法律规则的准确实施。

从律师的角度来看，他们是法律职业中最活跃和最接地气的群体。这方面，陈俊教授对历史上律师的作用有非常深入的研究。律师懂行，能看出问题，并且站在当事人的立场上，这是他的职业道德。当事人也控制不了律师不断挑毛病的行为。如果要保证公诉书正确或判决书有足够的说服力，律师挑毛病的精神是绝对重要的，否则司法的质量永远不会提高。这样挑毛病会不会影响审判独立性？不会，**因为只有在律师挑毛病的基础上形成的司法判决，才能够保证司法的质量和公正性。在这个意义上，律师最重要的是坚持一种内在的批判精神，这是律师最本质的东西。**

四、法学教育

陈柏峰：季老师最近几年出任上海交通大学凯原法学院的院长，这在法学教育史上是一个很重要的事件。凯原法学院这几年从一个默默无闻的法学院逐渐变成法学院同学理想的保研去处，每年都有不少同学申请。您在海外当过老师，日本、美国和中国的法学教育有什么区别？您在其中碰到了什么困难和问题？法学院应该怎样培养学生成为法律人？

尤陈俊：您觉得现在学生所受的法学专业知识的学习，需要哪些调整？在哪些方面需要注意？

季卫东：中国法学教育之所以非常重要，首先是因为我们是成文法体系，在很大程度上都是自然法时代受到西方意志的影响之后产生的。这就意味着对法律知识体系性的研究和传授是必需的。

其次，法律教育更重要的功能是为法律人提供内在批判性的视野和一套标准语言。这时候大家互相批判也好，互相达成共识也好，都有一套标准语言，就是法言法语。而这套标准恰好能够限制任性、限制裁量权、限制主观任意性。没有这套标准，就可能大家各说各话，达不成共识。在这个意义上，一套客观的和共有的法律知识作为限制任意性的适当工具对保证法律运行的公正性具有重要作用。

总体来说，中国法学教育很受重视，发展非常快，20 世纪 90 年代开始扩招，2001 年又有一个飞跃，但真正的法律职业教育并没有展开。以本科为主的教育体系看起来好像是欧洲大陆的模式，但真正的法学教育时间只有一年，前两年通识课，第三年专业课，第四年写论文、实习、找工作。而且这一年基本是法律基础知识教育，所以就更有限了。研究生阶段主要按照法学研究模式来设计。法学职业教育其实在研究生阶段更重要，它需要综合的知识背景和社会经验，但我们也没有提供什么。

过去大家都不把法律当回事，解决问题靠权力和关系。法律知识不是很重要，却不存在问题。但依法治国后就变得不一样了。首先，大家都把法律当回事，法律专业知识的意义开始凸显。其次，中国企业走出去，外国企业走进来，也需要相关法律的保障。再次，法学院不能安于现状，因为有源源不断的学生进入法学院学习，法学教育质量和水平也需要不断提高。

现在中国的法治市场开放，出现了异军突起的竞争。外国的法学院和律师事务所进来了，慕课（Mooc）和网络公开课也出来了，这时候法学教育质量的提高和法学教育的改革就变得非常重要。过去那种按照大家的模式走同一化道路不断发展，导致学生人数越来越多的情况不再可能出现。尤其是中国人口规模从增加到减少，过几年人口逆转的情况可能就会出现。

在这种情况下，如何提高法学教育质量，就成为一个非常重要的问题。全球化导致亚洲各国都在考虑法学教育的改革，否则就不能适应企业对国际竞争的需要。特别是 2008 年之后，中国参与全球治理的时间表大幅度提前，这时候忽然发现我们缺乏足够的人才送到机构里去，说明我们的法学教育改革确实迫在眉睫。

在这样一个背景下，我是 2009 年 4 月底回来的。到任之后，国家有关部门就颁布了法学教育改革计划，在此之前已经做了很多初步方案供大家讨论。“三三制”就是在这种情况下提出来的，之前也做了很多工作。它和我们的“四一二”不一样，比较对接体制。因为在同一化的模式下，花的精力和收的学费一样，肯定要吃亏，所以在生源上提高质量对生产来说就是增加投入。哪怕是在当时的情况下，我们也硬着头皮去做，做了之后很幸运，学校领导支持，老师也理解，正好对接教育部开始推出的卓越法律人才教育培养计划。所以这个过程总算取得了效果。

为什么这个“三三制”非得做的和别人不一样？这是有其他考虑的。本科四年中真正的教育是前三年，而专业教育只有一年。三年本科教育基本符合我们目前的现状，不会降低教育质量。何况美国近几年来也把本科教育缩短到三年，认为三年时间就够了。因为专业化教育在后面连续的三年，这连续三年不是走形式化的职业教育，而在于这三年时间的安排。比如，比较体系化的专业知识和深入教育，没有一年以上的时间是不够的；职业技能培训的加强，没有半年到一年的时间是不够的；国际化人才的培养，没有一年出去留学的时间是不够的。“三三制”导致后三年中，学生能有一年时间到国外去。我们一半的学生到国外拿学位回来，因而在同样时间内可以拿两个硕士学位，其中一个还是美国一流的法学院。

刚开始我们感觉这个时间还不算长，四年时间才出来一批完整的毕业生。从现在情况来看，毕业生的就业情况普遍要好。当然市场有品牌效应，又有资源倾斜。具体来说，在通过推免招收外校学生的过程中，我们录取的全部是各个“985”大学和有重点学科的政法大学的前五名之内的学生，而且面试时，尽管我们把名额增加到最大限度，但觉得还有许多确实不该淘汰的学生。这就是品牌效应的出现。

另外，在国外也有一定的品牌效应，比如，杜伦法学院的“世界领袖项目”指明要收我们的学生；哈佛大学过去只招收北大清华的学生，现在也开始招收我们的学生。同时，我们有一位学生在论文竞选中从 1000 多位竞争者中胜出，受到对方大学的全资邀请，到瑞士参加“明日领袖”国际大学生论坛，与一些国家的总理、商界巨头、著名学者等今日领袖对话。可以看到，我们所希望的国际化的平台和进步的积极性等效果出现了。

当然，我们也要注意对接国内的重要性。我们的教育质量是不是真正意义上的提高，还需要反思。我自己不是很满意，因为尽管课程设计做了很大调整，但受到目前教育体制的限制，有些课程还根本无法设置进去。比如，想大幅度增加选修课，但怕受到资源的限制；想进一步提高法律实践课程，尽管我们比教育部的教学实践课程的比例增加了 5 个百分点。但教育不平衡还会对我们产生限制，所以我们需要在教育质量的提高上，进行更深层次的改革。

当然，我们做了一些尝试。比如打通实体法与程序法、开设法律部门法综合利用课程等。从实践中来看，有的效果不错，比如打通了民法和诉讼法，学生的反馈非常好，但也有老师感觉有点跟不上，不知道怎么教。因为忽然发现过去的教学方法和备课方式全都不能用了，而是要在不同场合灵活应变，从各种角度进行比较讨论。具体怎么做？老师也提出了一些意见，我们还在摸索的过程中。

附录

社科法学与政法传统

一、什么是社科法学

徐涤宇："社科法学连线"（law and social sciences line）是由来自北京大学、中国人民大学、中国政法大学、华东政法大学、西南政法大学、中南财经政法大学、浙江大学、复旦大学、上海交通大学、华中科技大学、南开大学、南京大学、上海财经大学、同济大学、中国海洋大学、云南大学、中国香港城市大学、中国台湾地区的政治大学、美国的威斯康星大学等高校相关教师自发组成的学术共同体，倡导运用社会科学的方法研究法律现象。

"社科法学连线"举行的活动包括：从 2005 年开始的"法律和社会科学"年会；2006 年开始创办的《法律和社会科学》集刊；2013 年开始举办的"社科法学研习营"；社科法学系列讲座。此外，还有读本、工作坊、读书会等活动。

首先要讨论的问题是，社科法学到底是什么？它和通常所说的法学是什么关系？如何界定社科法学和传统法学研究之间的联系与区别？

侯猛："社科法学连线"不是从天上掉下来的，也不是我们拍脑袋想出来的。它产生的基础在于，国内已经有一群人在从事社科法学的研究，并且有相当高质量的产出。在 2005 年，我们举行了"法律的社会科学研究"第一次研讨会，后来随着研究者越来越多，举办的各种活动也多起来。所以，我们考虑将各方面的资源整合起来，成立"社科法学连线"，其实就是一个"无形学院"。

对于"社科法学"这个概念，法学院的很多老师和同学都会感觉陌生，甚至有些别扭。但如果看英文（law and social sciences 或 social sciences of law），可能就比较好理解。它指的是一种跨学科的研究，或者说跨学科的知识，即法学和其他学科的知识。法学院很多课程基本上还是法解释学或法教义学，相对来说不太注重与其他学科的交流。社科法学则更为强调知识的开放性。我们这群研究者对于外学科知识都有相当的偏爱和需求，这也是大家能够集结在一起的很重要的原因。

关于名称的问题，社科法学主要强调跨学科，但这个跨学科到底叫什么？以前苏力叫"法学的交叉科学"，后来叫"跨学科法律研究"，再后来叫"法律和社会科学"，成凡把它简称为"法律社会科学"，后来再简称"跨法学"，但感觉这些名字还是不行，后来改叫"社科法学"。

"社科法学"这个提法肯定有各种各样的局限性，四个字不可能归纳得很全面，也不可能太科学。四个字的主要好处是名称简洁，容易上口。如果想要了解它，就需要看它的具体内容。另外，"社科法学"的提法也更容易与法教义学对话，方便学术交流，否则我们说"法律和社会科学和法教义学对话"，就会很奇怪。成立"社科法学连线"不是为了制造什么噱头，而是想通过组织一些活动来进行更多的学术批评。

其实“社科法学”并不是新提法。苏力十多年前写过一篇文章，将中国当代的法学流派分为政法法学、诠释法学、社科法学三种类型。① 政法法学是强调政治和阶级的传统法理学知识体系。诠释法学现在是整个法学界的主流，名字变了好几次，先是叫法解释学，现在又叫法教义学。社科法学更强调外学科的知识。

苏力当年提出社科法学这个概念时，法学界并没有像今天这样有比较多的人在做，而且是一直在做。不过，大家做的东西相差较大，差不多是各做各的，学术对话和批评比较少，凝聚力还不够。所以今天我们重新把这个概念利用起来，主要目的就是希望可以求同存异，推动大家进行更多的学术交流和学术批评。以上就是社科法学连线的缘起。

二、社科法学与法教义学

徐涤宇：刚才侯猛已经大致对社科法学进行了界定，就是倡导结合社会科学方法来研究法律现象。那么，传统法理学到底研究什么？我认为可能在研究对象上存在一种界定。就像拉伦茨写《法学方法论》② 一样，他把法理学严格限定在实体法范围，在现行有效的法秩序层面来研究它，这种研究也被称为规范法学，是一种对法学进行规范分析的研究方法。从研究对象上看，社科法学不仅仅研究法律文本和规范本身，还研究法律现象。

① 苏力：《也许正在发生——中国当代法学的一个概览》，《比较法研究》2001 年第 3 期。

② ［德］拉伦茨：《法学方法论》，陈爱娥译，商务印书馆，2003。

这样的法律现象可能超出了在法理学层面上法的三种效力：第一个层面是法的规范效力，指立法者制定的法律规范作为立法者的命令，具有应然效力，这是对法学进行规范分析的层面。第二个层面是法的道德效力，它更强调一种信仰效力，即从道德、伦理、意识形态、政治哲学等其他层面来理解我们为什么信其为法，这可能更多涉及法哲学。第三个层面是法的实然效力或法的实效，指法律实际产生的效果和存在的问题可能与文本规定不同，法的实效作为一种法律现象，可能与法的应然效力并不对应。社科法学研究范围很宽，可以从经济学和社会学等不同的角度进行研究，这其实是一种对法的实效的分析。

尤陈俊：一些同学之前可能听说过“社科法学”一词，但估计未必完全明白它的学术意义。

据我的观察，在今天中国的法学院系中，法学教育越来越“科学化”，所传授的更多是法律条文方面的内容，越来越强调对法律文本进行规范分析和研究。在年轻一代的学者，尤其是部门法研究者中，不少人都认为这种规范法学立场或教义学进路应该成为中国法学教育与法学研究未来发展的主流方向，甚至还可能抱怨在这方面做得远远不够。其中的一些人也因此会认为社科法学并不重要或并不那么重要。不过，更多的轻视或许还是来自于法理学内部一些坚守规范立场的学者，社科法学可能会被视为是在主流法学当中进行非主流的“搅局”。

这些看法都有误解。我们从来不会否认法学最核心的一个部分，同时也是法学区别于其他学科的一个最重要的特点，就在于它主要采用规范性研究。只不过我们还认为，如果仅仅采用规范性研究，那么可能会对某些问题的认识不够清晰或不够深入。比如一些法律条文规定得非常精细，从规范分析的角度，可以笼统认为它体现了立法者的意志。但这些法律条文是怎么来的？或者说它是在什么状态下被制定出来的？它被制定出来之后可能会引起什么社会后果？这些问题是规范分析不太会深入关注或至少是没法很好回答的。

在进行规范性研究时，常常需要将一个法律问题从社会整体现象中单独抽离出来，进行集中解剖。把一个问题抽离出来进行凝视，有时可能会看得更清楚，但有的时候，凝视也会带来一些问题。比如，我要看一个东西，稍微拉近距离可能会看得更集中、更清楚，但如果把这个距离拉得过近（比如拉到离眼皮很近），反而就看不清楚了。**我觉得很多法律问题还得放在整个社会大系统中去理解和分析，而这就必须调动其他学科的知识加以辅助**。在这一点上，社科法学有助于弥补规范法学的一些不足，帮助我们加深对法律现象的认识，但它绝不是对规范法学的单纯替代。

徐涤宇：据我所知，陈柏峰做了大量的实地研究。比如，研究农村土地承包权，从法学规范分析的角度和社会科学的角度会有什么不同？

陈柏峰：土地领域有很多现象，规范法学都没办法解释。比如权利的分离就是其中一个现象，它分离成这么多抽象的权利，到现在为止没有一个现成的理论能解决中国的土地实践。我想这些都需要由社科法学来解释。我们的落脚点是把它作为一个法律现象，涉及权利的现象基本上都可以认为是法律现象，但这是用传统的法学方法解释不了的。

再比如，甘阳在《通三统》① 里谈到，当代中国有三个传统：传统儒家文明的传统、社会主义革命的传统、改革开放以来自由主义的传统。我们在江西做调研时，土地制度的形态很

① 甘阳：《通三统》，生活·读书·新知三联书店，2007。

复杂，同时出现了三个传统。既有过去传统的土地观念，又有革命和改革后的观念。

具体来说，土改之前，这个土地的产权是某人的；在社会主义革命时期，打土豪分田地分给了某人；改革开放以后又分给了某人。这三个土地的主人可以同时出现在土地上，这是非常复杂的现象。这种同一个标的物上存在多种权利内容的现象，在别的国家非常少见，我觉得这些用规范法学的方法都很难解释。

侯猛：其实我们从来没有认为，规范法学或法教义学的不足应由社科法学来补充。我们之间存在分工。规范法学或法教义学可以解决大部分案件，但对于一些疑难案件，法教义学也可能会有不足。社科法学与法教义学在这方面存在功能上的区分。

比如，最高人民法院曾经有一个"中福实业公司担保案"的案子，里面涉及担保合同到底是无效还是可撤销的问题。[①] 如果从法教义学的角度来看，当然可以论证这是无效或是可撤销，甚至不同的法教义学可能有不同的结论，这都有它自己的一套逻辑。但最高人民法院在判这个案子的时候，它所考虑的不仅是法教义学的原理，还有社会后果。如果是无效，可能就会影响到全国银行 2700 亿的担保资产。所以从后果来看，最高人民法院不能判它无效，而是可撤销。

而后果主义的考虑就需要运用社会科学的方法进行分析，从而预测后果和可能性是什么。在这个意义上，社科法学最典型的研究可能还是涉及权利配置的科斯定理。我们从来不否定

---

① 参见侯猛：《最高法院规制经济的功能——再评"中福实业公司担保案"》，《法学》2004 年第 12 期。

某个权利是法定的，但要考虑权利效力的最优配置，而不是按照法教义学对权利的位阶排序。两者存在不同的研究进路，但也能够互补。对于常规案件，法教义学有它足够的空间，社科法学不会介入，但在另外一些问题上，社科法学可能比法教义学要好一些，二者还是存在分工与合作。

成凡：规范分析或法教义学是法学院的主流，但很多内容还需要有一些社会科学的知识，如果简单地从规范分析的角度来把握可能比较难。比如，我们认为人人都有生育权，所以有很多学者批评计划生育政策。但对于像中国和印度这样一些国家来说，这些批评可能没有考虑到具体问题。这就是一种社会科学的思维，需要意识到政策后果，而不仅仅是根据某个教义或教条做出道德哲学的选择。

再比如，关于遗体捐赠，欧洲出现了两种很不同的结果，丹麦同意捐赠的比例大概只有4.25%，德国是12%，但在奥地利同意捐赠的比例有99.98%，法国是99.91%。这是觉悟不一样吗？不是。是经济水平吗？也不是。这是因为在奥地利和法国，法律规定拒绝需要明示，这就默认了遗体需要捐赠。但在丹麦和德国，法律默认的是不捐，如果想捐，就需要填表画勾。这个制度微妙的区别结果就导致了二者数量的巨大差异。这个研究刊登在2003年的《科学》上，大家可以找来看看。①

徐涤宇：我想先解释一下“法教义学”这个概念，不带任何立场。所谓教义，首先来源于神学教义学，比如《旧约》就具有毋庸置疑的正确性，只能对它进行解释或诠释。同样，对于法律来说，它其实预设了一个基本前提——法规体系具有正

---

① Eric J. Johnson, Daniel Goldstein, “Do Defaults Save Lives?”, *Science*, 21 November 2003: Vol. 302, no. 5649, pp. 1338-1339.

确性，现行有效的法、判例、通说等已经被奉为教义，至于这样一套语词是如何来的，它其实并不关注。

法教义学经常受到封闭性和韦伯所说的形式合理性的批评。立法者在立法的阶段已经进行了道德、意识形态和其他一些来自于外部批判的价值判断，司法者只能假定已经做出的价值判断是正确的，只能尊重立法者的考虑。在形式合理性的前提下，法官的司法并不追求道德立场、法哲学立场、政治哲学立场等实质意义上的价值理念，这些已经内含于立法当中。这样我们也可以解释为什么很多国家在立法的过程中会做出详细的关于立法意图的说明。而我们国家就没有做出来，最多是公布文本，让大家提意见，这些意见也不会公布。

立法者的法律文本一旦形成，就成为权威的文本。而法教义学就立足于这种权威的文本，将其奉为教义。那规范法学或法教义学如何考察立法者做出的权威文本是否有问题呢？规范法学会受到这种质疑。但如果我们能够区分立法论和解释论，就可以理解为什么我们要奉行形式合理性：既然立法者已经做出判断，我只需要说明是否遵守法律就行了。

比如，宋代有一个著名的案子，一个人去世，立下了一份遗嘱，遗嘱说儿子得三份，女婿得七份。但一位叫张永的官员根据自己的理解，认为女婿得三份，儿子得七份更符合情理，于是就做出了变更。如果从形式合理性的角度来理解，这个时候他已经把自己居于立法者的位置。按照现代法律来看，这属于遗嘱自由，遗嘱自由是已经被大家公认的意思自治的表现，在这种情况下，现代法治已经对其做出了价值判断。立法者认为立遗嘱是自由的，一般情况之下，法官只需要遵守这条规则就行了，即在有遗嘱的情况下，法官绝对不考虑法定继承，除非出现违背公序良俗原则的情况，法官才会进行调整。

我举这个例子是想说，在现代法治之下，形式合理性也会考虑到需要调整的情况，但要求司法者对此慎用。法教义学坚守的立场是：如果有明白具体的规定，则“禁止向一般条款逃逸”。如果不坚守这个立场，司法者就很有可能成为立法者，因为立法者的角色是任何人都想当的，人人都可能打出自己合情合理的牌出来，以具体的人或事否定法律的规定，而这就违背了现代法治的理念。所以规范法学或法教义学尊重现行的法体系、判例和通说。当然，在立法论层面也存在开放性，有很多东西可以讨论。

李学尧：徐老师言简意赅地对法教义学的核心特征做了很到位的介绍。比如，在区分立法与法解释的基础上寻找法教义学的思考起点；从形式合理性的角度界定法解释学对待价值的态度；法解释过程中“禁止向一般条款逃逸”的操作性原则。根据他的阐述，我们也可以进一步对法教义学进行定义：在形式合理性原则的指导下，以特定国家的实在法秩序为研究对象，将法律文本当作神圣和权威的文本进行解释，发现其中的意义。

法教义学的这种思路使法学很自然地被划归人文学科，不仅区别于自然科学，也区别于借鉴自然科学思考模式的社会科学。从韦伯的“人是意义的制造者和沟通者”的观点来看，作为权威文本的法律正是立法者用以传达意义的载体，立法者希望这种意义载体能够影响每个社会成员的行为。从这个意义上说，法教义学及其类似的法学研究具有非常典型的人文学科色彩，而不是社会科学。从这一点，我们也可以看到社科法学和传统法学的区别。

我想就徐老师说到的法官在适用法律时，可以做到毫无道德偏好和伦理中立的观点做一个评价。古往今来的各种理论可以证实，这是一种理想主义的幻想。

第一，立法者实际上无法穷尽所有的价值判断，这是由人类理性的有限性决定的。如果从进化心理学角度来看，价值还有一个博弈演化的过程。

第二，价值的客观化技术也是有限的，因为它是用语言表述出来的，用语言表述出来的价值判断需要解释语言本身，这会产生很大的问题。20 世纪法学的语言学转向对此已经做了详细的论证。

第三，更重要的是，社科法学的很多实证研究成果，特别是行为法经济学、法心理学等行为科学意义上的法学研究，直接证实了这是一种幻想。比如 2011 年，美国国家社会科学院院报上发表了一篇论文，它对以色列的法官判决假释做了一个实证的研究。假释委员会一共有八位法官，每天对假释申请进行复核，但只花 6 分钟就要做出一个判决。他们把法官的审判过程全部记录下来，画成了图表，发现法官早上一上班，第一个案件的平均通过率是 65%，第二个案件是 75%，然后就开始下降，到了茶歇喝咖啡之前通过率是 0。喝完咖啡以后，又是 65%，然后再下降，到吃午饭的时候降到零。吃完午饭以后又是 65%，然后到下午下班之前又是零。

这个实证研究很显然说明了法的确定性是有限的；影响法官裁判的因素除了法律还有很多；不能无视法教义学研究的一些致命弱点，而对法学领域之外的、对传统法学理论构成严重挑战的科学知识装作毫不知晓或有意漠视。

三、社科法学的研究领域

徐涤宇：我刚才说的不带有任何色彩，只是解释法教义学的基本立场。正好学尧教授把我们引向了社科法学中的心理学和行为学领域。那这一块大致包括哪些内容？在社科法学内部占据什么位置？

成凡：法律和认知科学包括传统的心理学和现在的脑科学，其中脑科学又叫认知神经科学或法律与神经科学（law and neural science）。现在已经开始有人研究了，学尧教授其实就在做这方面的调查。当然还有一些直接看脑部核磁共振的（研究）。但这究竟对法学有什么贡献？认知科学和法律社会科学是什么关系？是否可以纳入法律社会科学？这些都是我们比较关心的问题。大体上看，如果社科法学是一个很大的阵营，认知科学则是其中的一个小分队。但这个小分队做的工作还比较重要，因为它回答了一个比较根本的问题：人究竟理性到几何？

在这一点上，经济学的逻辑往往比较简化，“人是理性的”是经济学最重要的一个假设，理性人就是经济学的学术基因，一切都基于这个前提往下分析。但认知科学表明人除了作为经济人或理性人对效率有所考量之外，还有对公平和情感的考量。人们理解法律可能不完全是出于理性，还有可能出于情感或公平。比如，我和易江波老师关系很好，我会帮他。但如果经济学家来解释，会说这是因为易江波的福利是我的目标函数，所以我帮助他是为了我自己，这种行为还是自私的。这个解释显得很绕。如果到极端的话，我帮助一切人其实都是我自私，即使我为某个事业去牺牲，也可以解释为自私，因为人的任何行为从定义上只能是自私的。在这一点上，经济分析显得有点过，已经背离了我们的常识。

所以，法律和认知科学提供了另外一种关于人的假设，表明人大致有三个认知进程，这三个进程并行于人的大脑之中。第一，人的前额叶和大脑皮层主要是效率分析或理性分析，这是人类和动物区别最大的地方。第二，人有好恶，还有情感和公平感。情感认知的关键是大脑最内部的杏仁核和基底核。第三，公平认知的关键在大脑皮层和基底核中间的部分——内侧颞叶或边缘系统。比如学尧损坏了我的东西，我马上觉得他应该赔我。这不是效率分析，也不是我恨他的情感，而是出于一种人类的公平感，我觉得他应该赔偿我，这其实就是侵权法的起源。

从这个角度来说，认知科学可能成为一个解释法律和社会现象的基础性学科。这个基础工作能不能做好？我们现在也在尝试。我不认为认知科学和规范法学是对立的。这是一种法学和科学的知识互证。

徐涤宇：我也不认为它们是对立的，包括我的一些研究也会走社会科学的路子。我在《中国法学》发表的关于除斥期间的一篇文章①，也分析了法官会采取那样一种行动策略的原因，但最后还是回到规范分析的立场上，认为法官的这种行动策略在规范分析的角度下是绝对不正确的。他的空间不应该有那么大，不然法官都可以运用其他学科来处理案件，把法教义学的基本教义抛到脑后。

只有在一些疑难案件等特例情况下，才需要法官从立法者的角度分析。为什么我强调从解释者的角度分析更好呢？因为立法者制定的法律如果不能对法官形成一种约束力，法律追求的确定性就会难以维持，这是我最担忧的。

成凡教授有一篇关于麻风病问题的文章②很有意思。文章认为麻风病其实并不是那么可怕，完全可以治愈，结果就是因为

---

① 徐涤宇：《论法律行为变更权的期间限制——基于解释论的立场》，《中国法学》2009年第6期。

② 成凡：《法学知识的现状偏差——以麻风病为切入点》，《法制与社会发展》2004年第6期。

婚姻法在结婚条件里规定麻风病不能结婚，所以大家认为麻风病非常可怕。据说麻风病比乙肝还好治些。那这些研究内容属于社科法学的哪个范畴呢？

成凡：这应该属于法律社会学，它是在分析一种社会现象。当然说它属于知识社会学更准确。法学知识为什么会沿着自己的一套知识体系走下去？即使和同时的医学知识区别已经很大了。这就说明知识体系的形成存在不利的地方，即有可能形成知识固化。

侯猛：社科法学目前基本包含法社会学、法经济学和法人类学三大块，法律和认知科学属于社科法学的一个小分队。在美国法学院还是法经济学更占主流。社科法学有自己的发展脉络，它最早是从法社会学过来的，法社会学就是您刚才讲的实然层面。但法社会学似乎没有太多的方法论，所以需要引入社会科学的知识和方法来解释法律的实然情况。

由于我们有跨学科的色彩，法学院其他研究法经济学、法人类学的人也愿意和我们互动。这也算“抱团取暖”吧。成凡师兄刚才提到，认知科学其实是对法经济学的纠偏，法经济学的前提是理性人假设。那么法经济学与法社会学、法人类学是什么关系？法社会学和法人类学可能对理性人假设完全反对，这怎么解释？

成凡：法社会学和法人类学并不是只讲效率，也关注公平和情感的问题，这一点和认知科学相通，认知科学是在提供解释。如果不同的认知进程被激活，就会出现不同的学术偏重。当然这些认知进程不都是天生的，情感和公平感很多是环境塑造的。

从知识社会学的角度来看，为什么今天中国有很多人从事社科法学？其中原因和美国的情况确实不一样。法教义学的前提是一个相对稳定的社会，所以“天不变，道亦不变”，但随着改革开放带来的社会巨变，天变了，道就得变。今天的中国是法律社会科学研究的土壤，需要我们上下求索。

在西方，这个工作从工业革命初期就已经开始了。那个时候，霍布斯、洛克开始思考，到后来社会学的三大师——马克思、韦伯和涂尔干——进行总结和解释，一直到 20 世纪下半期形成经济学、社会学、法学等相对稳定的社会科学分科。我们现在的工作也许浓缩了所有这些，在我们书单中还会出现这些一连串的人物和著作。美国法学院不用读这些几个世纪前的古人了，他们直接用教义解决问题就行了。可是我们可能还尘埃未定，所以还需要引用他们的东西。

陈柏峰：法经济学主要是个体主义，法社会学和法人类学更多是从社会系统的角度看问题。认知科学已经进入了自然科学领域，心理学可能处于社会科学与自然科学之间。当然这几种具体的方法之间极具张力。

从人性本善的角度来看，我对成凡的研究一直比较悲观。因为从他的研究来看，认一个法官干活不行或能力不行，判的案子有问题，我们应该怎样去治疗他？可能不是对他进行社会主义法治理念教育，而是给他吃药或者对他的脑部进行手术，因为这是他大脑结构的某个地方出了问题。如果到极端，它的本质就是这个。他用社会科学的方法已经解决不了问题，所以进入到医学领域。

当然没有绝对的真理。比如，我平常关注自杀研究，① 自杀研究有两个完全相反的进路：心理干预和吃药。这两种方法在实践中同时有效，但他们的理论出发点完全不同，两者极具张力。就我自己的偏好来说，我可能更偏好社会学和人类学，因为我觉得社会学和人类学的交流性要稍微强些。当然交流性更强的是法经济学，但经济学走到极端，实际上是“神学”。在它那里，人是一个固定的模式，实际上已经具有神性。

成凡：认知科学更多是一种知识，而不是技术。这也是我力图向大家说明的，因为大家都从事跨学科研究。比如，通常认为康德是一位书斋学者、教条主义者、纯哲学家，好像其他都不懂。实际上他到 60 岁才发表三大批判，从而改变了人类的整个知识史。在这之前，他教过当时几乎所有的科目，包括数学、逻辑学、天文学、生物学等社会科学的各个领域。

再比如，作为当代康德级人物的罗尔斯（John Bordley Rawls）是哈佛大学的校级教授，他可以在任何一个院系开设任何一门他愿意开的课。之所以这么神奇，就是因为他对知识做到了融贯。所以跨学科研究或法律社会科学研究应该要“取法乎大”。

李学尧：针对第二个问题，我谈三个方面：

第一，关于社科法学与通常理解的社会科学的区别，最基础的是要与教育部颁布的社会科学的分类区别开来。

第二，法经济学、法人类学、认知科学的共同关注点都是人类的行为，同时以实证方法特别是计量的方法，对知识的有

---

① 例如，陈柏峰：《代际关系变动与老年人自杀——对湖北京山农村的实证研究》，《社会学研究》2009 年第 4 期；《反抗与绝望：农村社会转型中的未婚青年自杀》，《开放时代》2013 年第 6 期；《死亡想象与道德建构——家事纠纷中农村妇女自杀的个案呈现》，《乡村中国评论》第 2 辑，等等。

效性进行检验或创造新知识。即使是分析性的理论建构，也要建立在实证研究的基础上。这既是它们的共同点，也是社科法学区别于其他学科的一个特征。但即便这样，社科法学仍有坠入传统法社会学的危险。传统法社会学最大的一个问题在于什么问题都研究，什么方法都包括，最后变成了大杂烩。我觉得还是要进一步精炼社科法学的方法。

第三，法学的社会科学研究有一个内在视角和外在视角的问题。一位纯粹的经济学家或社会学家用社科的方法研究法律，和经过法学院培训的学者用社科的方法研究法律，肯定有很大区别。最大的区别在于法律是一门必须追问意义的学科，没有经过法教义学系统训练的人，会忘掉这一点。我们在提出社科法学时，还是要注意区分内在视角和外在视角。

尤陈俊：我想补充几点。第一，我们反复谈到“社会科学”这一概念，其实社科法学里所讲的“社科”和西方学术语境（尤其是美国的学术语境）中所讲的“社会科学”含义不尽相同。我们所说的社科法学中的“社科”，总体要比西方学界在包容面上更大一些。

比如，我自己比较擅长做的话语分析，如果严格按照西方学界的通常划分，就不属于社会科学领域，而是更接近于人文科学领域。但在我们这里，话语分析的运用也可以被纳入社科法学。再比如，当我们讨论中国法律形象在西方的演变时，往往会涉及萨义德（Edward W. Said）提出的“东方主义”理论①。但如果严格按照美国学术界的标准，这套理论并不属于社会科学领域，而是属于人文科学领域。但在我们这里，也会认为它是社科法学能够利用的学术资源之一。

① 参见［美］萨义德：《东方学》，王宇根译，生活·读书·新知三联书店，1999。

第二，我们所讲的社科法学最主要的一个特点是**强调跨越法学本身**。而为了能够跨越法学本身的界限，会**强调要关注法学与法学之外其他知识的联系，强调结合其他外部学科中可用的研究方法和理论资源来研究相关的法学问题**。在很多人眼中，社科法学几乎被等同于法社会学。包括美国在内的被认为法社会学发展得非常好的国家也面临着一些发展瓶颈。

比如，埃贝尔（Richard L. Abel）教授就曾经做过一番很有意思的调侃："法社会学对一切关于法律之事均予研究，惟有法律规范除外。"虽然是戏谑之语，但也颇具警示之意。我们今天谈社科法学也要注意这个问题，避免出现埃贝尔教授所说的这种窘境。

换言之，社科法学的研究者首先要对规范本身有充分的了解，然后再考虑利用其他学科的方法和资源进行研究，不然很可能会变成非法学的研究。毋庸讳言，目前在中国法学界从事社科法学研究的学者当中，大部分都来自理论法学学科。这种现状有时会受到一些批评，比如可能会被另一些人嘲讽："这拨人是因为规范法学做不好，为了找碗饭吃，只能转做社科法学。"这种说法说得太过了，但同时也有一些警醒。

至少在我看来，真正好的社科法学研究者，应该是在对规范法学有较为充分的了解的基础上，再结合其他社会科学的方法和理论做与传统法学不一样的研究。不然的话，老是想跨出自家的藩篱，跑到别人的领域，去寻求和别人对话甚至进行挑战，但想回来时却发现自家的城门都关上了，就会变得无家可归。这是我们做社科法学的人要注意避免出现的倾向。

希望我们所倡导的"社科法学"概念不会给大家造成一种误导，我们不是说应该只研究法律与其他现象的关系，不是不管法律本身，更不是不管法律规范。社科法学强调跨越法学，但绝不是远离法学。这是我想特别澄清的一点。

陈柏峰：说到社科法学的研究范围，经常会有同学问到社科法学是否包括习惯法。这里我想谈一下我的看法。只要与秩序有关的现象都可以纳入社科法学的范围，与法、规范、正义等有关的也都可以去研究。但我对“习惯法”这个词本身是警惕的。一般来说，我们对法的定义中必须有一种强制力量。狭义的定义认为法应该由国家强制执行，但习惯法并非由国家执行，而又把它称之为“法”。在中国大部分的农村或社区，发展到今天，很少有那种真正具有执行力的规范，很多可以称得上是习惯，但不一定是习惯法。不管是习惯也好，还是习惯法也好，这种现象当然应该纳入我们研究的范畴。

尤陈俊：在很多文章和著作中，经常看到一些学者使用这一概念。我的立场和柏峰非常相近，我也非常谨慎使用这一概念，因为这一概念在法学里引起了一些混乱。在中国，基于国家和社会对立的理论假设，产生了“国家法和习惯法”这样一对概念。但这个概念是否合适？是否描述了中国的实际？

习惯法这一概念在西方有固定的含义，在某种意义上是以欧洲为原型。在中国的传统社会里，我们一般认为不存在习惯法。很多年以前，一位法国学者曾写了一篇非常长的文章来一一反驳一些著名学者对习惯法概念的运用。在今天，我们的圈子里也很少有号称研究习惯法的人。这倒不是因为我们排外，而是因为很多中国研究习惯法的学者连这个概念基本的知识来源都没有搞清楚，把所有不是国家法的东西都称为习惯法。这是一个最大的问题。比如，是否每个民族都得有自己的一套所谓的“习惯法”？这完全不可想象。并不是说所有习惯性的做法都能称之为习惯法。当然，还有“民间法”的概念，我个人也非常谨慎使用。

徐涤宇：我发现社科法学研究多集中在司法制度层面，为什么？

陈柏峰：这种现象既正常，也不正常。一方面，最能体现法律人内闭特征的是司法。因为司法专业性最强，它有法官、律师、检察官等众多高度专业化的法律人集中参与其中。法学院的很多毕业生都进了政府部门，但与司法相比，进政府部门不需要通过司法考试，对执法的技术性要求也不会很高。司法的技术性很高，对法律的依赖程度更高，而且它聚集了很多法律人关注的目光。这么多因素其实说明了司法是职业的圈子，背后还有职业性利益起作用。这种大家关注司法的现象，在全世界来说都比较正常。

另一方面，在中国，我们对别的领域关注太少，包括社科法学有几个学者去研究立法？当然，研究立法很困难。但这些同样非常重要，而研究司法的学者确实太多了。虽然这种“多”也需要，但从这个比例来看，对立法、执法、守法的研究还是太少。美国的法律社会学著作中研究警察执法的特别多。当然这主要是社会学学者做的，不是法学学者做的，但这种研究本身就很有意思。

李学尧：这个说法可能不一定对。这有可能是我们受到研究方向和专业的限制。假如把目光投到行政法和公法的研究，特别是对规制理论的研究，就会发现他们用社科法学的方法来研究法律问题的非常多，他们研究的重点基本不在司法层面，而是在公共政策的运用层面。在我们国家，这方面可能也有研究圈子，但比较小。在美国，这个数字就比较大，这可能是我们的一个区别。

成凡：这只是知识分工的问题。立法研究的一些内容实际上是谁做的？比如对于税收最终由谁来买单的问题，法学界的研究确实比较少，但经济学、财政学等也在做这方面的研究，在某种意义上这也属于立法研究。所以从知识分工的角度来看，法学院最关心的是司法，不是立法。

尤陈俊：柏峰刚才讲的我大体上都赞同，这里稍微补充几点。这个问题会涉及知识分工，但也有一些很现实的原因。

立法可能听起来相对简单，无非是按照一定的程序行使权限，形成一个可见的法律文本。但事实上立法的过程很难深入研究。当然，也有一些中国学者在做立法学的研究，但坦率来说，我个人对这些研究的总体评价比较低。

社科法学目前之所以也较少研究执法，则主要是基于另外一些原因。执法较之于司法，其重要特点之一是执法空间的非固定化。从理论上讲，执法可以发生在我们社会中的任何一个领域，这是一个流动的空间。相对而言，司法的空间比较固定，通常发生在某个法院内的某个法庭里，大家聚集在一个固定的建筑空间当中，在同一时间做一种类似于仪式的司法活动。因此，司法的空间比较容易低成本进入并进行集中观察。很多社科法学的研究者都去研究司法，可能与这一点有很大的关系。

坦率来讲，与社会学家、人类学家相比，法学家比较懒。很多法学家做研究就是坐在书斋里，不去调研。即便做调研或号称做田野，也往往是坐一个小车，利用各种关系，找当地的几个村干部过来，一起开个座谈会，然后拿出一张纸问一些问题（有些类似于“请听题，第一道题目是……”的问法），让人家回答。这是很多法学家所理解的调查方法，而和人类学、社会学比起来，这在调研深度上的差距非常大。

当然，目前社科法学的研究为何主要集中在司法领域，与司法往往被认为最能展现法律职业的特点也有一定的关联。但就像我刚才讲的，司法之所以比执法更受社科法学研究者的青睐，与司法研究的田野比较容易进入有非常大的关系。

四、法学中为何引入社会科学

徐涤宇：为了让更多学生受益，我们也真诚欢迎社科法学。那法学中究竟为何要引入社会科学？

侯猛：这就是关于刚才大家谈论的社科法学所包含的内容。目前研究社科法学的人大部分还是法学出身，这意味我们虽然研究社科法学，但还都认为自己是一个法学人。就法律条文的解释而言，我们的确不如法教义学人，这不是我们的强项，我们的强项是解释法律条文为什么这么制定，关注的是“为什么”。

社科法学的功能就在于它是联系社会科学和法学的纽带。如果一位纯粹的社会学家研究法律问题，大家可能会认为他不懂法律问题。而如果法律人写其他学科的论文，可能外学科的人又觉得你不懂。但社科法学的人写法律的东西，就会使两边存在一定的可交流性。

但这也有问题，两边的人可能都不认同社科法学，社会科学的人会认为这不是正宗的社会科学，法学的人会认为这不是正宗的法学。但社科法学填补了社会科学和法学中间的空隙，这是我们的作用，我们也没想扩大这个作用。法社会学、法人类学和法经济学共同的地方，就在于强调后果主义和对因果关系的解释。这是社科法学稍微有点内核或共通的东西。

李学尧：我主要做法律职业研究，我的硕士和博士论文也都是关于法律职业的研究。当时进入法律职业研究，纯属偶然，因为 1997 年中央提出建设社会主义法治国家、1999 年肖扬启动司法改革以后，法律职业很自然成为中国法学界的学术研究重点。所以我的老师就指定我研究法律职业，但我也不知道这是什么。最初就是看文献，看来看去终于搞清楚了，绝大部分研究法律职业的文献都是运用非法学或非法教义学的方法。大家也可以想象，法律职业怎么可以用法教义学方法来研究呢？除非涉及职业伦理规范的应用问题，也就是说将法律职业伦理视为一门部门法，才会使用法教义学的方法。

世界主流的法律职业研究运用的都是跨学科的知识，而最主要的知识传统来源于经济学和社会学这两个学科。所以我很自然地进入社会科学的研究方法。最开始的时候我是和刘思达一起合作。他毕业于芝加哥大学社会学系，现在在威斯康星大学任教，作为一位 80 后，他可能是华人在美国法学界影响比较大的几个人之一。刘思达主要做定性研究，我和他合作写论文，学习深度访谈等方法。后来总觉得不过瘾，在耶鲁大学的时候又碰到程金华。他主要做定量研究，于是我又跟着他做量化研究，合作写论文，但又觉得不过瘾。后来不小心被从事认知科学研究的成凡等人“传染”上了，就开始做认知科学。认知科学主要采用实验的方法处理数据。总之，接触到他们的知识后，我感觉茅塞顿开，自己观察问题的视野变得更加宽广，对于人类社会和行为的思考也更具有系统性。

尤陈俊：从研究的时间跨度来讲，我研究的内容在时段上应该最长，因为我既做中国法律史的研究，也做当代法社会学的研究。这两个领域看起来不相关，但其实有很多内容彼此紧密关联或相通。我想结合我重点关注的论题——司法制度及其运作来具体谈一下。

我个人认为政法传统其实并不仅仅是在1949年后由特殊的国家意识形态所形成的产物。比如，在明清时期，州县官既是当地的最高行政长官，同时也是地方法院的院长，并且还是检察院的院长、公安局的局长和税务局的局长，甚至有时还兼一些验尸官的工作。这就是瞿同祖先生在《清代地方政府》一书中所讲的“一人政府模式”①。我认为这是典型的政法制度，它其实对1949年以后的政法制度设计有着非常微妙的影响。在这种历史惯性下，人们容易相信一种集中的权力可能更适合办大事，尤其是在基层，如果权力过于分化，可能就会造成一些问题。这是一种沿用几千年的治理模式。

我对这个问题一直非常感兴趣。我会去追问，为什么在中国古代没有出现像我们今天这样单独设置的法院系统？为什么直到晚清变法时期才开始有专门的司法机构设计和专业的司法官员？这背后的原因是什么？是因为几千年来我们中国人一直蒙昧，而不像西方人那么精明吗？可能有各种各样的复杂原因，而我更关注的是一些以前法学研究者不太关注但却很重要的原因。

我认为这与中国封建帝制时期的财政制度有很大的关系。如果要在基层设置一套独立运行于行政系统之外的司法系统，不仅要给专业的司法人员发工资，建法院也需要耗费大量的钱财，而这些都得靠国家财政拨款。后来我专门去看中国财政史方面的研究，结果发现以清代的国家财政能力，是无法在常规的行政官僚体系之外再在基层建立另外一套所谓专业的司法系统的，这是当时的财政能力所无法承受的。的确，从民国以来陆续有很多单独设置的司法系统出现，但在当时要建立这一套

① 瞿同祖：《清代地方政府》，范忠信、何鹏、晏锋译，法律出版社，2011。

司法系统也是非常艰辛的事情，最大的问题就是财力不够。当然，人力也不够。

因此，即便到了 20 世纪 30 年代，虽然看起来设置了很多新式法院，但却有不少法院的法官无法及时领到薪水。当时的法官每天要去法院上班处理案件。一些法官牢骚满腹，因为拿不到工资，养不活家里人，北平的一些法官甚至抱怨连冬天取暖用的煤球都买不起。既要马儿跑，又要马儿不吃草，这肯定不行。

通过这个例子，我们可以发现，要想使专门化的司法系统运行顺畅，不是仅凭司法制度本身就能解决问题，而是还需要一些配套制度如财政制度的改革和配合。很多学者都在谈当代中国的司法制度如何改革等，其中一些人建议施行大区制的司法改革。在我看来，这些建议和设想要想得到真正落实，就必须考虑包括财政在内的很多东西，而这些思考需要很多法学之外的知识做支撑。

我自己还做过另一个有趣的研究，是关于从清代以来，到民国，再到今天，人们在打官司时所使用的话语的类型变迁。[①] 今天人们去法院打官司，往往会请一位专业的律师帮忙写诉讼文书，例如起诉书中会说："根据《中华人民共和国民法通则》第几条，我享有某某权利，但我的权利却受到某某侵犯。"这是我们今天常见的诉讼话语，是一种法治的体现。

但大家一定要注意，这种诉讼话语在中国的出现，其实从时间上看并不长，不过一百多年而已。因为在中国封建帝制时期，人们打官司时不会这样写诉状。比如清代的一个普通百姓到衙门告状，他绝不会说"根据《大清律例》第几条，我享有

---

① 参见尤陈俊：《法制变革年代的诉讼话语与知识变迁——从民国时期的诉讼指导用书切入》，《政法论坛》2008 年第 3 期。

某某权利，而我的邻居侵犯了我的权利，因此请大老爷维护法治，主张正义”。当时通常使用的是一种冤抑控诉的话语模式。他会说：“我是本地非常安分守己的小老百姓，我有一个邻居飞扬跋扈，经常欺负人，我也深受其害，我的本性很善良，被他欺负几次也就忍了，但他不断来欺负我，我实在是忍无可忍，再忍下去，我就要家破人亡了。”最后则会说：“这一冤情就发生在县官大老爷您的眼皮底下，一查便知，您得出面为我申冤。”两相对照，你会发现从过去的冤抑控诉到今天的依法主张，人们使用的话语模式发生了很大的变化。而这与清末民初以来整个司法系统中人员的知识背景变化有很大的关系。专业的人士通常都喜欢听专业的话，使用专业的词汇，因为可以节省交流的成本。

我不知道大家有没有思考过，借助于法言法语等手段树立起来的专业形象和地位，是不是也有我们法律人自己建构的成分？因为这背后其实涉及法律人的自我利益。对于诸如此类问题的反思，规范法学无法解释，但这些问题确确实实影响到了我们每个人的行为。这也是社科法学的比较优势，可以给大家带来一些新的启示。

徐涤宇：现在正在改革，县、市一级法院的人财物到底由谁来管？如何实现中国的审判独立？实践中一些法官有不同的意见。一方面，各个地方的财力分布不均。如果以后人财物都由省高院来管，财政如何进行分配？是不是武汉多分一点？武汉下面的市、县就少分一点？但下面肯定有意见：“你要按人口来分，不能按经济收入状况来分。”如果按人口来分，武汉法院的法官又会有意见：“以前我们的工资收入待遇高一些，现在变低了。”

另一方面，这种改革也不利于实现审判独立。因为以前

"婆婆"多，基层法院还能打点擦边球；现在"婆婆"只有一个，基层法院归省高院管理，省高院要是打个招呼下来，基层法院能保持独立吗？所以，我个人不排斥社会科学，但社会科学更多是发现问题，最终的建构仍然要落到规范法学层面。现在请柏峰老师谈一下政法研究如何引入社会科学。

陈柏峰：就我自己的研究历程来说，我对社科法学的兴趣源自于原来学到的东西没办法解释法律现象，而好奇心却促使人想办法去解释它。我和成凡不太一样的是，我更容易对那些指向公共政策的现实问题感兴趣。如果对这些问题有困惑，觉得现有理论解释不了，自然会找别的理论资源来解释它。

法教义学可能会帮助我们在面对一个案件时根据已有的规范去裁判，但它没有办法解决我们遇到的对法律现象的困惑，因为它背后蕴含着丰富的因素。比如一个法律从出台到最终变成实践，要经历很多过程，包括法律人到法律场景去实践和组织体系的输入输出等。在这个过程当中，更多是通过政权体系大规模贯彻实施，包括资源动员、财务安排、强制推行等，从50年代贯彻婚姻法到今天贯彻农村土地承包法都是如此。这个从文本到实践的过程中会面临很多因素，每个环节、每个人都会起作用。

刚才徐老师谈到的法院管理体制也是很重要的组织问题。最低的基层法院在适用法律的时候，不仅仅只听法律的，背后也会受到法院组织体系的影响。法官的领导会对法官适用法律产生影响，但哪个影响更大一些？是法律条文影响更大，还是领导影响更大，抑或是组织中的上下级关系影响更大？这些都是传统的规范法学不能解决的。而这些现象都是容易吸引好奇心和具有挑战性的问题。

侯猛：我也简单说下我是怎么转到社科法学的研究上的。做学生的时候，我只知道学习知识，对知识的反思能力比较弱，实际上是没有独立思考的能力。慢慢地，我会自己去了解。课堂上的问题会引起我的好奇心，我会自己去思考和摸索，进而发现原有的那套知识体系也有一定的局限性。所以要多读一些外学科的知识，弥补自己知识上的不足。

我的博士论文是《中国最高法院规制经济的功能》。我们都知道行政规制经济，我写最高人民法院规制经济的功能也是从一个疑惑开始。课本上会说中国法院的判决只能约束当事人，这是我当时接受的一个教条。但后来我发现最高人民法院的判决不仅影响当事人，而且影响整个银行业，有2700亿的钱可能变成呆账。所以这个例子会引发我进一步的思考：最高人民法院对现实生活的影响其实比我们想象的要大，它不仅影响双方当事人和诉讼过程，还会对没有进入诉讼过程的某个社会经济行业起到规制的作用。后来我发现越来越多的案子是这样，法院对社会经济生活的影响越来越大，所以把这个题目作为我的博士论文。到后来我基本愿意在这个领域里做研究，因为人的精力毕竟是有限的，法教义学的工作我觉得有徐老师做就已经足够了，我们可以做我们自己喜欢的工作。知识没有高下，只是分工的问题。

五、社科法学与政法法学

徐涤宇：什么是政法法学？社科法学与政法法学到底有何不同？

侯猛：政法法学其实还是法学界的主流。法理学界一些文章更多是对现有政策的理论化包装，研究政治法律这一套话语，这与社科法学不太一样，我们更关心对法律问题因果关系的解释。

陈柏峰：社科法学应当重视与我国政法传统的衔接。从大的层面来讲，政法传统本身也没有经验可循。政法传统下的各种制度和实践是现有西方法学未加分析的，它们有特定的背景，比较特殊。西方的法学理论不是在政法传统的经验基础上建立起来的。今天当我们在用西方的法学理论来面对中国问题时，很难回避已经嵌入我们法治之中的政法传统。

在这个意义上，我们必须理解它。当理解它时，会发现其实没有现成的理论可供借鉴，因为西方的理论回应的都不是政法传统下的法治。这其实是需要社科法学来解决的。从小的层面来讲，各种问题在政法传统下面都有很复杂的表现形态。每一个问题都难以找到现成的答案。其实在社科法学的内部，不同的学科和方法极具张力。法律社会科学也非常小众，虽然是小众的东西，但因为它寻求的是常规之外的疑难案件，所以它本身就是处理少数问题的，它也是少数人追求的智识挑战。在我们看来，不论是面对实践问题，还是面对智力挑战，规范的或传统的教义学都不足以应对。

尤陈俊：我当年在中南财经政法大学读本科时，学校统一使用的《法学基础理论》教材就是政法法学的典型产物。那本教材是当时已经去世的卢云教授生前主编的，① 去年（2013 年）我把本科时用的这本教材重新翻了一遍。坦率来讲，除了出版时间有变化之外，它和 20 世纪 80 年代的法理学教材，甚至 60 年代译自苏联的《法与国家的一般理论》教材在风格上基本没什么变化，甚至还有过之而无不及。这一点从目录上就能够看

① 卢云主编：《法学基础理论》，中国政法大学出版社，1994。

得出来，非常教条化。这些都源自50、60年代以来所形成的那套庞大的政法法学话语。

对于中国法学的发展来说，这是一个非常大的问题，因为在政法法学里，很难谈得上学术多元和良性竞争。或许正是有鉴于此，历史学家戴逸教授才在80年代说了那句伤了几代法学家的话："经济学混乱，哲学贫困，法学幼稚。"这样的教材讲述的那些法理学知识自然很难引起我的兴趣。在读本科的时候，我更喜欢读同时也读得最多的是社会学、人类学、历史学等其他学科的东西。

政法法学是我们今天最应该反思的范式，因为它一度几乎构成中国法学的唯一格调。我们今天需要超越这个背景。不过直到今天，中国法理学在某种意义上可能还没有完全跳脱戴逸教授当年的那个批评。当然，社科法学也会处理一些涉及政治的学术议题，也会利用马列学说的资源，但其处理的方式和政法法学很不相同，所用的学术资源也更加多元化。

徐涤宇：为什么强调与政法法学有隔阂？

侯猛：政法法学其实就是意识形态法学，政治味道更浓，学术味道淡些。社科法学和法教义学的亲和力更强一些。

徐涤宇：法教义学的最大问题在于假定现行法秩序具有正当性。虽然法教义学强调伦理中立，拒绝价值判断，但在不自觉中也可能会陷入意识形态法学的领域里去。

陈柏峰：我和侯猛的看法可能有点不一样。我们是需要政法法学的。比如，我就认为讲社会主义法治理念很有必要，因为这些都是非常鲜活、非常必要的内容，符合时代需要。但关键在于怎么讲，能不能把它与现实问题结合起来讲。过去我们的法理学叫"法与国家的一般理论"，后来把国家的理论完全抽空了。当然，国家理论也应该不断发展，但最后法理学容纳了什么内容？我们现在的大国崛起，大国崛起的法理学到底是什么样的法理学？我觉得这些其实都可以探讨。这需要成熟的理论，而我们转型太快，有时候使得我们最新的研究成果无法反映到稳定的和常规的意识形态教条里去，这是一个问题。

侯猛：我做一点修正。对于政法法学，我也不是彻底否定。马克思主义当然要肯定，但教条主义的知识完全没有必要。我自己主动要求主持北大法学院的马克思主义法理学课程。因为我觉得马克思主义的一些内容在今天仍然有价值，我们应该抱这样一个态度。但如果一旦把它教条化，这种学术研究就失去了本来价值。

法学院的知识应用到中国实践的时候，会发现这些知识对中国法律的解释力其实很弱。所以要想重新理解政法传统，社科法学就非常必要。中国法治的核心是政法传统，或者说苏力讲的本土资源，这其实是一个意思。社科法学从来不认为其他知识不重要，只是认为人的精力有限。比如，我的知识偏好是社科法学，但其实也可以研究法伦理学和法哲学。只是说，我们做我们能做的事情，别人做他们能做的事情。

法社会学与法经济学的对话

侯猛：贺老师和张老师都是做实证研究的，他们的共同特点是分别在中国大陆地区和中国台湾地区接受本科训练，然后出国留学并获得 JSD，在国际学术界崭露头角。贺欣在斯坦福大学获得 JSD，擅长法律社会学；张老师在纽约大学获得 JSD，擅长法律经济学。为什么你们的学术道路分别选择或偏向了法律社会学和法律经济学？是怎么一步步通过学习转型进入现在这个领域的？

贺欣：我是在北大读了本科和硕士，当时 90 年代刚进学校，教学方式相对来说比较教条，我对法条本身的分析并不是特别感兴趣，对法条以外的东西和其他学科兴趣更多一些。当时我比较幸运，大三时，苏力老师刚从国外回来，给我们上一届的本科生开了一门课，我去旁听了几次，感觉比较符合我的路数。后来上研究生的时候，我有幸得到他的指导，后来决定出国扩展视野，所以毕业以后选择到美国继续深造。

当时在美国的时候也比较幸运，碰到了我的导师劳伦斯·弗里德曼，他是法律社会运动的奠基人之一，也是当代最有成就的法律史家。他运用的是社会科学的知识和方法。在某种程度上来讲，我们今天做法律社会学也都是在做历史，因为我们要研究已经发生的事情，历史学和社会学在很大意义上没有太多分别，方法是一致的。这就是我后来为什么走上这条路的原因。当时对我影响很大的还有同时期在斯坦福留学的其他社会科学的一些学生，包括我的一个合作者叫苏阳，他本科是在清华读电子工程，在北大读的社会学硕士，后来去美国读社会学。当时特别巧，我刚下飞机，原本是另外一个同学来接我，机缘巧合下改成他来接我，从此我们成为好朋友和合作者，他对问题的把握和写作的方法对我影响很大。

在斯坦福大学读书时，从中国来的学生有一个两周一次的定期研讨会，不分专业，对中国问题感兴趣的学生都可以参加，现在我还对很多其他学科的人有印象，包括光华管理学院的周黎安、李博白以及中国香港科技大学的蔡永顺。所以，我当时受到社会科学的一些影响，自然觉得这方面有意思，选的论文题目也受到当时和我本科同级的一个同学项飙的影响。他是社会学的本科生，现为牛津大学教授。后来我到了我国香港特区工作，觉得当时研究中国法律制度比较粗浅，所以下决心要改变。我希望用不同的理论视角和经验材料来研究中国法律制度，那些已经被学者们讨论过的问题，也可以通过不同的理论视角与方法得到更多新的认知。

张永健：如果说法经济学与法社会学的未来是可以由我和贺欣今天下午对打乒乓球的结果来代表的话，我想法社会学应该会蒸蒸日上、欣欣向荣。我的成长历程和背景可能和大家不太一样。在中国台湾地区我都是住在台北，读高中时我父亲对我说："你大学要选什么都可以，只要是法律和经济都行。"我也不知道为什么，高中的时候就想要做学者，父亲给了我两个选择，我觉得念法律好。

既然念法律，就可能意味着不需要念法律之外的课外书籍，但我在阅读各种社会科学和自然科学的书籍的过程中，碰巧读到了熊秉元的书。熊秉元现在在浙江大学，我读高中是在1994—1996年，他大概在1995年的时候出了第一本“熊氏散文”，对我非常有启发，也就读了他所有的东西。读大学时，中国台湾大学法律系第一年需要必修经济学。我第一年上完课之后，发现我的经济学是全系最高分，而刑法和宪法是全系最低分，我就想我是不是该转系，但那时不太甘心。再后来还是得了非常多的全系最低分，走也走不了，只好留下来了。

大四时，熊秉元在中国台湾大学经济系给本科生和研究生开设法经济学。这门法经济学课我上了七次，那时候我也读了张五常的东西，张五常的文章常说他旁听艾尔钦（Armen Alchian）的课七次，然后每次都在学不同的东西。一开始是学经济学，后来是看他怎么思考经济学，最后就看他怎么教经济学。我也跟着熊秉元上制度经济学、公共选择和财政学等课程，读了很多各方面的经典。尤其是在他的带领下，我读了波斯纳1998年英文第五版的*Economic Analysis of Law*①，虽然特别难读，但对我很有冲击。波斯纳的文章其实没有那么难懂，但因为他写的几百篇文章被整合到教科书里，可能一篇文章内的详细论证被浓缩变成教科书里一个“*on the one hand*, *on the other hand*”的句子，所以论证密度非常高。

但熊秉元有个本事，他如果被我们考倒的话，就会写信给波斯纳。波斯纳也很神奇，一天就回信了，回答我们问题。有一次我们还真的找出了他书中的一个错误，他回信承认了他的

① Richard A. Posner, *Economic Analysis of Law*, Aspen, 1998.

错误。这个事情其实对我们冲击挺大，因为一位可能是法学界有史以来最忙碌、被引用最多的法官和学者竟然会回一个没有见过的人的电邮，而且他还回信说“我错了”，这对我们来说是一个好的学术态度，对就是对，错都是错。

后来我在纽约大学读书的时候，上了陈若英的导师艾普斯坦（*Richard Epstein*）的合同法和侵权法的课，他还来北大举办过讲座。在上合同法时，我下课去问他一个问题：“你刚刚上课某一段话的推论逻辑是错的。”他在之后帮我写推荐信的时候承认了，大致是：“这个学生指出了我一个学期以来唯一一个逻辑错误。”这些在我们阅读文章时感觉就如神一般的人物，其实面对知识与真理的时候是很诚实的。

我在读纯法教义学的文章后感受到一种专断，读法律经济学其实很不一样。我在中国台湾地区上过很多法律课，得了很多低分，当时我问老师：“为什么书中会这么说?”有老师会告诉我：“因为事物本质（*Natur der Sache*）就是这样。”① 我常常听到“事物本质”这个词，感到非常怀疑，后来觉得这是还没有太多方法论去反省，没有办法告诉你来龙去脉，才诉诸抽象词汇。而这个时候我也经受了很多对于传统法教义学的挫折，然后上了熊秉元的课，上久了发现，以前我有很多困惑，后来就没有困惑，因为我发现用法经济学的思考工具可以像周伯通左右互搏一样，既可以创造“*on the one hand*”，也可以创造“*on the other hand*”，然后我也知道这两个东西是各有各的利弊。

所以，学术上有很多肯定或否定的假说都可以找到说得通的理由。它们可能在某些局限的背景条件下是对的，但不会永远是对的。如果肯定说和否定说都认为各自永远是对的，那就

---

① 参见白建军：《论法律实证研究》，载《中国法学》2000 年第 4 期。

没有面对问题的正确态度，不太诚实。经济分析能够帮助我建立一贯的思考架构来很方便地储存知识。有了自己的思考架构就很容易把别人的论据放进来，但如果没有，只是纯粹广读，知识就容易变成短简残篇，不太容易形成自己的思考。需要关心的问题多了之后，就没办法追踪。但一旦具有思考架构，就像有一棵树一样，很容易把别人的论述挂在树上，知道怎么安排位置。可以说，熊秉元的著作和课程是影响我做经济分析的重要原因。

那为什么后来做量化的实证研究呢？是因为我在中国台湾大学研究所的最后一年时，读到耶鲁大学艾尔斯（Ian Ayres）教授的一本书①。艾尔斯教授对法经济学和法实证研究做出了非常多的贡献，代表作不计其数。② 我是他的粉丝，读了他很多东西。读完这本书的时候，我其实感到很困惑、很受挫折，因为里面有很多图表，图表中有很多星星，我不知道星星代表什么意思。我觉得如果一位这么重要的学者写了一本很重要但我只看得懂一部分的书，我更应该要去了解这些星星代表的意思。所以在研究所的最后一年，我就去经济研究所听了一门应用计量的课，获得了一些基本概念。

在那之后我当了两年兵，然后去纽约大学上学，当时在不完全信息的情况下，做出了一个“错误”决定，正面影响我的

---

① Ian Ayres, *Pervasive Prejudice?: Unconventional Evidence of Race and Gender Discrimination*, University of Chicago Press, 2003.

② Ian Ayres and Eric Talley, "Solomonic Bargaining: Dividing A Legal Entitlement To Facilitate Coasean Trade," *Yale Law Journal*, Vol. 104, 1995; Ian Ayres and J. M. Balkin, "Legal Entitlements as Auctions: Property Rules, Liability Rules, and Beyond," *Yale Law Journal*, Vol. 106, 1996; Ian Ayres and Robert Gertner, "Filling Gaps In Incomplete Contracts: An Economic Theory of Default Rules," *Yale Law Journal*, Vol. 99, 1989; *Ian Ayres*, *Optional Law: The Structure of Legal Entitlements*, University of Chicago Press, 2005; Barry Nalebuff and Ian Ayres, *Why Not? How to Use Everyday Ingenuity to Solve Problems Big and Small*, Harvard Business School Press, 2003.

学术生涯。影响一生的很多决定其实不是在完全信息下所能预测的最好道路。

为什么这么说？那时候我在上学期有两门课时间冲突，一门课是高度理论化和数学化的博弈论，由纽约大学经济系的老师开设；另一门课是量化法实证研究，由伯克利大学的客座老师丹尼尔·鲁宾菲尔德（Daniel Rubinfeld）[①] 开设。我的推论当然是客座教授可能仅此一回，错过再没有机会，如果我留下来，纽约大学老师的课应该还有机会修。结果上博弈论的老师第二年就离开纽约大学到牛津大学任教，然后纽约大学法学院再也没有聘任老师开设博弈论。伯克利来的客座老师每学期都来，每年都要客座一学期，后来他也成为我的博士论文答辩委员会的成员。所以因为这样一个关系，我从一个本来想要做博弈论理论研究的学者变成了更懂量化分析的学者，我的博士论文也是做量化研究，并且也因为其他的曲折，我就这样走到了今天！

侯猛：两位老师刚才简单介绍了自己的学习历程。我想问贺老师，如果想了解法社会学，除了苏力和弗里德曼，还有没有其他的入门读物？法社会学研究的整体发展阶段是什么？特别是最近国际法律社会学研究的主要议题或特点是什么？同样，想问张老师的是，除了熊秉元和波斯纳，还有没有其他的入门读物？现在前沿的议题有哪些？

贺欣：书很多，很难讲哪一本特别有效，（每本书）对每个人的感受完全不一样，不是特别希望以推荐一本书的方式让大家入门。如果你觉得一些书有意思，你也读得懂，然后又觉得

---

① 他写实证研究的入门作品参见 Daniel L. Rubinfeld，“Reference Guide on Multiple Regression，” in Federal Judicial Center（ed.），*Reference Manual on Scientific Evidence*，LEXIS Pub.，2000。

刺激了你，跟你有共鸣，有说到你的心坎上，这样的书才是最好的和最重要的。比如，弗里德曼的《法律制度》[①] 就曾经刺激过我。他写得很好，让我一下就体会到这个领域研究的要旨。这本书不是专门研究，而是总结别人已有的研究，弗里德曼能够以他的这种大师般级别的能力去把握和融汇几百年的美国史，内容宏大，写得生动有趣，但从研究来讲，这不是原创，而是在总结别人。

格兰特的文章让我意识到转换研究视角和提出新概念的重要性。[②] 梅丽（Sally Engle Merry）的研究对我影响也很大，她关于法律意识、法律与空间的一些文章和书让我十分震撼。[③] 欧巴尔（William M. O'Barr）和康利（John M. Conley）关于法律语言的书既是一门入读物，也是这方面研究的集大成者，让我开始学会话语研究。[④] 关于原创性的研究，有一个最重要的学科杂志——*Law and Society Review*，这上面一直有一些有意思的文章，有些时候也会形成一部文集，里面的文章就可以告诉你法律社会学是做什么的。

如果要以简单的方式谈论法律社会学是做什么的？其实也很简单，就是关于法条研究的方式：法学院训练的方式是讨论法庭在本本上怎么理解法条，而法律社会学强调的是法律实际上怎么运作，这是两种不同的思维方式运用到不同的领域。法律制度的大框架包括立法、法律的执行、法律的行动者等。比

① ［美］劳伦斯·M. 弗里德曼：《法律制度——从社会科学角度观察》，李琼英、林欣译，中国政法大学出版社，2004。

② Marc Galanter, "Why do the haves come out ahead? Speculations on the Limits of Legal Change," *Law and Society Review* 9 (1), pp. 95-160, 1974.

③ ［美］梅丽：《诉讼的话语》，郭星华等译，北京大学出版社，2007。Sally Engle Merry, "Spatial Governmentality and the New Urban Social Order: Controlling Gender Violence through Law," *American Anthropologist* 103 (1): 16-29, 2001.

④ ［美］康利、奥巴尔：《法律、语言与权力》，程朝阳译，法律出版社，2007。

如，我自己写的关于中国法院的一本书，不是讲中国法院的条条框框，而是讲中国法院如何具体运作和中国法官如何决策，大家都会说法官按照法条来判案，但本书通篇都不讲法条，而是讲法外因素如何影响法官作出决策。①

所以，法律社会学运用范围更广，它会涉及在制度里的行动者如何行动。像刘思达专门研究律师，律师也是法律制度里的一个行动者。我做法官的研究相对多一些，当然还可以做其他相关的研究，最早的研究是有关法律怎样施行、有没有效果、效果怎样产生等。比如刑法有威慑效应，可以震慑犯罪，但到底有没有震慑的效果？可以说不计其数的研究都集中在这些话题。

我以前用所谓的“三步走”总结过法律社会学应该怎么去做。第一步是要找到文本的法律和运作的法律之间的差距（gap）。没有 gap 或 gap 很小，这个问题就没什么意思。比如，我们以前骑单车进校门的时候需要下车，这是一个规定，但实际上很多人都不下车，这就是一个 gap。再比如，行人要绿灯的时候过马路，但大家都不在绿灯的时候过马路，这也是一个 gap。第二步是有了一个 gap，就会去寻找能够解释这个现象的比较有说服力的原因，是文化的、制度的还是心理的、政治的？第三步是把这个解释客观化、一般化、普遍化、抽象化。

从法律社会学角度来讲，只要能做好这三步，就是一个很出色的研究。我常对我的博士生讲，只要做好前两步，就很好了，就可以发表了。要是能做到第三步，也就是不仅在该问题上可以用这个解释，在别的地方也可以用这个解释，这就是一个相当了不起的研究。

---

① Kwai Hang Ng and Xin He, *Embedded Courts: Judicial Decision Making in China*. Cambridge University Press, 2017.

对于现在国际上关注的领域，我可能不太了解。因为我沉浸在自己的研究中，不太关心当前的学术动态。清华的副校长施一公有个采访，他在美国做学生时想和他的导师讨论权威期刊上最新发表的研究，他的导师回答说："不清楚，我没有读，因为这和我的研究没什么关系。"这点我基本上认同，有时我也会留意前沿的文章，但大多数时候，我还是专研自己的东西。

我会在自己感兴趣的那一块做得很深。如果钻得很深的话，就会发现很多没接触过的领域都会用到法律社会学的解释原理和寻找数据与材料的方法，比如立法政治学和立法社会学。我自己做的包括法律意识、案件的结果、性别平等等研究谈不上前沿，但也还是在前沿杂志上发表。真正重要的不是跟着所谓的前沿研究跑，而是想办法把自己的研究做成前沿的，激发同行进行更多的研究。

侯猛：我刚才想问的是，你们在面对国际上的影响时怎么处理？

贺欣：我一般是发专业的杂志。如果要在专业的杂志上发表，显然会认为中国的问题可以对主流问题形成冲击，这就要求议题相当重要，事关了解中国。要能与主流问题对话，要回应主流学科的问题，这是非常重要的一个方面，但要在主流学科里说得上话，这是最简单的方式。

我们中国发展的经验非常独特，但比欧美来得晚，主流的理论是在欧美基础上建立起来的。现在中国发展了，有多少理论冲击和丰富了主流研究？是不是形成了突破？在我国香港特区的大学，对教授作品评级最高的一档就是要求国际领先。但有的人不能理解什么是国际领先。比如，有位同事抱怨说，"我们只研究我国香港特区问题，如何国际领先？"这位同事其实是没有意识到理论对话的重要性，可能也是缺乏比较的能力和视野。关键不是论题的地方性，而是要把这些问题与国际主流理论结合起来，推动一下理论或改变一点范式就算得上领先。事实上，我的一些同事已经做出了国际领先的研究。许多基于中国一个法院或者一个村庄的研究，一样做到国际领先。

张永健：入门书有些偏难①，有些偏浅②，大多数对于中国读者太遥远③，我只能推荐一本自己的书④。法经济学的重镇当然是在美国，而美国最重要的发表方式是期刊，很多人一辈子不写书。我在纽约大学的时候，有一位研究宪法和知识产权的耶鲁的老师杰克·巴尔金（Jack Balkin）来当客座教授，他只写过一本解释易经的英文专论⑤，我就问："易经跟你的研究有什么关系？"他说："我对这些中国哲学刚好有些研究，所以就写本书好了。"但其实这与他做的研究一点关系也没有。有些人写书也许只是刚好凑巧，可能出版社给了一个合同或者他觉得某些东西适合成为一本书。成书的时候，可能是一篇期刊里的核心概念或好的想法的扩展。但对于我们这些母语不是英语的人来说，读这种书很花时间，真正有含金量的都在那篇期刊论文上，所以要去看那篇期刊论文。

我自己的习惯是建立一个大学者的名单（希望有一天我的

---

① Robert Cooter and Thomas Ulen, *Law and Economics*, Pearson/Addison Wesley, 2012; Steven Shavell, *Foundations of Economic Analysis of Law*, Harvard University Press, 2004.

② A. Mitchell Polinsky, *An Introduction to Law and Economics*, Wolters Kluwer, 2011; David D. Friedman, *Law's Order: What Economics Has to Do with Law and Why It Matters*, Princeton University Press, 2001.

③ 大陆法系学者写的入门书有 Hans-Bernd Schäfer and Claus Ott, *The Economic Analysis of Civil Law*, Edward Elgar, 2004; Ejan Mackaay, *Law and Economics for Civil Law Systems*, Edward Elgar, 2013。

④ 张永健：《物权法之经济分析——所有权》，北京大学出版社，2019。

⑤ 旧书新出的有 Jack M. Balkin, *The laws of change: I Ching and the philosophy of life*, BookBaby, 2013。

名字也会出现在读者你的名单上)，不管大学者写什么我都看。大学者的一篇文章胜读100篇小学者的论述，因为大学者为文通常很刺激思考，很开脑洞。美国期刊的文章都有introduction(引言)，可以广泛阅读很多自己喜欢的人的introduction。如果不知道喜欢谁，也可以把好的学者和期刊的introduction拿来读，然后发现喜欢谁就再读下去。如果觉得这样还是不好，还可以去找英国的Edward Elgar出版社，它出版了非常多的handbook(指南)，主要是找一些知名学者来选某个领域过去30年最好的文章。但最重要的是它的目录，因为目录里就是帮你选的文章的列表。

如果从书中找到特别喜欢的作者，就可以钻研他的文章，从旧文章看到新文章，考察他的知识演进过程。美国的学术其实是画圈圈式的前进，作者的第二篇文章可能比第一篇文章多了一些新概念，重复一些想法，但等你多看一些之后，就会发现他其实已经离开了自己之前重复的部分。所以我们要反省和突破自己的方法，建议寻找文献、偶像和大师，先求读懂，然后开始批评。如果你们喜欢行为法经济学（behavioral law and economics)，我可以推荐这些书①，里面有非常多新鲜的想法，比如平方投票法、如何保证有效率的交易都会发生等。②

另一个是关于怎样在国际期刊上发表文章的问题。我自己非常多的英文文章其实是研究我国台湾地区的，为什么期刊对我研究我国台湾地区的文章会有兴趣？其实跟贺欣说的一样，我们不能把自己当作一个区域研究者，在中文世界里把中国的

---

① Teichman, Doron, and Eyal Zamir, eds. 2014. *The Oxford Handbook of Behavioral Economics and the Law*. Oxford University Press. Doron Teichman and Eyal Zamir, *Behavioral Law and Economics*, Oxford University Press, 2018.

② Eric A. Posner and E. Glen Weyl, *Radical Markets: Uprooting Capitalism and Democracy for a Just Society*, Princeton University Press, 2018.

问题说清楚是可以的，但在国际上别人会问："我为什么需要知道陕西的一个县法院的事情。"因此，我们必须用主流理论讨论那个县法院的事情，然后告诉外国读者："你们的理论是不完全的。"

比如，我运用中国台湾地区民事诉讼的数据了解到当事人和解、胜诉、败诉、撤诉等情况，翻看了三四十年的英文文献，看到他们提出的理论预测都宣称自己是普适的，但中国台湾地区和美国的情况很不一样，理论也就不一样，我们要用中国台湾地区的数据证明这些理论本身不是普适的。①

再比如，1960年芝加哥大学经济系的阿诺德·哈柏格（Arnold Harberger）研究怎么让一般人对政府说出自己真实的土地和其他不动产真实的价值。到2007年，有两个以色列的学者发了一篇类似概念的文章②。当我看到这篇文章的时候感到很震撼，这不就是孙中山的三民主义吗？也就是孙中山在当时的中国情境下为了让地主诚实申报地价而提出的办法，以便照价收买与照价课税。如果报的地价太低，政府就征收；如果报的地价太高，政府就收税。芝加哥大学的经济学家与以色列的学者都是这么想的。历史告诉我们：这些理论没用。为什么没用呢？因为课税的税率一年是7%，但征收的概率是万分之一甚至十万分之一，没上过学的农民都知道要低报地价，果然75%的人都选择低报。当时这篇文章登上了顶级期刊③，其实就是对一些行为的描述，但嵌在了一个理论框架之下，而且对当时很火的问

① Yun-chien Chang and William H. J. Hubbard, "Does the Priest and Klein Model Travel? Testing Litigation Selection Hypotheses with Foreign Court Data," https://papers.ssrn.com/sol3/papers.cfm?abstract_id=3127728, 2017

② Abraham Bell and Gideon Parchomovsky, "Taking Compensation Private," *Stanford Law Review*, Vol. 59, 2007, pp. 871-906.

③ Yun-chien Chang, "Self-Assessment of Takings Compensation: An Empirical Study," *Journal of Law, Economics & Organization*, Vol. 28, 2012, pp. 265-285.

题也有所回应。

侯猛：法律社会学与法律经济学都有理论传统，对于理论都有解释性和普适性的追求，这两个领域有没有对话和沟通的可能？在美国，这两个领域基本是老死不相往来。但在中国，是不是因为如同法国那样，体量本身不是很大，很多都没有发展完善，① 学者之间有机会可以沟通，甚至还会认同一些基本的规则。作为知识，法律经济学和法律社会学有什么共同点和差别？

贺欣：我不太认可法律社会学与法律经济学是老死不相往来。法律社会学的年会很包容，而且这两个学科在经验化的过程中也有很多相似性。在进入经验化之后，法律社会学不是很强调理论，而是关注问题本身，强调要有经验支撑；法律经济学也强调要有数据支撑，他们在经济学 2.0 版本时期，已经过了那个只需要论证就可以的阶段，现在也需要对于数据的验证。所以只看 empirical research（实证研究），是很难分辨出这篇文章是法律经济学还是法律社会学的。当然，这两个学科还是有着不同的学科传统，我要是在文章里引用经济学的东西，很有可能会被毙掉。

张永健：如果要对话，我要展现我的知识盲点，去讲法律社会学是什么。② 在我的认识中，中文里的法律社会学分为 sociological study of law 和 law and society 两种，法经济学在这方面其实也有分化。本来有一个研究社会规范（social norm）的浪潮最能结合法经济学和法社会学，罗伯特 · 埃里克森（Robert C. El-

① 参见刘思达、侯猛、陈柏峰：《社科法学三人谈：国际视野与本土经验》，《交大法学》2016 年第 1 期。

② 参见张永健、程金华：《法律实证研究的方法坐标》，《中国法律评论》2018 年第 6 期。

lickson）是最重要的领导者①，但美国基本上没有太多的人往这方面走。②

现在最具有挑战性的是结合心理学的行为法经济学。从这方面来看，法社会学给法经济学的影响不是很多。法经济学的年会是商业模式和精英模式，论文品质很好仍可能被拒绝，你可以看到政治学家、心理学家和法学家来，但看不到太多法社会学的人来，尤其 American Law and Economic Association（美国法律经济学协会）的年会是高度选择的，每年录取的文章只有 150 篇左右，都是典型的法经济学。法社会学的年会有容乃大，英文论文不论方法基本都会接受，*Law and Society Review* 也常常找我审稿，没有太大的门派之见。亚洲也一样，我去参加亚洲法社会学的年会，也会被当作自己人，有点抱团取暖。

程金华：这可能是学科的专业化与产业化程度还不够，不够就使得你能在里面有所发展，甚至可以成为开山鼻祖，但就是不知道什么时候是“开山”。另外，学科的不同还可能在于议题的不同。

张永健：我一直认为自己是物权法学者。在教义学的环境下，有人会问我：“法律经济分析是一种法学方法吗？”我本来只是想用我在美国学到的方法来分析部门法，就是因为被问了好多遍，最后似乎非得要写文章为整个非教义学的方法代言。③

---

① Robert C. Ellickson, “The Market for Social Norms,” *American Law and Economics Review*, Vol. 3, No. 1, 2001, pp. 1-49. Robert C. Ellickson, *Order Without Law: How Neighbors Settle Disputes*, Harvard University Press, 1991.

② 另外可参见 Richard H. McAdams, *The Expressive Powers of Law: Theories and Limits*, Harvard University Press, 2015; Richard H. McAdams, “The Origin, Development, and Regulation of Norms,” *Michigan Law Review*, Vol. 96, No. 2, 1997, pp. 338-433.

③ 参见王鹏翔、张永健：《论经济分析在法学方法之运用》，《台大法律论丛》2019 年第 3 期。王鹏翔、张永健：《经验面向的规范意义——论实证研究在法学中的角色》，《中研院法学期刊》2015 年第 17 期。

比如，我在纽约大学读书期间的一位老师刘易斯·科恩豪斯（Lewis Kornhauser）本身是经济学家，但在上一门 Social-Legal Seminar（法律社会研讨）专题课时，他告诉我们他会来教人类学和社会学。当然，学科的专业化和同行审查会使得这样的隔阂存在，这种分工也无法避免。

贺欣：我想只要做得好，做得令人信服和有兴趣，也还是可以建立合作。

侯猛：您如何处理在研究过程中的价值立场？

张永健：现在法实证研究已经不是特别关心研究者是不是价值中立了。以前可能很关心，比如像死刑这种意识形态浓厚的题目，[①] 但现在学界反倒担心的是 publication bias（发表偏倚）。[②] 审稿人对于 P 值不是很显著的会过滤，于是学者就开始将自己的数据弄得显著。科斯有一句话："只要你拷问数据够久的话，上帝就会招供（If you torture the data enough, nature will always confess.）。"[③] 就是说，挖掘数据久了，某天就会看到符合自己要求的结果，然后就拿去发表了。所以学界现在要求 replication（可复制），要求公开程式码和数据，看是否可以重复得到相同的结果。现在开始有种风气是在进行实验或收集数据之前，先把研究设计发到 SSRN（社会科学研究网）上来取信于学界。现在期刊自己也在反省，开始不只关心结果，也开始关注研究的设计，期望大家不要操弄 P 值。

---

① John J. Donohue III and Justin Wolfers, "Estimating the Impact of the Death Penalty on Murder," *American Law and Economics Review*, Vol. 11, 2009, pp. 249-309; John J. Donohue and Justin J. Wolfers, "Uses and Abuses of Empirical Evidence in the Death Penalty Debate," *Stanford Law Review*, Vol. 58, No. 1, 2006, pp. 791-846.

② Daniel E. Ho, "Foreword: Conference Bias," *Journal of Empirical Legal Studies* 10. 603 (2013).

③ Ronald Coase, "How should economists choose?" Warren Nutter Lecture, 1981

程金华：研究者主观的选择与统计的操作问题都会影响研究者最后的结果。

贺欣：变量中的主观因素肯定有很多，可以用不同的方式去炮制。坦白而言，我自己关于上海法院的文章跑了很多次数据，制表过程也是修改多次，其中肯定有偏见。[①] 对于长期做定性研究的人而言，我不会回避偏见；相反，我会告诉读者我的偏见是什么，我是从哪个立场、角度和方法去看的，以便读者加以评判、理解和衡量。

张永健：我补充一下。希望大家不要认为我们这些做实证的都很主观。我最近做了一个关于中国物权法在世界法系中的位置的比较法研究，选取了 129 个法域和 169 个关于物权法的变量，然后让电脑软件跑数据，挑不同的变量跑 100 万次，最后取平均值。[②] 这可以大幅降低研究者主观偏见的影响。

侯猛：国内的经验研究或实证研究与国际的差距在哪里？怎么协调？今天陈柏峰认为苏力的学术是不可复制的，而华中的经验是可以复制的，你们如何看待？

贺欣：我认为我自己所在的领域有长足的进步。新生代的作者也逐渐进入到 SSCI（社会科学引文索引）期刊，进步很明显。但在法社会学领域，也有那种完全没有受过国际训练的学者进入这些期刊，让我感到非常惊讶，同时也非常高兴。惊讶的是似乎不经过西方博士期间的寒窗苦读，也能在英文世界发表论文；高兴是的更多的学者进入对话的体系，当然是好事。

---

① Xin He and Yang Su, "Do the Haves Come out Ahead in Shanghai Courts?" *Journal of Empirical Legal Studies* 10, pp. 120-145, 2013. 中文版见《法律与社会科学》第 15 卷第 2 辑，法律出版社，2016。

② 张永健：《中国民法典物权编在世界物权法的位置——量化比较法路径》，《环球法律评论》2019 年第 1 期。

但差距还是存在的，这些作者虽然可以进入 SSCI 期刊，但到目前为止，还几乎没有人能够进入顶级期刊，我想这还是与他们的训练有关。如果说在选题、数据、和英文写作上，许多新生代学者都开始找到办法，那么真正的难题在于理论与研究本身的独创性，是否可以另辟蹊径，找到突破口，与英文世界的研究者展开对话，这方面还需要发展。

张永健：苏力不需要告诉别人自己正在搞数据、弄假设。但在纯经济学和心理学的期刊，这样的方式很明显，好处在于很快就知道别人在干什么。苏力的文章非常独特，必须从头读到尾，才能知道始末，他的文字魔力又吸引你从头读到尾。这说明苏力作为一个巨大的存在是很“危险”的。

比如有两种经济学家：一种经济学家是天才，没有办法被模仿，比如约瑟夫·熊彼得（Joseph Schumpeter）的论述启发很大，但他的思想是横空出世，后人只能拜读，无法学习；另外一种是像保罗·萨缪尔森（Paul Samuelson）一样的经济学家，用非常多的数学堆积论证，只要掌握了标准的数学工具，就能跟上他，兴许可以在他的成果上往前推进一点。前者可以实现学科突破，后者有助于大小学者一起努力积累。苏力就如同熊彼得和凯恩斯，我们很难学习他。缺少天分的大多数学者还是需要学习科研方法。

图书在版编目（CIP）数据

法学的 11 种可能：中国法学名家对话录/陈柏峰，尤陈俊，侯猛编. —北京：中国民主法制出版社，2020. 3

ISBN 978－7－5162－2202－7

Ⅰ. ①法…　Ⅱ. ①陈…②尤…③侯…　Ⅲ. ①法学-文集　Ⅳ. ①D90-53

中国版本图书馆 CIP 数据核字（2020）第 044507 号

图书出品人： 刘海涛
出 版 统 筹： 乔先彪
图 书 策 划： 曾　健
责 任 编 辑： 逯卫光　柳承旭
装 帧 设 计： 组配の匠

书名/法学的 11 种可能：中国法学名家对话录
作者/ 陈柏峰　尤陈俊　侯猛　编

出版 · 发行/ 中国民主法制出版社
地址/ 北京市丰台区右安门外玉林里 7 号（100069）
电话/（010）63055259（总编室）　63057714（发行部）
传真/（010）63056975　63056983
http：//www. npcpub. com
E-mail： mzfz@ npcpub. com
经销/ 新华书店
开本/ 32 开　880 毫米×1230 毫米
印张/ 10. 75　**字数/** 248 千字
版本/ 2020 年 8 月第 1 版　2024 年 2 月第 4 次印刷
印刷/ 三河市宏图印务有限公司

书号/ ISBN 978-7-5162-2202-7
定价/ 59. 00 元